한국어능력시험

COOL TOPIK Ⅱ

듣기

한글파크

머리말

최근 한국어능력시험(TOPIK)에 응시하는 외국인 학생이 많아지면서 시험을 대비하는 여러 수험서가 출판되었으나, 듣기만을 학습할 수 있는 책은 그리 많지 않습니다. 듣기 실력 향상은 적절한 난이도와 다양한 이야기를 듣는 것으로 가능하지만, 교재를 추천해 달라는 학생들의 요청에도 마땅한 교재를 추천해 줄 수 없어서 늘 아쉬웠습니다.

이 책은 현직 한국어 교사로서 느낀 아쉬움과 실제로 학생들을 만나며 쌓인 경험들을 모아 출간하게 되었습니다. 대화, 안내, 담화, 강연, 다큐멘터리 등 다양한 분야의 여러 주제들을 담고자 노력했습니다.

듣기를 한 과목으로 분류하고 있지만 그 안에서도 영역에 따라 듣기의 방법은 조금씩 다를 수 있습니다. 이 책은 그러한 점에 착안하여, 다양한 영역의 듣기를 연습할 수 있도록 영역에 따라 문항을 세분화했습니다. 각 영역에서 제시되는 문항에 근거하여 기본적인 연습에서 심화된 연습으로 구성했습니다.

먼저 기본적인 연습을 통하여 해당 영역에서 요구하는 바를 이해하고 이후 실제 시험과 같은 난이도의 문제에 도전하도록 했습니다. 기본적인 연습에서 다시 듣고, 쓰기를 통하여 정확하게 듣는 연습도 가능합니다. 난이도와 영역에 따라 교재는 두 부분, 12과로 구성하였고, 교재에서 제시하는 순서에 따라 차례대로 학습할 수 있습니다. 특히 단기간 집중 학습을 할 때에는 영역을 중심으로 연습을 하는 것도 좋습니다.

정답과 해설에서는 듣기 본문을 제시하여 학습자들의 이해를 돕고자 노력했습니다. 듣고 문항에 답을 하고, 이후 답안을 통하여 제시되는 정보들도 꼭 확인하시길 바랍니다. 실제 시험과 유사한 방법으로 같은 내용을 어떻게 다른 문장으로 표현하는가에 관해서도 제시했고, 듣기 본문 하단에는 고급 학습자라면 알아야 할 단어들도 제시했습니다. 듣기 시험의 특성상 각 단어가 문자로 제시되지 않고 발음되기에, 실제 본문에서 단어들이 어떻게 발음되고 사용되었는가를 확인하도록 했습니다.

적절한 수준의 다양한 지문을 만들고자 많이 고민하고 노력했습니다. 일상대화, 사회, 역사, 과학 등 여러 주제의 자연스러운 발화를 구성하기 위하여 최선을 다했습니다. 그저 책장에 꽂혀있는 책이 아닌 많이 사용해서 손때가 묻은 책이 되길 바랍니다. 이 책이 한국어 학습자들의 듣기 실력을 향상케 하고, 더불어 저희와 같이 고민하는 선생님들께도 도움이 되기를 바랍니다. 또한, 책이 출판되기까지 여러 모양으로 도움을 주신 한글파크 출판사에도 감사의 마음을 전합니다.

2021년 5월

집필진 올림

✔ 일러두기

본 교재는 한국어능력시험(TOPIK) 듣기 영역의 50문항을 분석하여 지문을 유형별로 나누었습니다. 2개의 챕터로 나누었고, 각 챕터는 6개의 유닛으로 구성했습니다. 챕터 1은 주로 이야기를 듣고 한 문제를 푸는 연습으로 이루어져 있고, 챕터 2는 하나의 이야기를 두 번 듣고 두 문제를 해결하는 연습이 많습니다. 유형별로 연습을 마친 학습자는 총 2회에 걸친 실전모의고사를 통해 자신의 듣기 실력을 검토해볼 수 있습니다.

※ 각 유닛은 **꼭! 알아두기** ▶ **기출 연습** ▶ **기본 연습** ▶ **실전 연습** 으로 구성되어 있습니다.

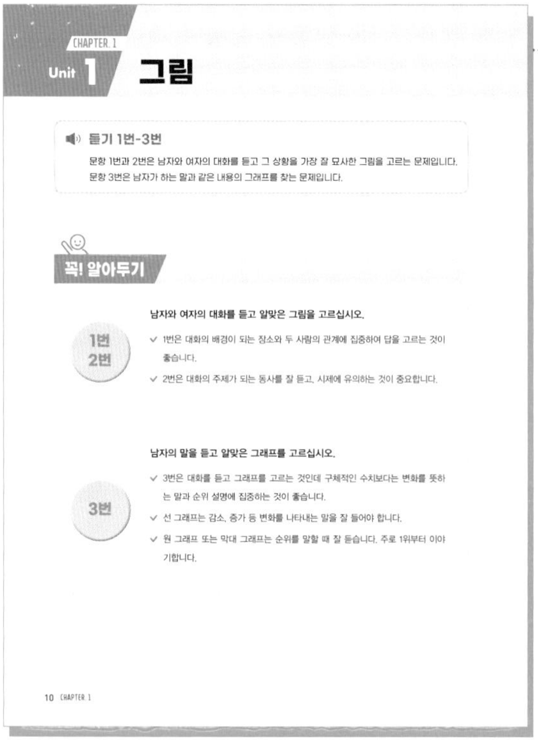

CHAPTER. 1

Unit 1 그림

듣기 1번-3번

문항 1번과 2번은 남자와 여자의 대화를 듣고 그 상황을 가장 잘 묘사한 그림을 고르는 문제입니다.
문항 3번은 남자가 하는 말과 같은 내용의 그래프를 찾는 문제입니다.

꼭! 알아두기

1번 2번

남자와 여자의 대화를 듣고 알맞은 그림을 고르십시오.

✓ 1번은 대화의 배경이 되는 장소와 두 사람의 관계에 집중하여 답을 고르는 것이 좋습니다.

✓ 2번은 대화의 주제가 되는 동사를 잘 듣고, 시제에 유의하는 것이 중요합니다.

3번

남자의 말을 듣고 알맞은 그래프를 고르십시오.

✓ 3번은 대화를 듣고 그래프를 고르는 것인데 구체적인 수치보다는 변화를 뜻하는 말과 순위 설명에 집중하는 것이 좋습니다.

✓ 선 그래프는 감소, 증가 등 변화를 나타내는 말을 잘 들어야 합니다.

✓ 원 그래프 또는 막대 그래프는 순위를 말할 때 잘 들습니다. 주로 1위부터 이야기합니다.

10 CHAPTER 1

01 꼭! 알아두기

해당 유닛의 지문 유형을 설명합니다.
문제를 풀 때 도움이 되는 전략을 실제
한국어능력시험에서의 문항 번호별로 제시합니다.

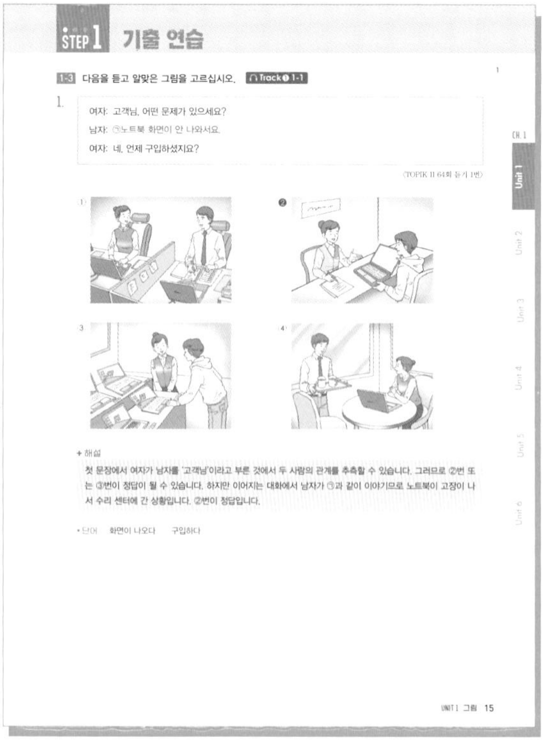

STEP 1 기출 연습

1-3 다음을 듣고 알맞은 그림을 고르십시오. Track 1-1

1.
여자: 고객님, 어떤 문제가 있으세요?
남자: ㉠노트북 화면이 안 나와서요.
여자: 네, 언제 구입하셨지요?

〈TOPIK II 64회 듣기 1번〉

+ 해설

첫 문장에서 여자가 남자를 '고객님'이라고 부른 것에서 두 사람의 관계를 추측할 수 있습니다. 그러므로 ②번 또는 ③번이 정답이 될 수 있습니다. 하지만 이어지는 대화에서 남자가 ㉠과 같이 이야기므로 노트북이 고장이 나서 수리 센터에 간 상황입니다. ②번이 정답입니다.

• 단어 화면이 나오다 구입하다

UNIT 1 그림 15

02 기출 연습

실제 한국어능력시험 듣기 영역의 문제를
제시하고, 풀이합니다. 기출 문제를 통해 앞에서
제시한 전략을 적용해 보는 연습을 합니다.

STEP 2 기본 연습

1. 다음을 듣고 질문에 답하십시오. Track❶ 1-2

1

Q1. 알맞은 그림을 고르십시오.

①　②

Q2. 다시 듣고 알맞은 것을 고르십시오.

– 남자는 병원에서

□ 병원에 방문해서 접수를 하고 있다.　□ 처방전을 받고 진료비를 내고 있다.

2

Q1. 알맞은 그림을 고르십시오.

①　②

Q2. 다시 듣고 알맞은 것을 고르십시오.

– 여자는 미용실에

□ 염색을 하러 왔다.　□ 드라이를 하러 왔다.　□ 머리를 자르러 왔다.

18 CHAPTER 1

03 기본 연습

해당 유형의 지문을 들을 때 필요한
기본 듣기 실력을 다지는 연습을 합니다.
듣고 받아쓰기, 메모 완성하기, OX 문제 등
다양한 방식으로 연습할 수 있습니다.

STEP 3 실전 연습

도전 ❶ Track❶ 1-4

1-3 다음을 듣고 알맞은 그림을 고르십시오.

1. ①　②　③　④

2. ①　②　③　④

22 CHAPTER 1

04 실전 연습

실제 한국어능력시험 듣기 영역의 문제와
유사한 분량과 난이도의 문제를 제시하였습니다.
도전 1, 도전 2의 연습을 통해 앞에서 익힌
내용을 바탕으로 자신의 듣기 실력을
두 차례 연습할 수 있습니다.

한국어능력시험(TOPIK) 안내

1. 한국어능력시험의 목적

- 한국어를 모국어로 하지 않는 재외동포 · 외국인의 한국어 학습 방향 제시 및 한국어 보급 확대
- 한국어 사용능력을 측정 · 평가하여 그 결과를 국내 대학 유학 및 취업 등에 활용

2. 응시 대상

한국어를 모국어로 하지 않는 재외동포 및 외국인로서

- 한국어 학습자 및 국내 대학 유학 희망자
- 국내 · 외 한국 기업체 및 공공기관 취업 희망자
- 외국 학교에 재학중이거나 졸업한 재외국민

3. 주관기관

교육부 국립국제교육원

4. 시험의 수준 및 등급

- 시험의 수준 : TOPIK Ⅰ, TOPIK Ⅱ
- 평가 등급 : 6개 등급(1~6급)

TOPIK Ⅰ		TOPIK Ⅱ			
1급	2급	3급	4급	5급	6급
80점 이상	140점 이상	120점 이상	150점 이상	190점 이상	230점 이상

5. 시험의 수준 및 등급

구분	교시	영역	시간
TOPIK Ⅰ	1교시	듣기/읽기	100분
TOPIK Ⅱ	1교시	듣기/쓰기	110분
	2교시	읽기	70분

6. 문항구성

1) 수준별 구성

시험 수준	교시	영역/시간	유형	문항수	배점	배점총계
TOPIK Ⅰ	1교시	듣기(40분)	선택형	30	100	200
		읽기(60분)	선택형	40	100	

TOPIK Ⅱ	1교시	듣기(60분)	선택형	50	100	300
		쓰기(50분)	서답형	4	100	
	2교시	읽기(70분)	선택형	50	100	

2) 문제유형

① 선택형 문항(4지선다형)

② 서답형 문항(쓰기 영역)

- 문장완성형(단답형) : 2문항
- 작문형 : 2문항
  - 중급 수준의 200~300자 정도의 설명문 1문항
  - 고급 수준의 600~700자 정도의 논술문 1문항

7. 등급별 평가 기준

시험수준	교시	평가기준
TOPIK Ⅱ	3급	- 일상생활을 영위하는 데 별 어려움을 느끼지 않으며, 다양한 공공시설의 이용과 사회적 관계 유지에 필요한 기초적 언어 기능을 수행할 수 있다. - 친숙하고 구체적인 소재는 물론, 자신에게 친숙한 사회적 소재를 문단 단위로 표현하거나 이해할 수 있다. - 문어와 구어의 기본적인 특성을 구분해서 이해하고 사용할 수 있다.
	4급	- 공공시설 이용과 사회적 관계 유지에 필요한 언어 기능을 수행할 수 있으며, 일반적인 업무 수행에 필요한 기능을 어느 정도 수행할 수 있다. - '뉴스, 신문 기사' 중 평이한 내용을 이해할 수 있다. 일반적인 사회적 · 추상적 소재를 비교적 정확하고 유창하게 이해하고, 사용할 수 있다. - 자주 사용되는 관용적 표현과 대표적인 한국 문화에 대한 이해를 바탕으로 사회 · 문화적인 내용을 이해하고 사용할 수 있다.
	5급	- 전문 분야에서의 연구나 업무 수행에 필요한 언어 기능을 어느 정도 수행할 수 있다. - '정치, 경제, 사회, 문화' 전반에 걸쳐 친숙하지 않은 소재에 관해서도 이해하고 사용할 수 있다. - 공식적, 비공식적 맥락과 구어적, 문어적 맥락에 따라 언어를 적절히 구분해 사용할 수 있다.
	6급	- 전문 분야에서의 연구나 업무 수행에 필요한 언어 기능을 비교적 정확하고 유창하게 수행할 수 있다. - '정치, 경제, 사회, 문화' 전반에 걸쳐 친숙하지 않은 주제에 관해서도 이용 하고 사용할 수 있다. - 원어민 화자의 수준에는 이르지 못하나 기능 수행이나 의미 표현에는 어려움을 겪지 않는다.

목차

CHAPTER. 1

CHAPTER. 1

Unit 1 그림

듣기 1번-3번

문항 1번과 2번은 남자와 여자의 대화를 듣고 그 상황을 가장 잘 묘사한 그림을 고르는 문제입니다. 문항 3번은 남자가 하는 말과 같은 내용의 그래프를 찾는 문제입니다.

꼭! 알아두기

1번 2번

남자와 여자의 대화를 듣고 알맞은 그림을 고르십시오.

- 1번은 대화의 배경이 되는 장소와 두 사람의 관계에 집중하여 답을 고르는 것이 좋습니다.
- 2번은 대화의 주제가 되는 동사를 잘 듣고, 시제에 유의하는 것이 중요합니다.

3번

남자의 말을 듣고 알맞은 그래프를 고르십시오.

- 3번은 대화를 듣고 그래프를 고르는 것인데 구체적인 수치보다는 변화를 뜻하는 말과 순위 설명에 집중하는 것이 좋습니다.
- 선 그래프는 감소, 증가 등 변화를 나타내는 말을 잘 들어야 합니다.
- 원 그래프 또는 막대 그래프는 순위를 말할 때 잘 듣습니다. 주로 1위부터 이야기합니다.

* 어휘와 표현

장소별 관련 어휘

병원
- 접수하다
- 증상
- 진료실
- 다치다
- 주사를 맞다
- 입원을 하다
- 진찰하다
- 처방전

세탁소
- 옷을 맡기다
- 세탁하다
- 드라이클리닝
- 다림질
- 얼룩이 지다
- 지우다
- 세탁비
- 빨다

회사
- 방문하다
- 엘리베이터
- 출입증
- 안내
- 서류
- 부장님
- 회의를 하다
- 복사기

수리 센터
- 고장이 나다
- AS센터
- 망가지다
- 화면이 안 나오다
- 소리가 안 나다
- 고치다
- 구입 일시
- 무상 수리 보증 기간

미용실
- 파마를 하다
- 다듬다
- 염색을 하다
- 단발머리
- 머리를 감다
- 드라이를 하다
- 머리를 빗다
- 가운을 입다

백화점
- 식품 코너
- 매장
- 할인 카드
- 사은품을 받다
- 영업시간
- 행사를 하다
- 식당가
- 안내 방송

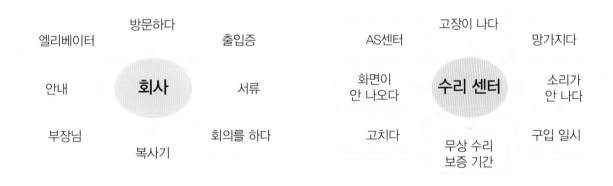

상황별 관련 어휘

집안일
- 상을 차리다
- 밥을 하다
- 설거지
- 옷을 널다
- 정리하다
- 세탁기
- 닦다
- 청소기

접수
- 신청서
- 생년월일
- 접수대
- 작성하다
- 제출하다
- 마감
- 등록비
- 등록하다

날씨
- 소나기
- 비가 그치다
- 옷이 젖다
- 천둥이 치다
- 일기예보
- 개다
- 안개가 끼다
- 바람이 불다

음식 주문
- 결제하다
- 시키다
- 현금
- 메뉴판
- 자리를 잡다
- 포장하다
- 나눠 먹다
- 배달하다

운동
- 시합을 하다
- 탁구를 치다
- 뛰다
- 수영을 하다
- 준비 운동
- 스키를 타다
- 땀이 나다
- 숨이 차다

여행
- 환전하다
- 지도를 보다
- 사진을 찍다
- 유적지
- 호텔에 묵다
- 관광객
- 가이드를 따르다
- 출국하다

* 그래프 관련 어휘

선 그래프	표현

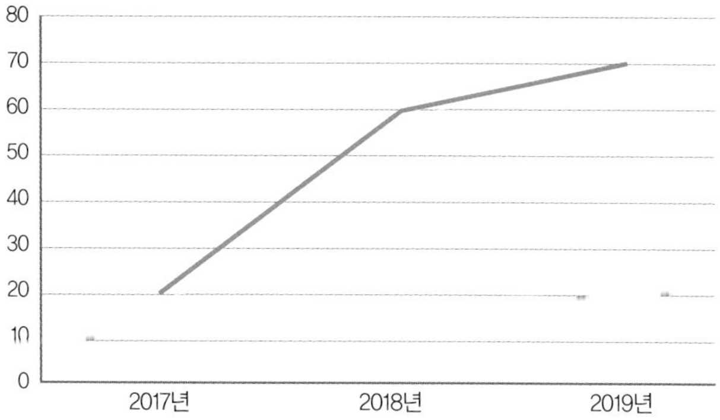

- 2017년 이후 계속해서 증가하고 있다.
- 2017년부터 꾸준히 늘어나고 있다.
- 2017년 이래 높아지는 추세이다.
- 2017년부터 상향 곡선을 나타내고 있다.

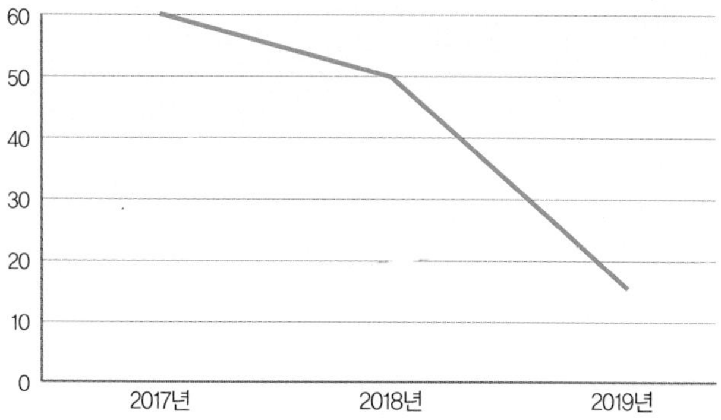

- 2017년 이후 계속해서 감소하고 있다.
- 2017년부터 꾸준히 줄어들고 있다.
- 2017년 이래 낮아지는 추세이다.
- 2017년부터 하향 곡선을 나타내고 있다.

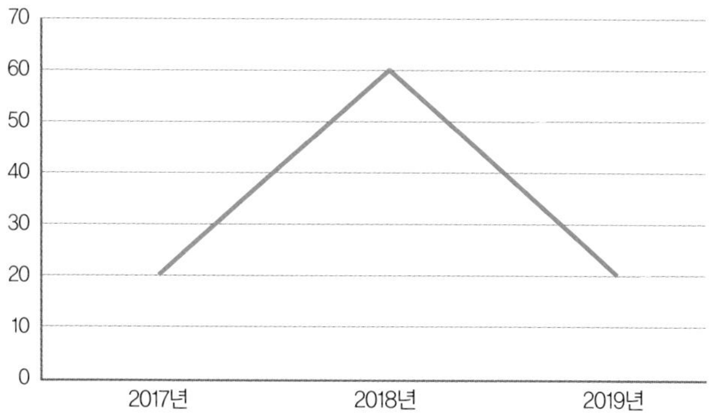

- 2017년부터 2018년까지 증가하다가 다시 감소하고 있다.
- 2018년에 가장 높았다가 점차 줄어들고 있다.
- 2018년에 최고점을 기록했다.
- 2018년까지 상승하다가 하락하고 있다.

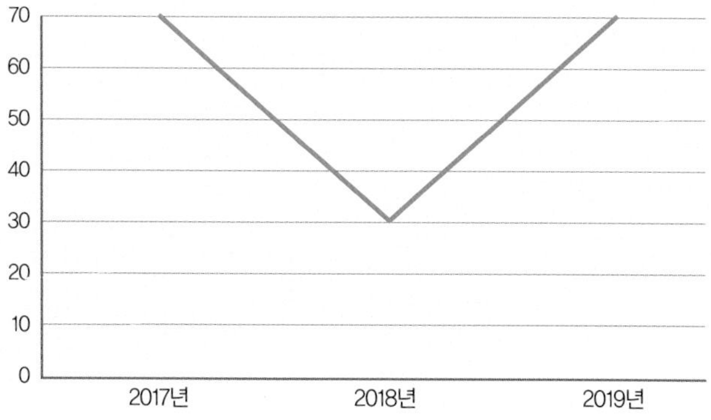

- 2017년부터 2018년까지 감소하다가 다시 증가하고 있다.
- 2018년에 가장 낮았다가 점차 늘어나고 있다.
- 2018년에 최저점을 기록했다.
- 2018년까지 하락하다가 상승하고 있다.

원 그래프

<제목>

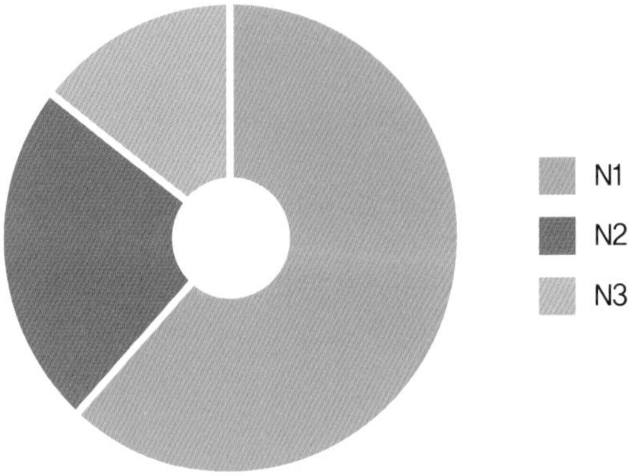

표현

- 〈제목〉에 대해서 N1이라는 답이 가장 많았고 N2, N3이 그 뒤를 이었다.
- 〈제목〉에 대한 질문에서 N1이 1위를 차지했고 그 다음으로 N2와 N3이 있었다.

막대 그래프

<제목>

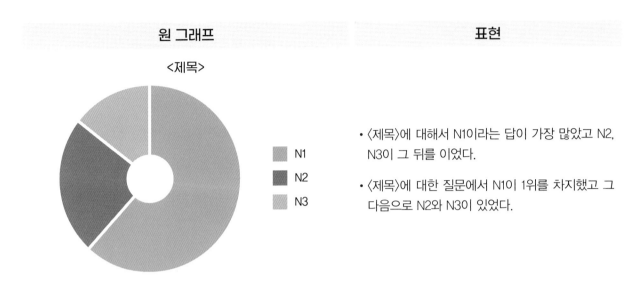

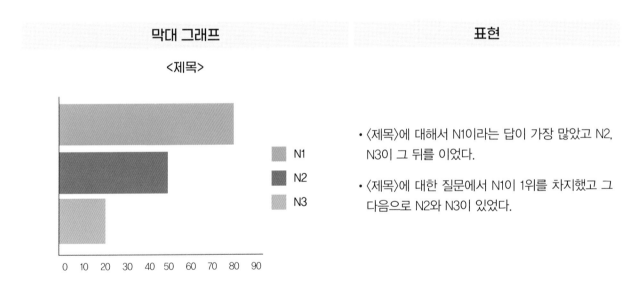

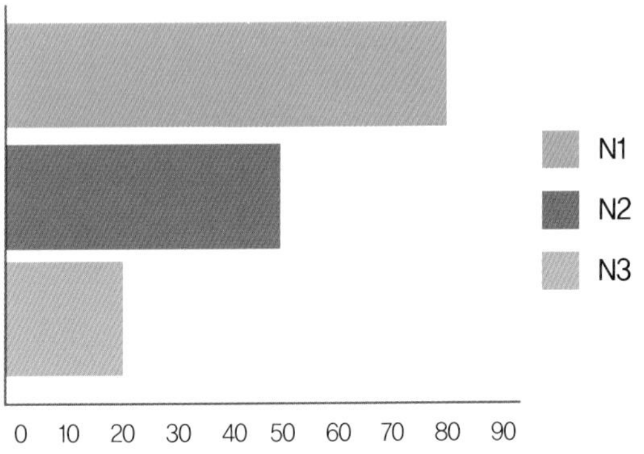

표현

- 〈제목〉에 대해서 N1이라는 답이 가장 많았고 N2, N3이 그 뒤를 이었다.
- 〈제목〉에 대한 질문에서 N1이 1위를 차지했고 그 다음으로 N2와 N3이 있었다.

1-3 다음을 듣고 알맞은 그림을 고르십시오. Track❶ 1-1

1.

> 여자: 고객님, 어떤 문제가 있으세요?
>
> 남자: ㉠노트북 화면이 안 나와서요.
>
> 여자: 네, 언제 구입하셨지요?

〈TOPIK II 64회 듣기 1번〉

①

❷

③

④

+ 해설

첫 문장에서 여자가 남자를 '고객님'이라고 부른 것에서 두 사람의 관계를 추측할 수 있습니다. 그러므로 ②번 또는 ③번이 정답이 될 수 있습니다. 하지만 이어지는 대화에서 남자가 ㉠과 같이 이야기하므로 노트북이 고장이 나서 수리 센터에 간 상황입니다. ②번이 정답입니다.

• 단어 화면이 나오다 구입하다

2.

> 남자: ㉠공을 잘 들고 앞쪽을 봐.
>
> 여자: 이렇게? 그다음에는 어떻게 해?
>
> 남자: 천천히 걸어가면서 ㉡공을 굴려 봐.

〈TOPIK II 64회 듣기 2번〉

❶ 

② 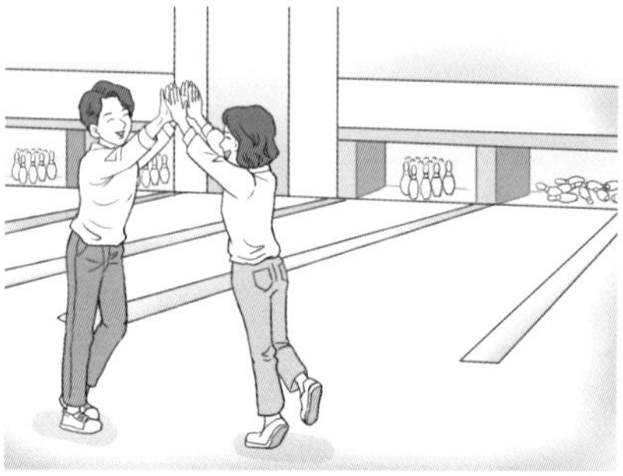

③ 

④ 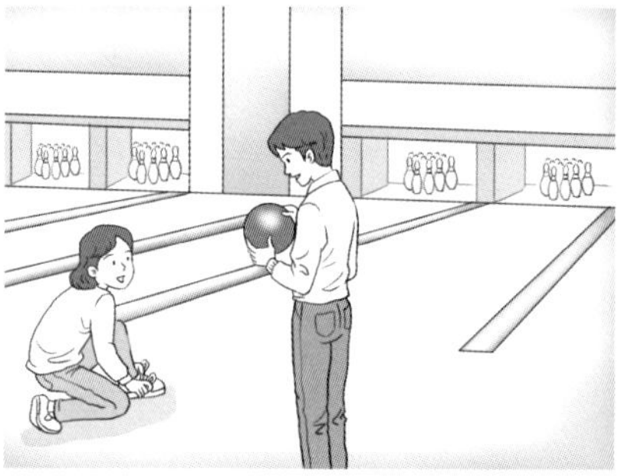

+ 해설

동사의 시제와 그 동작을 실제로 하는 사람이 누구인지를 잘 들어야 합니다. 첫 문장에서 남자가 ㉠처럼 자신이 아니라 여자에게 동작을 지시하고 있습니다. 그러므로 정답은 ①번입니다. 대화 마지막에서 남자가 ㉡과 같이 말한 내용은 그림에서는 드러나지 않는 미래의 일이므로 주의합니다.

• 단어　공을 굴리다

3.

남자: ㉠2015년 이후 영화관을 찾는 관객 수가 계속해서 감소하고 있습니다. 관객 수가 줄고 있는 이유로는 '여가 활동이 다양해져서'가 가장 많았고, '영화를 모바일로 보는 경우가 늘어서', '관람료가 올라서'가 그 뒤를 이었습니다.

〈TOPIK II 64회 듣기 3번〉

① <영화관 관객 수>

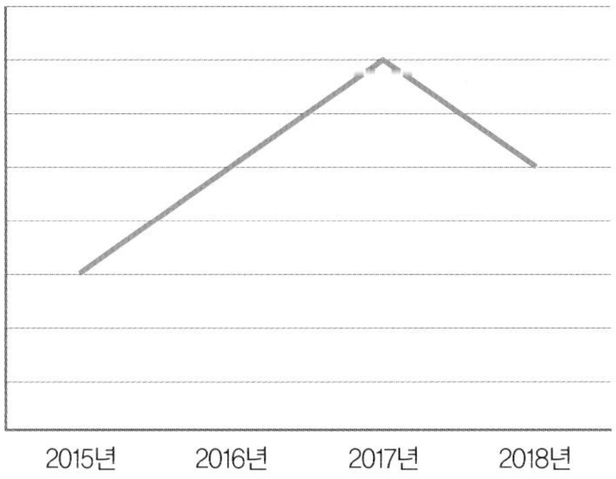

② <영화관 관객 수>

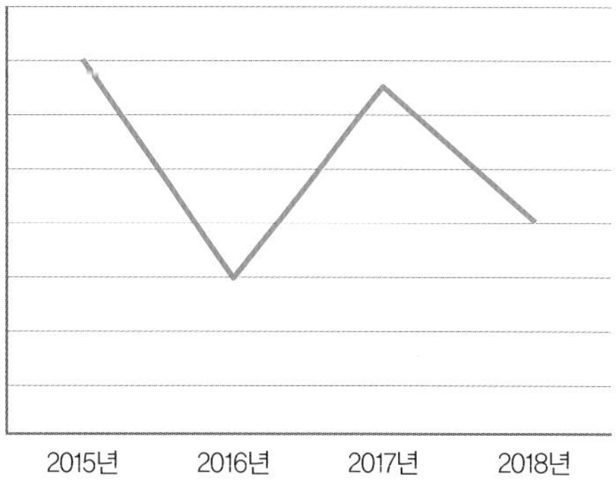

❸ <관객 수 감소 이유>

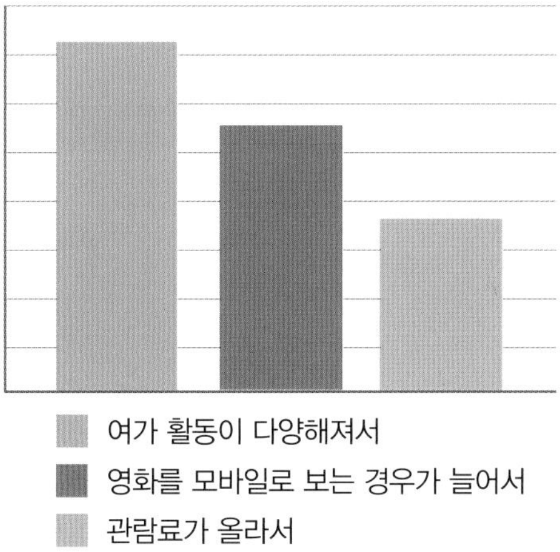

④ <관객 수 감소 이유>

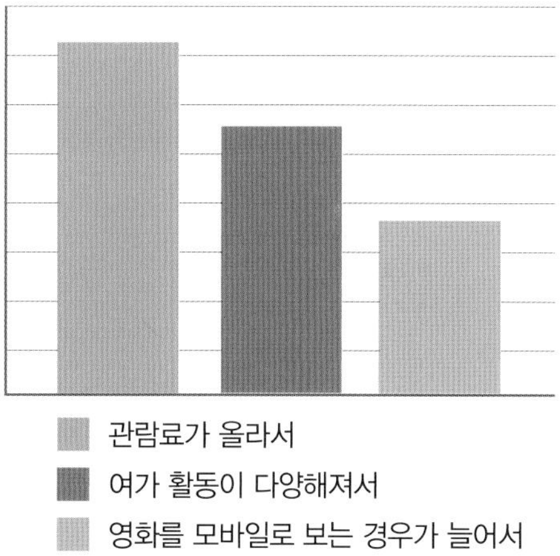

+ 해설

보통 보기는 두 개의 선 그래프와 두 개의 원 그래프 또는 막대 그래프가 제시됩니다. ①번과 ②번의 선 그래프의 경우, ㉠의 내용에 따라 선이 중간에 꺾이지 않고 낮아지는 모양이 되어야 하므로 모두 오답입니다. 막대 그래프는 조사 결과를 순서대로 듣는 것이 중요한데, 바르게 표시한 것은 ③번입니다.

• 단어 여가 활동 모바일

STEP 2 기본 연습

1. 다음을 잘 듣고 질문에 답하십시오. Track❶ 1-2

1

Q1. 알맞은 그림을 고르십시오.

①

②

Q2. 다시 듣고 알맞은 것을 고르십시오.

– 남자는 병원에서

☐ 병원에 방문해서 접수를 하고 있다. ☐ 처방전을 받고 진료비를 내고 있다.

2

Q1. 알맞은 그림을 고르십시오.

①

②

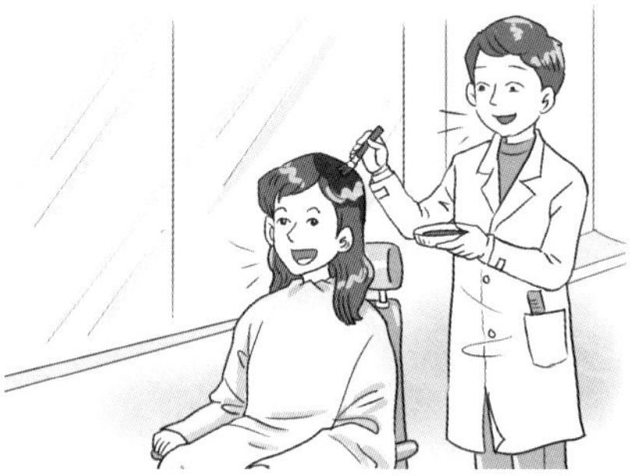

Q2. 다시 듣고 알맞은 것을 고르십시오.

– 여자는 미용실에

☐ 염색을 하러 왔다. ☐ 드라이를 하러 왔다. ☐ 머리를 자르러 왔다.

3

Q1. 알맞은 그림을 고르십시오.

①

②

Q2. 다시 듣고 알맞은 것을 고르십시오.

– 남자는 오전에

□ 요리를 하느라고 바빴다. □ 식당에서 일하느라 바빴다.

4

Q1. 알맞은 그림을 고르십시오.

①

②

Q2. 다시 듣고 알맞은 것을 고르십시오.

– 남자는 지금

□ 축구 경기를 보고 있다. □ 축구 경기를 하고 있다.

– 남자는 1시간 뒤에

□ 숙제를 할 것이다. □ 여자에게 전화할 것이다.

5

Q1. 조사 주제로 알맞은 것을 고르십시오.

① 영화 장르 선호도　　② 여가 활동 선호도

Q2. 다시 듣고 빈칸을 채우십시오.

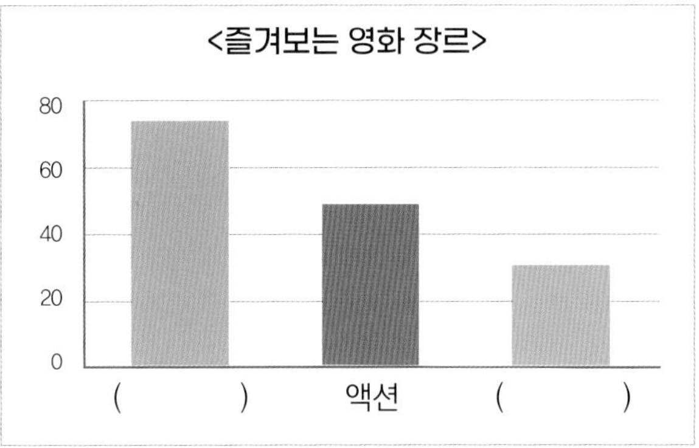

6

Q1. 알맞은 그래프를 고르십시오.

①

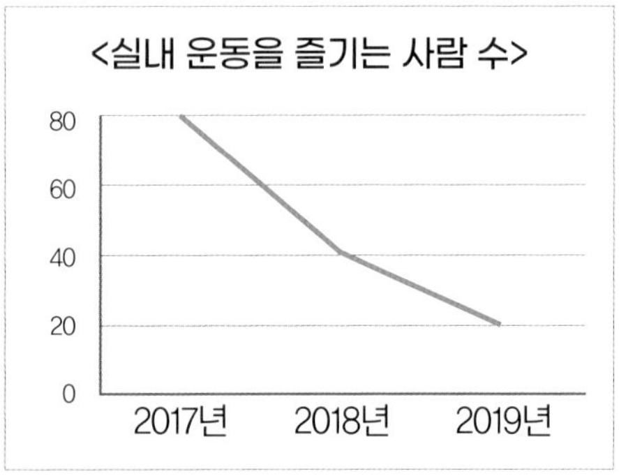

②

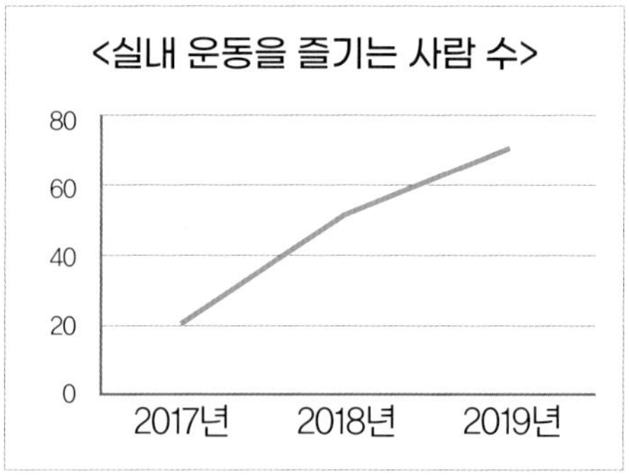

Q2. 다시 듣고 빈칸을 채우십시오.

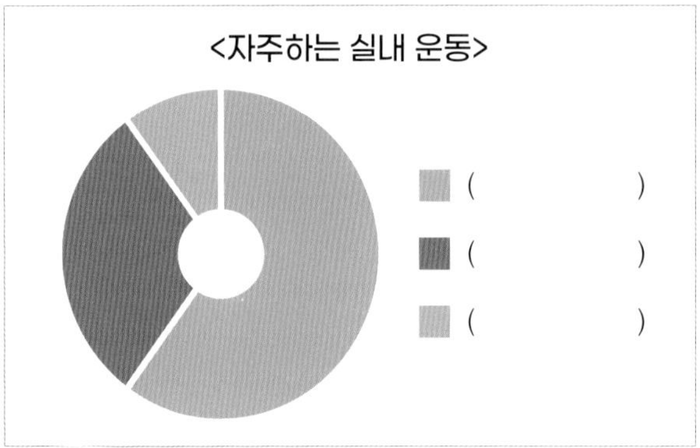

2. 다음을 듣고 알맞은 그림을 고르십시오. Track❶ 1-3

1

①

②

③

2

①

②

③

3

①
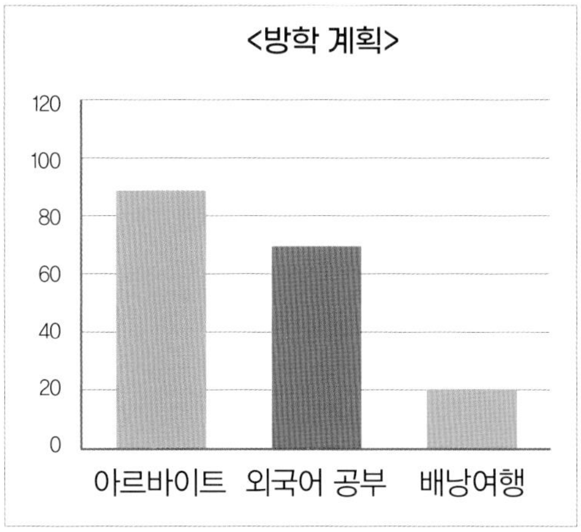

②
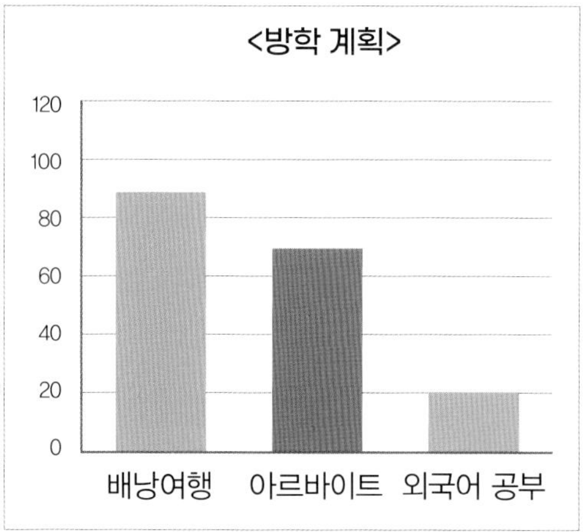

도전 ❶ Track❶ 1-4

1-3 다음을 듣고 알맞은 그림을 고르십시오.

1. ① 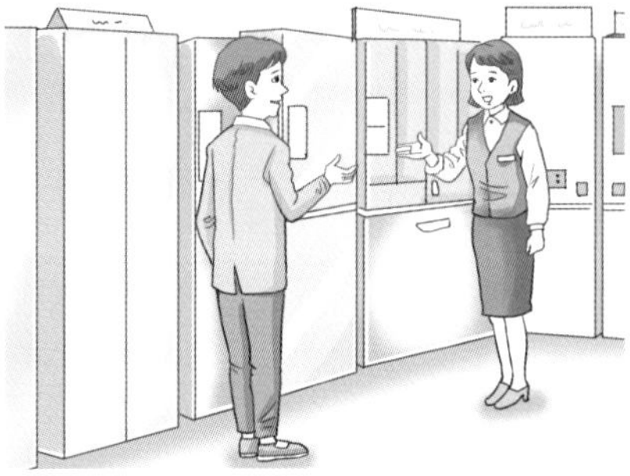

② 

③ 

④ 

2. ① 

② 

③ 

④ 

3. ①

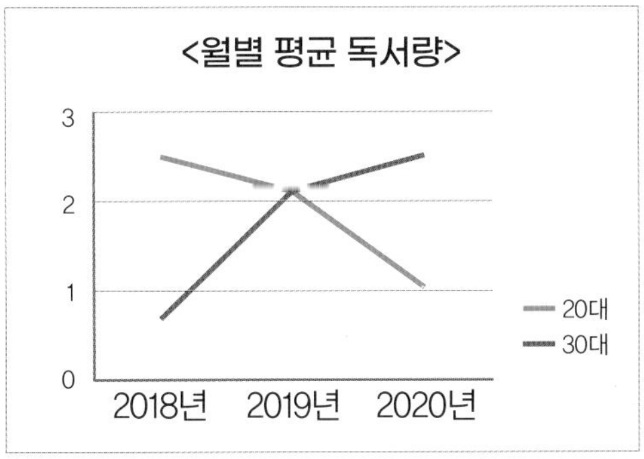
<월별 평균 독서량>
3
2
1
0
2018년
2019년
2020년
20대
30대

②

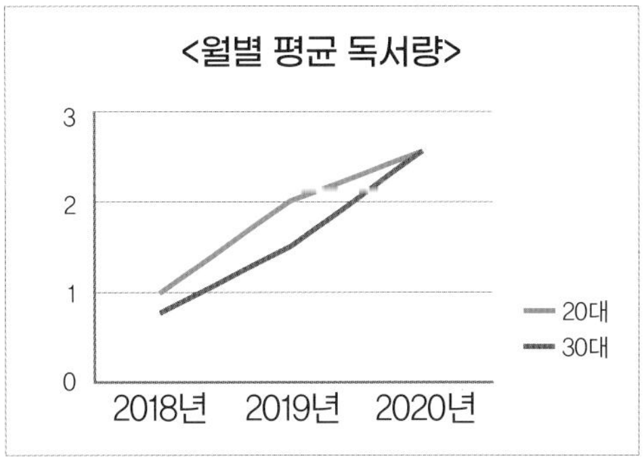
<월별 평균 독서량>
3
2
1
0
2018년
2019년
2020년
20대
30대

③

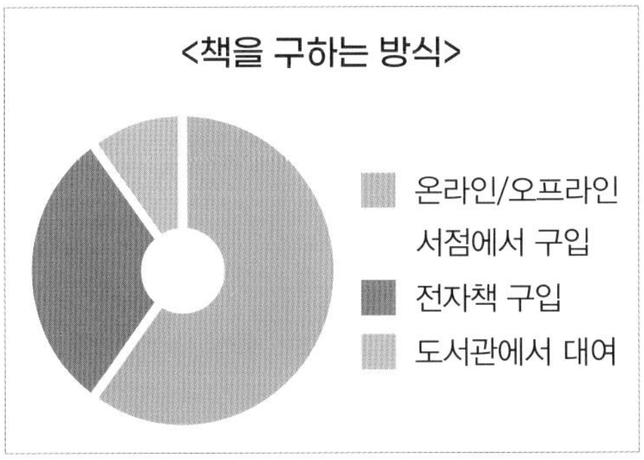
<책을 구하는 방식>
온라인/오프라인 서점에서 구입
전자책 구입
도서관에서 대여

④

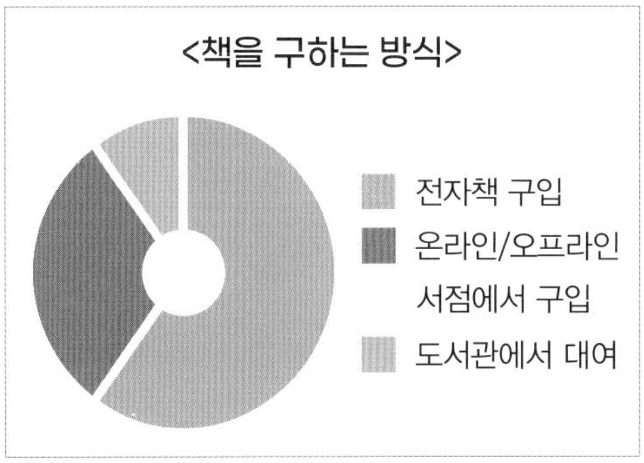
<책을 구하는 방식>
전자책 구입
온라인/오프라인 서점에서 구입
도서관에서 대여

도전 ❷ Track❶ 1-5

1-3 다음을 듣고 알맞은 그림을 고르십시오.

1. ①

②

③

④

2. ①

②

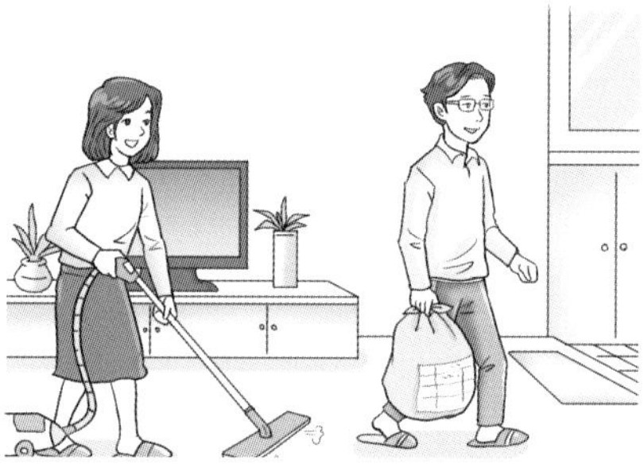

③

④

3. ①

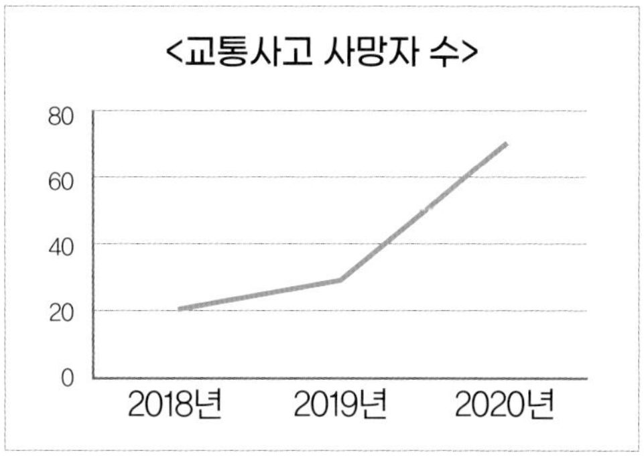
<교통사고 사망자 수>
80
60
40
20
0
2018년
2019년
2020년

②

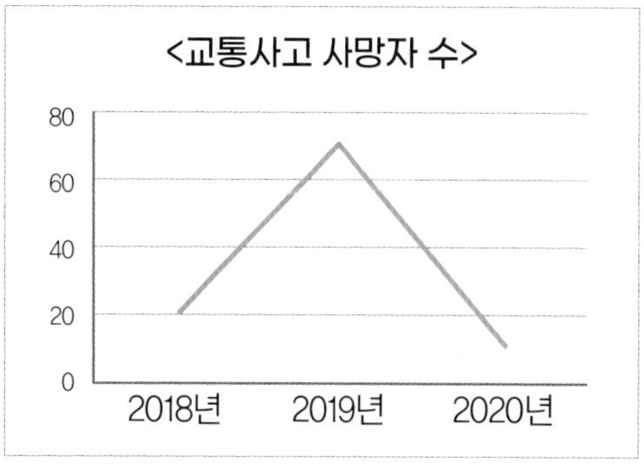
<교통사고 사망자 수>
80
60
40
20
0
2018년
2019년
2020년

③

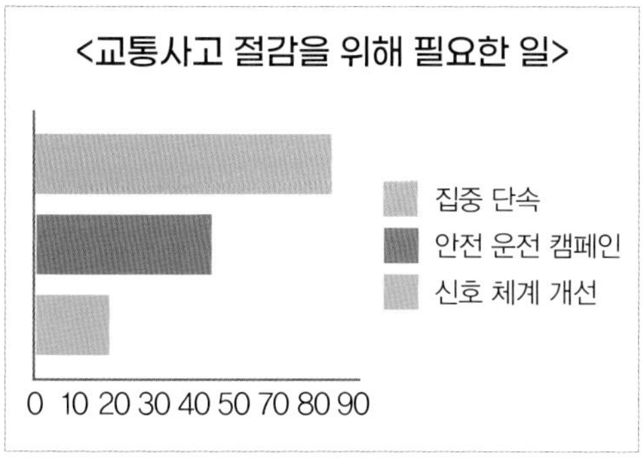
<교통사고 절감을 위해 필요한 일>
집중 단속
안전 운전 캠페인
신호 체계 개선
0 10 20 30 40 50 70 80 90

④

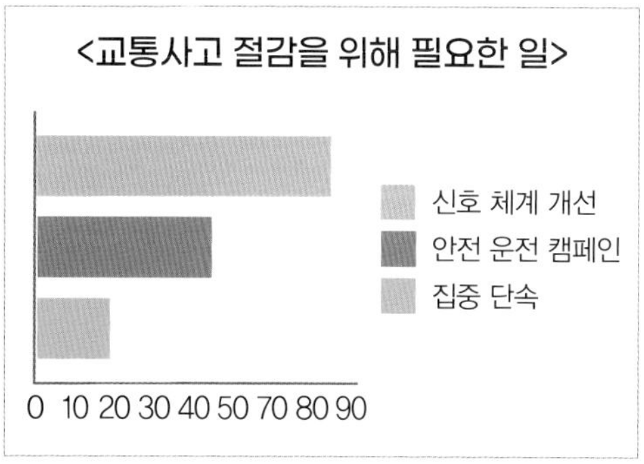
<교통사고 절감을 위해 필요한 일>
신호 체계 개선
안전 운전 캠페인
집중 단속
0 10 20 30 40 50 70 80 90

CHAPTER. 1

Unit 2 대화 I

듣기 4번-8번, 9-12번

문항 4번-8번, 9번-12번은 남자와 여자의 대화를 듣고 이어질 수 있는 말 또는 행동을 고르는 문제입니다. 4-8번은 완성된 대화를 듣는 것이 아니라 상대의 말을 잘 듣고 대화를 완성해야 합니다. 9-12번은 대화 이후의 상황을 추측하는 문제입니다.

꼭! 알아두기

4-8번

다음 대화를 잘 듣고 이어질 수 있는 말을 고르십시오.

- 일상적인 주제로 대화를 합니다.
- 첫 문장을 듣고 구체적인 상황을 파악하는 것이 중요합니다.

9-12번

다음 대화를 잘 듣고 여자가 이어서 할 행동으로 알맞은 것을 고르십시오.

- 대화가 끝난 이후의 상황을 추측해야 하므로 마지막 말을 잘 듣습니다.
- 부탁하기나 명령하기 또는 여러 사람이 일을 분담하는 내용이 많습니다.

4-8 다음 대화를 잘 듣고 이어질 수 있는 말을 고르십시오. Track❶ 2-1

4.

여자: 저는 내일 모임에 못 갈 것 같아요.

남자: 왜요? ㉠무슨 일이 있어요?

여자: ____________________

〈TOPIK II 64회 듣기 4번〉

① 모임 장소로 오세요.

② 내일은 갈 수 있어요.

❸ 고향에서 친구가 와서요.

④ 못 만날까 봐 걱정했어요.

+ 해설

㉠에 대한 답변으로 내일 모임에 못 가는 이유에 대해 말한 ③번이 정답입니다.

5.

남자: ㉠약 좀 사 가지고 올게. 머리가 계속 아프네.

여자: ㉡지금 이 시간에도 문을 연 약국이 있을까?

남자: ____________________

〈TOPIK II 64회 듣기 5번〉

① 아니, 머리는 괜찮아졌어.

② 응, 내가 약을 사다 줄게.

③ 아니, 문을 안 열었더라고.

❹ 응, 늦게까지 하는 약국이 있어.

+ 해설

문을 연 약국이 있냐는 질문에 대한 답을 해야 하므로 ④번이 정답입니다. ㉡을 보면 시간이 늦었다는 것을 추측할 수 있습니다. ㉠처럼 머리가 아프다고 말한 사람이 직접 약을 사러 가려고 하는 상황이므로 ②번은 오답입니다.

6.

여자: 토요일에 3층 연습실 사용할 수 있어?

남자: ㉠아직 관리실에 얘기를 못 해서 잘 모르겠어.

여자: ____________________

〈TOPIK II 64회 듣기 6번〉

① 그럼 토요일에 보자.

❷ 그럼 내가 가서 물어볼게.

③ 연습실은 3층으로 가면 돼.

④ 주말에 연습이 없는 줄 알았어.

+ 해설

남자가 ㉠에서 '아직 하지 못했다'라고 말하니까 여자가 자신이 대신 하겠다는 것이 가장 자연스럽습니다. 그러므로 ②번이 정답입니다.

• 단어 연습실 관리실

7.

남자: ㉠공사 소음 때문에 일에 집중이 안 되네요.

여자: 맞아요. ㉡먼지도 심하고요.

남자: ____________________

〈TOPIK II 64회 듣기 7번〉

① 공사를 하면 깨끗해지겠어요.

② 공사는 내일부터 시작한대요.

③ 공사를 해서 시끄러울 거예요.

❹ 공사가 빨리 끝났으면 좋겠어요.

+ 해설

남자와 여자 모두 공사 때문에 생긴 불편함에 대해 이야기하고 있습니다. ㉠과 ㉡은 많은 사람이 원하지 않는 상황으로 빨리 이 상황이 끝나기를 바라는 것이 일반적입니다. 그러므로 ④번이 정답입니다.

• 단어 소음 집중이 되다 먼지

8.

여자: 첫 방송에 대한 시청자 의견은 어때요?

남자: 재미있다는 의견이 많았습니다. 그런데 ㉠음악이 장면에 안 어울린다는 의견도 있었습니다.

여자: ______________________________

〈TOPIK II 64회 듣기 8번〉

① 첫 방송이 정말 기대되네요.

② 시청자 의견을 못 들었어요.

③ 장면들이 아름다웠다고 해요.

❹ 음악에 더 신경을 써야겠네요.

+ 해설

첫 방송을 본 시청자들의 반응에 대해서 이야기하는 상황입니다. ㉠처럼 부정적인 의견을 들은 후의 반응을 고르는 것이므로 ④번이 정답입니다.

• 단어 장면 어울리다 신경을 쓰다

9-12 다음 대화를 잘 듣고 여자가 이어서 할 행동으로 알맞은 것을 고르십시오. Track❶ 2-2

9.

여자: 선물도 샀고 꽃도 준비했고, 케이크는 어떻게 됐지?

남자: 케이크는 민수가 사 온다고 했어.

여자: 그럼 ㉠난 생일 카드 좀 쓰고 있어야겠다.

남자: 그래, 난 민수 어디쯤 왔는지 ㉡전화해 볼게.

〈TOPIK II 64회 듣기 9번〉

① 꽃을 가져온다.

② 선물을 고른다.

❸ 생일 카드를 쓴다. ……㉠

④ 민수한테 전화한다.

+ 해설

친구의 생일 파티를 준비하는 상황입니다. 여자는 ㉠처럼 말했으므로 ③번이 정답입니다. ④번은 ㉡을 보면 남자가 할 일이므로 오답입니다.

10.

> 여자: 저, 오늘 두 시에 ㉠진료 예약했는데요. 김수미라고 합니다.
>
> 남자: 네, 예약 확인되셨고요. ㉡검사 전에 옷을 갈아입으셔야 해요.
>
> 여자: 그래요? 어디로 가면 되지요?
>
> 남자: 오른쪽으로 가시면 ㉢탈의실이 있습니다.

〈TOPIK II 64회 듣기 10번〉

① 검사 예약을 한다.
❷ 옷을 갈아입으러 간다. ……㉡
③ 진료 시간을 확인한다.
④ 탈의실 위치를 물어본다.

+ 해설

㉠을 보면 여자가 병원에 진료를 받으러 온 상황임을 알 수 있습니다. 남자가 ㉡, ㉢과 같이 안내하고 있으므로 여자는 옷을 갈아입어야 합니다. 정답은 ②번입니다.

• 단어 검사 탈의실

11.

> 남자: 토마토 ㉠심은 날짜까지 붙였으니까 이제 다 끝났어.
>
> 여자: 토마토 심는 게 생각보다 간단하다.
>
> 남자: 그렇지? ㉡이제 화분을 베란다로 옮겨 놓을 테니까 ㉢네가 물을 좀 줘.
>
> 여자: 응, 알겠어.

〈TOPIK II 64회 듣기 11번〉

❶ 화분에 물을 준다. ……㉢
② 화분에 날짜를 붙인다.
③ 화분에 토마토를 심는다.
④ 화분을 베란다로 옮긴다.

+ 해설

남자와 여자가 토마토를 화분에 심은 상황입니다. ②번은 ㉠처럼 이미 한 일이고, ④번은 ㉡처럼 곧 남자가 할 일이므로 오답입니다. 남자는 여자에게 ㉢처럼 부탁하고 있습니다. 여자가 할 일은 ㉢의 내용과 같은 ①번입니다.

• 단어 심다 화분 베란다 옮기다

12.

남자: 김수미 씨, 직원 연수 프로그램은 확정됐나요?

여자: 아직 특강해 주실 분을 못 구했는데요. ㉠오늘 박민석 선생님께 연락드려 보려고요.

남자: 그럼 좀 서둘러 주세요. 안 되면 다른 분을 찾아봐야 하니까요.

여자: 네, 바로 ㉡알아보겠습니다.

〈TOPIK II 64회 듣기 12번〉

① 다른 강사를 찾아본다.
❷ 박 선생님께 연락한다. ……㉠, ㉡
③ 특강 자료를 정리한다.
④ 연수 프로그램을 알아본다.

+ 해설

여자의 마지막 말인 ㉡의 정확한 의미를 파악하는 문제입니다. 앞서 여자는 ㉠처럼 말했는데, 이 말은 정확히 '박 선생님께 연락해서 특강해 줄 수 있는지 알아보겠다'와 같은 의미입니다. 그러므로 정답은 ②번입니다.

• 단어 연수 확정되다 특강 서두르다

STEP 2 기본 연습

1. 다음을 듣고 질문에 답하십시오. Track❶ 2-3

1

Q1. 대화를 듣고 빈칸을 채우십시오.

여자: 저어, 외국 친구에게 선물할 한국 책을 찾는데 뭐가 좋을까요?

남자: 친구 분이 한국말을 ______________________?

Q2. 다시 듣고 여자가 이어서 할 말을 고르십시오.

① 한국에서 한국말을 배우고 싶어해요.

② 일 년 정도 배웠으니까 잘 하는 편이에요.

2

Q1. 대화를 듣고 빈칸을 채우십시오.

여자: 선배님, 김민수 교수님 수업은 어때요?

남자: 아직 안 들어봤어? 우리 학교에서 ______________________.

Q2. 다시 듣고 여자가 이어서 할 말을 고르십시오.

① 과제가 많은 줄 몰랐어요.

② 그렇게 인기가 많은 수업이에요?

3

Q1. 대화를 듣고 빈칸을 채우십시오.

여자: 답사 가서 할 일을 좀 나누자.

남자: 그래, 유물 사진은 내가 찍을게. 학생 단체 사진은 누가 찍는 게 좋을까?

여자: 내가 ______________________.

남자: 그래, 그럼 난 민수한테 기록 좀 하라고 해야겠다.

Q2. 다시 듣고 여자가 이어서 할 행동을 고르십시오.

① 수미에게 연락한다.

② 민수와 이야기한다.

4

Q1. 대화를 듣고 빈칸을 채우십시오.

남자: 이렇게 물이 끓으면 떡을 넣으면 돼.

여자: 계란하고 파는 언제 넣어?

남자: 떡을 넣고 1분쯤 후에 다 넣으면 끝이야. 넌 ______________.

여자: 알겠어. 떡국 만들기가 어렵지 않구나!

Q2. 다시 듣고 여자가 이어서 할 행동을 고르십시오.

① 수저를 준비한다.

② 계란과 파를 넣는다.

2. 다음을 듣고 질문에 답하십시오. Track❶ 2-4

1 대화를 듣고 이어질 수 있는 말을 고르십시오.

① 이제 이상이 없어요.

② 한 달 전에 백화점에서 샀어요.

③ 화면은 잘 나오는데 소리가 안 나요.

2 대화를 듣고 여자가 이어서 할 행동으로 알맞은 것을 고르십시오.

① 아는 사람에게 자료를 빌린다.

② 자료를 찾으러 자료실에 다시 간다.

③ 다른 부서에 가서 자료 준비를 부탁한다.

도전 ❶ Track❶ 2-5

1-5 다음 대화를 잘 듣고 이어질 수 있는 말을 고르십시오.

1. ① 한 시간이나요?
   ② 병원에 꼭 가 볼게요.
   ③ 네, 잊지 말고 해야겠어요.
   ④ 맞아요, 일어날 시간도 없어요.

2. ① 음식물은 괜찮아요.
   ② 안 드시는 게 좋습니다.
   ③ 9시까지 오셔야 합니다.
   ④ 9시 이전에는 불가능해요.

3. ① 깨끗하지 않아요.
   ② 쓰레기통에 버릴게요.
   ③ 다음에 외출할 때 할게요.
   ④ 그럼 우선 병을 닦아야겠네요.

4. ① 아무래도 가격을 낮출걸 그랬나 봐요.
   ② 혹시 광고를 하지 않아서 그런 걸까요?
   ③ 다음 번엔 디자인에 더 신경을 써야겠네요.
   ④ 다음 번엔 무엇보다도 성능을 꼭 높여봅시다.

5. ① 응, 아무 일도 없어.
   ② 응, 동창회가 있거든.
   ③ 아니, 가족 모임이 있어.
   ④ 아니, 회사에 안 가도 돼.

6-9 다음 대화를 잘 듣고 여자가 이어서 할 행동으로 알맞은 것을 고르십시오.

6. ① 회사에 출근한다.
② 중국집으로 간다.
③ 아이들을 데리고 온다.
④ 저녁 식사를 예약한다.

7. ① 음료수를 마신다.
② 친구를 기다린다.
③ 뒤에 있는 손님의 주문을 받는다.
④ 전화로 먹고 싶은 메뉴를 시킨다.

8. ① 복잡한 문자를 입력한다.
② 영어와 숫자를 잘 조합한다.
③ 할인 쿠폰을 사용해서 물건을 산다.
④ 남자에게 쿠폰 사용법을 가르친다.

9. ① 뒤로 넘어지는 연습을 한다.
② 두 발을 모아서 속도를 줄인다.
③ 엉덩이가 땅에 닿는지 확인한다.
④ 넘어지지 않도록 중심을 잡는다.

도전 ❷ Track❶ 2-6

1-5 다음 대화를 잘 듣고 이어질 수 있는 말을 고르십시오.

1. ① 다쳤을까 봐 걱정했어.
   ② 그렇다면 정말 다행이다.
   ③ 우리가 아는 사람은 없겠지?
   ④ 정말? 난 네가 다친 줄도 몰랐어.

2. ① 환절기에는 반팔을 입어야 해.
   ② 일교차가 그렇게 큰 줄 몰랐어.
   ③ 나도 이렇게 더운 날씨를 너무 싫어해.
   ④ 이럴 때 감기 걸리기 쉬우니까 조심해.

3. ① 응, 그럼 부탁 좀 할게.
   ② 응, 집 앞에서 사면 돼.
   ③ 아니, 비싸서 안 되겠다.
   ④ 아니, 있으면 좋을 텐데 아쉽다.

4. ① 그럼 더 뒤로 가면 될까요?
   ② 네, 전신이 다 안 나와도 괜찮아요.
   ③ 네, 경치가 더 중요하니까 괜찮아요.
   ④ 아니요, 다른 사람 없을 때 찍어주세요.

5. ① 아르바이트생이 올 거예요.
   ② 평일보다 사람이 많지 않아요.
   ③ 주말에는 아르바이트를 못 해요.
   ④ 있었는데 이제부터 못 나오게 됐대요.

6-9 다음 대화를 잘 듣고 여자가 이어서 할 행동으로 알맞은 것을 고르십시오.

6. ① 식당으로 내려간다.
   ② 열람실에서 공부한다.
   ③ 우산을 사서 남자에게 준다.
   ④ 기숙사로 가서 저녁을 먹는다.

7. ① 보증금을 내러 은행에 간다.
   ② 현금을 찾으러 은행에 간다.
   ③ 학생증을 들고 2층으로 간다.
   ④ 사물함을 신청하러 2층으로 간다.

8. ① 작년 행사 자료를 찾아본다.
   ② 본사에 연락해서 일정을 짠다.
   ③ 월요일까지 계획서를 작성한다.
   ④ 행사를 진행할 날짜를 알아본다.

9. ① 상자에 적힌 주소를 확인한다.
   ② 배송 업체에 전화해서 문의한다.
   ③ 거래처에 전화해서 상품을 문의한다.
   ④ 배송된 상자를 열어서 물건을 확인한다.

CHAPTER. 1

Unit 3 대화 2

듣기 13번, 17-19번

문항 13번과 17번-19번은 남자와 여자의 짧은 대화를 듣고 푸는 문제입니다. 13번은 남자가 여자에게 정보를 알려주는 대화가 많습니다. 17번-19번은 일상적인 주제를 가지고 여자와 남자가 대화하는 내용입니다.

꼭! 알아두기

13번

다음을 듣고 내용과 일치하는 것을 고르십시오.

- 남자와 여자가 한 이야기가 바뀌어 제시되는 경우가 있습니다.
- 남자에 대한 보기 2개, 여자에 대한 보기 2개가 제시되므로 대화를 들으며 틀린 보기를 지우는 것이 좋습니다.

17번-19번

다음을 듣고 남자의 중심 생각을 고르십시오.

- 여자의 말이 오답으로 나오는 경우가 있으므로 주의합니다.
- 여자는 남자와 반대되는 생각을 가지고 있는 경우가 많습니다.

13. 다음을 듣고 내용과 일치하는 것을 고르십시오. Track❶ 3-1

> 여자: 민수야, 너 작년에 심리학 개론 수업 들었지?
>
> 남자: 응, ㉠진짜 좋았어. 너도 그 수업 들으려고?
>
> 여자: ㉡수강 신청은 했는데 ㉢다른 학과 수업이라 걱정이 돼서.
>
> 남자: 그 수업, 내용도 재밌고 어렵지 않아서 괜찮을 거야.

〈TOPIK II 64회 듣기 13번〉

① 여자는 심리학과 학생이다.

② 여자는 수강 신청을 하지 못했다.

❸ 남자는 심리학 개론 수업에 만족했다.

④ 남자는 여자와 심리학 개론 수업을 들었다.

+ 해설

① 여자는 심리학과 학생이다.
➡ ㉢에서 다른 학과 수업이라고 말했으므로 여자는 심리학과가 아닙니다.

② 여자는 수강 신청을 하지 못했다.
➡ ㉡에서 수강 신청을 했다고 말합니다.

❸ 남자는 심리학 개론 수업에 만족했다.
➡ ㉠에서 남자는 수업이 좋았다고 말합니다.

④ 남자는 여자와 심리학 개론 수업을 들었다.
➡ 남자는 작년에 수업을 들었지만 여자는 아직 수업을 듣지 않았습니다.

• 단어 심리학 개론 수강 신청 만족하다

17-19 다음을 듣고 남자의 중심 생각을 고르십시오. Track❶ 3-2

17.

> 남자: 아무래도 요가 학원에 다녀야겠어. ㉠혼자서 운동을 하니까 동작이 맞는지 모르겠고 효과도 없는 것 같아.
>
> 여자: 요즘은 인터넷 요가 영상도 많이 있던데, 그걸 보는 건 어때?
>
> 남자: 영상만으로는 안 될 것 같아. ㉡내 동작이 틀려도 알 수 없잖아.

〈TOPIK II 64회 듣기 17번〉

❶ 운동은 제대로 배워서 하고 싶다. ……㉠, ㉡
② 인터넷의 운동 정보는 도움이 된다.
③ 건강을 위해 꾸준히 운동을 해야 한다.
④ 따라 하기 쉬운 요가 영상을 선택해야 한다.

+ 해설

㉠과 ㉡의 남자의 말을 보면 혼자 하는 운동은 동작을 틀리지 않고 정확하게 하고 있는지 확인이 어렵기 때문에 남자는 학원에서 제대로 배우고 싶어 한다는 것을 알 수 있습니다. ②번과 ④번은 여자의 말을 이용한 오답입니다.

• 단어 동작 제대로 꾸준히

18.

> 남자: 수미야, 왜 아무 말도 안 해? 너도 어디 가고 싶은지 말을 해.
>
> 여자: 난 어디든 상관없어. 그냥 여러 사람이 원하는 곳으로 해.
>
> 남자: 모두가 만족할 수 있는 결정을 하려면 ㉠네 생각도 정확하게 말해 줘야 해.

〈TOPIK II 64회 듣기 18번〉

① 갈등이 생기면 빨리 해결해야 한다.
❷ 자신의 생각을 분명하게 말하면 좋겠다. ……㉠
③ 상대방이 원하는 것을 먼저 하는 게 좋다.
④ 상대방의 입장을 이해하려면 대화가 필요하다.

+ 해설

㉠을 보면 남자는 여자가 자신의 생각을 말해주기를 원하고 있습니다.

• 단어 정확하게 갈등 상대방 입장

19.

여자: 이거 조금 전에 받은 명함인데요. 디자인이 참 특이하죠?

남자: 그렇네요. 그림이 있는 것도 ㉠인상적이고요.

여자: 그런데 명함이라고 하기에는 ㉡정보가 좀 부족한 것 같지 않아요?

남자: 디자인 덕분에 이렇게 ㉢한 번 더 보게 되니까 전 좋은 것 같아요.

〈TOPIK II 64회 듣기 19번〉

❶ 이 명함은 디자인이 인상적이어서 좋다. ……㉠, ㉢

② 이 명함은 디자인에 더 신경을 써야 한다.

③ 이 명함은 정보를 충분히 넣을 필요가 있다.

④ 이 명함은 명함을 준 사람에 대해 알기 쉽다.

+ 해설

㉠과 ㉢에서 인상적인 디자인 덕분에 한 번 더 명함을 보게 되니까 좋다고 말합니다. ③번은 ㉡의 여자의 말을 이용한 오답입니다.

• 단어　특이하다　인상적이다　부족하다　신경을 쓰다

1. 다음을 듣고 질문에 답하십시오. Track❶ 3-3

1

Q1. 마지막 말을 듣고 내용과 일치하는 것을 고르십시오.

① 남자는 겨울옷을 세탁하고 싶어 한다.

② 남자는 여자와 같이 이불을 맡길 것이다.

Q2. 다시 듣고 빈칸을 채우십시오.

여자: 겨울 이불을 세탁하려고 하는데 세탁기가 작아서 안 들어가네요.

남자: 편의점 옆에 세탁소가 새로 생겼는데 개업 기념으로 겨울옷이랑 이불 빨래를 할인해 준대요. 거기에 가 보세요.

여자: 진짜요? 민수 씨도 가 보셨어요?

남자: 저는 내일 퇴근하고 한번 가 보려고요. ______________야 하거든요.

2

Q1. 마지막 말을 듣고 남자의 중심 생각을 고르십시오.

① 중요한 정보는 책에서 찾는 것이 좋다.

② 책을 읽을 때는 전문가가 쓴 책을 읽어야 한다.

Q2. 다시 듣고 빈칸을 채우십시오.

남자: 수미야, 너 지금 인터넷에서 찾은 자료로 학교 과제를 하는 거야?

여자: 인터넷에는 정보가 많잖아. 검색도 쉽게 할 수 있고.

남자: 인터넷에 정보가 많기는 하지만 사실이 아닌 것도 많아. 중요한 내용은 ______________ 게 좋을 거야. 책은 전문가가 쓴 거니까 믿을 수 있잖아.

3

Q1. 마지막 말을 듣고 남자의 중심 생각을 고르십시오.

① 성격이 잘 맞는 사람을 만나기는 쉽지 않다.

② 사람의 성격은 쉽게 알 수 있는 것이 아니다.

Q2. 다시 듣고 빈칸을 채우십시오.

남자: 어제 소개 받은 남자랑 또 만나기로 했어?

여자: 아니, 너무 말도 없고 잘 웃지도 않아서 같이 있으면 좀 어색하더라고. 나랑 성격이 잘 안 맞는 거 같아.

남자: 처음 만나는 자리라서 그런 걸 수도 있잖아. ______________________. 그러지 말고 몇 번 더 만나봐.

4

Q1. 마지막 말을 듣고 남자의 중심 생각을 고르십시오.

① 여행 책으로 정보를 찾는 것이 더 빠르다.

② 여행 책을 사는 데 돈을 쓰는 것은 좀 아깝다.

Q2. 다시 듣고 빈칸을 채우십시오.

여자: 이번 여행 때 들고 갈 여행 안내서를 한 권 사야겠어요.

남자: 요즘엔 휴대폰으로 검색하면 다 나오니까 책은 필요 없을 것 같은데요. 무거워서 오히려 짐만 되잖아요.

여자: 인터넷이 안 되는 곳에서는 휴대폰도 소용없죠. 그리고 여행 안내서는 정리가 잘 되어 있잖아요.

남자: 정리가 잘 되어 있다고 해도 ______________.

2. 다음을 듣고 질문에 답하십시오. Track❶ 3-4

1

Q1. 알맞은 것을 2개씩 연결하십시오.

여자는 •

남자는 •

• 가. 요즘 도시락으로 식사를 해결한다.

• 나. 회사일 때문에 많이 바쁘다.

• 다. 도시락 덕분에 시간을 아낄 수 있었다.

• 라. 편의점에서 식사를 하는 일이 많다.

Q2. 들은 내용과 일치하는 것을 고르십시오.

① 여자는 요즘 몸 상태가 좋지 않다.

② 여자는 편의점 음식이 마음에 든다.

③ 남자는 집에서 요리를 해서 먹는다.

2

Q1. 알맞은 것을 고르십시오.

여자는 기계로 주문을 받는 것이	□ 비용을 줄일 수 있으므로 좋다고 생각한다.
	□ 비용을 늘릴 수 있으므로 좋다고 생각한다.

Q2. 남자의 중심 생각을 고르십시오.

① 기계로 주문을 하는 방법은 별로 어렵지 않다.

② 기계로 주문을 받으면 비용을 줄일 수 있어서 좋다.

③ 기계로 주문받는 것이 모든 사람에게 편한 것은 아니다.

도전 ❶ Track❶ 3-5

1. 다음을 듣고 내용과 일치하는 것을 고르십시오.

① 여자는 티비에 나온 식당의 음식을 주문했다.
② 여자는 부산에 있는 식당에 남자와 같이 갈 것이다.
③ 남자는 티비에 나온 식당에 직접 가서 음식을 사왔다.
④ 남자는 유명한 식당의 음식을 집에서 요리한 적이 있다.

2-4 다음을 듣고 남자의 중심 생각을 고르십시오.

2. ① 아무리 노력을 해도 안 되는 일이 있다.
② 재능이 있으면 노력 없이도 성공할 수 있다.
③ 한 번 시도해보고 안되면 바로 포기하는 것이 좋다.
④ 무슨 일이든지 포기하지 않으면 좋은 결과를 얻는다.

3. ① 상황에 맞게 아이를 대해야 한다.
② 항상 같은 태도로 아이를 대해야 한다.
③ 아이가 떼를 쓰면 가만히 있어야 한다.
④ 아이가 원하는 것을 들어주는 것이 좋다.

4. ① 심한 감기는 약을 먹는 것이 좋다.
② 시간이 지나면 감기는 저절로 낫는다.
③ 감기에 걸렸을 때는 바로 병원에 가야 한다.
④ 약을 먹는 것보다 푹 쉬는 것이 감기가 빨리 낫는다.

도전 ② Track❶ 3-6

1. 다음을 듣고 내용과 일치하는 것을 고르십시오.

① 여자는 바빠서 등산을 할 시간이 없다.

② 남자는 여자와 같이 설악산에 다녀왔다.

③ 여자는 남자의 등산 동호회에 들어갈 것이다.

④ 남자는 회사일 때문에 동호회 활동에 가끔 참여한다.

2-4 다음을 듣고 남자의 중심 생각을 고르십시오.

2. ① 마음이 편할 때 과제를 하는 것이 좋다.

② 과제는 되도록이면 일찍 끝내는 것이 좋다.

③ 과제를 빨리 끝내야 나중에 쉴 시간이 생긴다.

④ 부담감이 있으면 과제를 빨리 끝내기가 어렵다.

3. ① 아파트에서는 슬리퍼를 신고 생활해야 한다.

② 소음에 예민하면 아파트에 살지 않는 것이 좋다.

③ 아파트에서는 서로 배려하며 사는 것이 중요하다.

④ 사소한 일로 이웃에게 전화하는 것은 예의에 어긋난다.

4. ① 어릴 때 배운 것은 쉽게 잊어버리지 않는다.

② 아이들에게 다양한 경험을 시켜주는 것이 좋다.

③ 새로운 경험을 많이 하면 지능 발달에 도움이 된다.

④ 아이가 원하는 것을 선택하게 해서 교육을 시키는 것이 좋다.

CHAPTER. 1

Unit 4 대화 3

듣기 21번-22번, 23번-24번, 27번-28번

문항 21번과 22번, 23번과 24번 그리고 27번과 28번은 남자와 여자의 대화를 듣고 푸는 문제입니다. 이 유형에서는 남자와 여자가 대화를 하는 목적과 의도를 파악해야 합니다.

꼭! 알아두기

21번

남자의 중심 생각으로 맞는 것을 고르십시오.

- 일상의 여러 상황에 대하여 남자가 자신의 생각을 말합니다.
- 여자의 의견이 오답으로 제시될 수 있습니다.

23번

남자(여자)가 무엇을 하고 있는지 맞는 것을 고르십시오.

- 남자는 자신에게 생긴 문제를 해결하고자 합니다.
- 보통 대화의 초반에 남자가 전화한 목적을 말합니다.

27번

여자(남자)가 남자(여자)에게 말하는 의도를 고르십시오.

- 보통 대화의 마지막에 제시됩니다.

22번, 24번, 28번

들은 내용으로 맞는 것을 고르십시오.

- 세부 내용을 메모하면 도움이 됩니다.

21-22 다음을 듣고 물음에 답하십시오. Track❶ 4-1

남자: ㉠최근 조사 자료를 보면 여행객들이 호텔을 선택할 때 가장 많이 참고하는 게 이용 후기라고 해요.

여자: 맞아요. 우리도 후기 관리에 더 신경을 써야 할 것 같아요. ㉡우리 호텔은 고객 만족도는 높은 데 비해 이용 후기는 적은 편이잖아요.

남자: ㉢그래서 고객들에게 후기 작성에 대해 적극적으로 알려야 할 것 같아요. 후기를 많이 남길 수 있도록 하는 이벤트도 해 보고요.

여자: 좋네요. 그럼 어떤 이벤트가 좋을지 한번 생각해 봐요.

〈TOPIK II 64회 듣기 21-22번〉

21. 남자의 중심 생각으로 맞는 것을 고르십시오

① 여행객들의 성향을 조사해야 한다.

② 고객 만족도를 높이는 것이 우선이다.

❸ 이용 후기를 늘릴 수 있도록 해야 한다.

④ 후기 분석을 적극적으로 할 필요가 있다.

+ 해설

남자는 고객들이 후기를 작성하도록 적극적으로 홍보를 하고 이벤트를 해야 한다고 말합니다. 보기에서는 이것을 이용 후기를 늘릴 수 있도록 해야 한다고 바꿔 말하고 있습니다.

22. 들은 내용으로 맞는 것을 고르십시오.

① 이 호텔에서는 후기 작성 이벤트를 하고 있다.

② 남자는 호텔과 관련된 자료를 조사할 예정이다.

③ 이 호텔을 이용한 고객들은 후기를 많이 남겼다.

❹ 여자가 일하는 호텔은 고객 만족도가 높은 편이다. ……㉡

+ 해설

① 이 호텔에서는 후기 작성 이벤트를 하고 있다.
➡ ㉢을 보면 호텔 이벤트는 아직 시작하지 않았습니다.

② 남자는 호텔과 관련된 자료를 조사할 예정이다.
➡ ㉠을 보면 남자는 이미 조사를 마친 자료를 보고 있습니다.

③ 이 호텔을 이용한 고객들은 후기를 많이 남겼다.
➡ ㉡에서 고객들은 후기를 많이 남기지 않는다고 합니다.

❹ 여자가 일하는 호텔은 고객 만족도가 높은 편이다.
➡ ㉡에서 고객들은 만족도가 높다고 말합니다.

• 단어 이용 후기 성향 고객 만족도 작성

23-24 다음을 듣고 물음에 답하십시오. Track❶ 4-2

여자: 여보세요. ㉠제가 운전면허증을 잃어버려서 다시 발급을 받고 싶은데요. 어떻게 하면 되나요?
남자: 운전면허 시험장으로 오시면 당일에 받을 수 있습니다. 오실 때 신분증을 꼭 챙겨 오셔야 하고요.
여자: ㉡인터넷으로는 신청이 안 되나요? ㉢면허 시험장이 너무 멀어서요.
남자: 인터넷으로도 가능합니다. ㉣신청하실 때 가까운 경찰서를 지정해서 면허증을 받으시면 돼요. 그런데 시간은 두 주 정도 걸립니다.

〈TOPIK II 64회 듣기 23-24번〉

23. 여자는 무엇을 하고 있는지 맞는 것을 고르십시오.

❶ 면허증 재발급 방법을 문의하고 있다.
② 면허증 재발급 기간을 확인하고 있다.
③ 면허 시험장의 위치를 알아보고 있다.
④ 면허증 발급을 위한 서류를 요청하고 있다.

+ 해설

여자는 처음에 잃어버린 면허증을 재발급 받고 싶다고 말하며 그 방법을 묻고 있습니다.

24. 들은 내용으로 맞는 것을 고르십시오.

❶ 경찰서에서도 면허증을 받을 수 있다. ……㉣
② 여자는 인터넷으로 신청서를 제출했다.
③ 여자는 면허 시험장에서 가까운 곳에 있다.
④ 면허증 발급을 위한 서류를 요청하고 있다.

+ 해설

❶ 경찰서에서도 면허증을 받을 수 있다.
➡ ㉣에서 경찰서에서도 면허증을 받을 수 있다고 말합니다.
② 여자는 인터넷으로 신청서를 제출했다.
➡ ㉠과 ㉡을 보면 여자는 아직 신청서를 제출하지 않았다는 것을 알 수 있습니다.
③ 여자는 면허 시험장에서 가까운 곳에 있다.
➡ ㉢을 보면 여자는 면허 시험장에서 먼 곳에 살고 있습니다.
④ 면허증 발급을 위한 서류를 요청하고 있다.
➡ ㉠을 보면 여자는 면허증 발급 방법을 묻고 있습니다.

• 단어 발급 당일 지정하다 챙겨 오다

27-28 다음을 듣고 물음에 답하십시오. Track❶ 4-3

남자: 이번에 김 과장님도 육아 휴직을 신청했대요. ㉠요즘 우리 회사 남자 직원들 중에 육아 휴직을 신청하는 사람들이 점점 많아지고 있어요.

여자: 그러게요. ㉡제도가 바뀌면서 휴직 기간 동안 월급도 주고 경력 인정도 되니까 예전보다 신청에 대한 부담이 적어진 거겠죠.

남자: 제 생각엔 남성 육아를 긍정적으로 보는 시각이 많아진 게 큰 이유인 것 같아요. ㉢정부나 회사에서 남성 육아를 권장하기도 하고요.

여자: 어쨌든 요즘 분위기가 많이 달라진 것 같긴 해요.

〈TOPIK II 64회 듣기 27-28번〉

27. 남자가 여자에게 말하는 의도를 고르십시오.

① 남성 육아의 필요성을 일깨우기 위해

② 남성 육아를 위한 제도를 설명하기 위해

③ 남성 육아의 문제점에 대해 지적하기 위해

❹ 남성 육아에 대한 인식 변화를 말하기 위해

+ 해설

남자는 남성 육아를 긍정적으로 보는 시각이 많아진 게 큰 이유라고 말하며 남성 육아에 대한 사람들이 인식이 변화했음을 말하고 있습니다.

28. 들은 내용으로 맞는 것을 고르십시오.

① 남자의 회사에는 육아 휴직 신청자가 없다.

❷ 육아 휴직을 해도 경력을 인정받을 수 있다. ……㉡

③ 육아 휴직 기간에는 월급이 지급되지 않는다.

④ 정부에서는 육아 휴직 제도의 시행을 준비하고 있다.

+ 해설

① 남자의 회사에는 육아 휴직 신청자가 없다.
➡ ㉠을 보면 최근에 육아 휴직 신청자가 많아진 것을 알 수 있습니다.

❷ 육아 휴직을 해도 경력을 인정받을 수 있다.
➡ ㉡에서 경력을 인정받을 수 있다고 말합니다.

③ 육아 휴직 기간에는 월급이 지급되지 않는다.
➡ ㉡에서 월급도 지급된다고 말합니다.

④ 정부에서는 육아 휴직 제도의 시행을 준비하고 있다.
➡ ㉢에서 정부는 육아 휴직 제도를 권장한다고 하지만 시행에 대해서는 이야기하지 않았습니다.

• 단어 육아 휴직 경력 권장하다 인식

1. 다음을 듣고 질문에 답하십시오. Track❶ 4-4

1

Q1. 남자의 중심 생각을 고르십시오.

① 신입생 환영회는 장점보다 단점이 많다.

② 신입생 환영회는 학교생활에 도움이 된다.

Q2. 다시 듣고 빈칸을 채우십시오.

여자: 우리 신입생 환영회는 따로 안 하면 좋겠어. 매년 술만 많이 마시고 늦게까지 너무 피곤한 것 같아. 준비하는 사람들도 너무 힘들고.

남자: 그래? 그래도 작년 신입생 환영회로 새내기들을 많이 알게 되지 않았어? 잘 모르던 동기들하고 이야기도 해보고 난 좋았는데. 다 같이 모이기 어려운 대학교에서 신입생 환영회도 없으면 ________________.

2

Q1. 남자의 중심 생각을 고르십시오.

① 중고를 사는 것은 경제적이다.

② 검증된 곳에서 물건을 사야 한다.

Q2. 다시 듣고 빈칸을 채우십시오.

여자: 새로 알게 된 중고 물품 판매 사이트인데 정말 좋아요. 친구가 소개해 줬는데 휴대폰도 20만 원이나 싸게 살 수 있어요.

남자: 네, 그런데 이런 곳에서 물건을 사도 괜찮을까요? 조금 비싸더라도 저는 ________________. 제 친구는 비슷한 사이트에서 물건을 샀는데 금방 고장이 나서 오히려 돈을 더 많이 썼어요. 검증되지 않은 사이트니까 고장이 나도 어디에서도 도움을 받을 수 없더라고요.

3

Q1. 남자의 중심 생각을 고르십시오.

① 책을 구입해서 보는 것이 좋다.

② 도서관을 통해서 책을 보는 것이 좋다.

Q2. 다시 듣고 빈칸을 채우십시오.

> 여자: 책을 또 샀어요? 도서관에도 있을 텐데……. 그냥 빌려보세요.
>
> 남자: 아, 도서관에도 같은 책이 있기는 하지만, 전 밑줄을 그으면서 보고 싶은 걸요. 빌린 책을 그렇게 읽을 수 없잖아요. 그리고 좋은 책을 많이 사야 글 쓰는 사람들도 돈을 벌죠. 빌려보는 것도 좋지만 그래도 ________________.

4

Q1. 남자는 무엇을 하는지 고르십시오.

① 기숙사에서 새로운 원룸으로 이사를 하고 있다.

② 학교 근처의 이사할 수 있는 새로운 방을 찾고 있다.

Q2. 다시 듣고 빈칸을 채우십시오.

> 남자: 안녕하세요? 혹시 ________________ 원룸이 있을까요? 건물은 오래되어도 괜찮아요. 지금은 기숙사에 살고 있는데 곧 방학이라 방을 빼야 해서요. 아, 그리고 제가 한국대학교 학생인데 학교에서 걸어 다닐 수 있으면 더 좋을 것 같아요.
>
> 여자: 비싸지 않은 원룸이라…… 원룸은 많지 않은데, 혹시 오피스텔은 어떠세요? 지난주에 오피스텔이 몇 개 들어왔거든요.

5

Q1. 남자는 무엇을 하는지 고르십시오.

① 사은품의 배송에 대해서 묻고 있다.

② 구매한 제품의 배송에 대해서 묻고 있다.

Q2. 다시 듣고 빈칸을 채우십시오.

> 남자: 여보세요? 제가 지난주에 한국전자 사이트에서 냉장고를 주문했는데요. 지난 금요일에 냉장고는 도착했는데, 냉장고를 사면 ________________ 오지 않아서 전화 드렸어요.
>
> 여자: 그렇습니까 고객님? 실례지만 성함과 전화번호를 말씀해 주시겠습니까? 바로 확인해 보도록 하겠습니다.

6

Q1. 남자가 말하는 의도를 고르십시오.

① 여자의 상황을 위로하기 위해

② 여자의 문제점을 지적하기 위해

Q2. 다시 듣고 빈칸을 채우십시오.

> 여자: 아, 나 오늘 지하철에 지갑을 두고 내렸어.
>
> 남자: 또? 벌써 몇 번째야? 지난번에는 식당에 휴대폰을 놓고 와서 며칠 동안 고생했잖아. 왜 물건을 사용한 후에 ________________? 쓰고 나서 꼭 가방에 넣으라고 내가 몇 번을 말했어?

7

Q1. 남자가 말하는 의도를 고르십시오.

① 여자가 말한 프로그램의 정보를 얻기 위해

② 여자가 제안한 프로그램에 참여하기 위해

Q2. 다시 듣고 빈칸을 채우십시오.

> 여자: 학교 게시판에 붙어 있는 포스터 봤어요? 이번 방학에 농어촌 아이들을 위해서 봉사활동을 갈 학생을 모집하고 있대요. 좋은 활동인 것 같아서 신청하려고 하는데 같이 갈래요?
>
> 남자: 네, 저도 봤어요. 농어촌 아이들을 만나서 공부방도 운영하고 여러 가지 활동도 함께 하는 프로그램이지요? 재미있을 것 같긴 한데 ________________?

8

Q1. 여자가 말하는 의도를 고르십시오.

① 검사를 받을 것을 권유하기 위해

② 진통제가 어디에 있는지 묻기 위해

Q2. 다시 듣고 빈칸을 채우십시오.

> 남자: 또 이러네. 요즘 뭐만 먹으면 속이 너무 쓰리다. 어제 산 진통제가 어디 있지? 혹시 진통제 봤어?
>
> 여자: 진통제? 글쎄, 책상 위에 있던 것 같은데. 또 진통제를 먹으려고? 그러지 말고 병원에 한번 가보자. 매번 진통제만 먹는 것보다 진짜 어디 문제가 있는 건 아닌지 ________________ 좋을 것 같아.

2. 다음을 듣고 질문에 답하십시오. Track❶ 4-5

1

Q1. 들은 내용과 맞으면 ○, 틀리면 × 하십시오.

가. 이 동네에는 큰 쇼핑몰이 있다. (　　)

나. 이 동네에는 편의 시설이 많지 않다. (　　)

다. 쇼핑몰이 들어오면 동네 가게가 어려워진다. (　　)

Q2. 남자의 중심 생각으로 알맞은 것을 고르십시오.

① 동네에 편의 시설이 더 필요하다.

② 쇼핑몰이 생기면 경제가 살아난다.

③ 지역 경제를 고려하여 개발해야 한다.

2

Q1. 두 사람은 어디에서 대화하고 있습니까? 대화를 듣고 고르십시오.

① 은행

② 사무실

③ 카드 회사

Q2. 남자는 무엇을 하고 있습니까?

① 직장에 취직하기 위해 면접을 본다.

② 통장을 개설하기 위해서 알아보고 있다.

③ 통장으로 거래하기 위해 정보를 얻고 있다.

3

Q1. 남자가 여자에게 말하는 의도를 고르십시오.

① 인기 있는 영화의 특징을 설명하기 위해

② 여자가 예매한 영화가 지루함을 비난하기 위해

③ 다양한 영화가 생산되어야 하는 이유를 설명하기 위해

Q2. 들은 내용으로 맞는 것을 고르십시오.

① 오늘 본 영화는 남자가 예매하였다.

② 이 영화의 마지막에는 주인공이 도로를 달린다.

③ 여자는 인기 많은 영화를 보지 않은 것을 후회한다.

4

Q1. 여자가 남자에게 말하는 의도를 고르십시오.

① 주식 투자의 위험성을 지적하기 위해

② 남자에게 주식 투자를 권유하기 위해

③ 주식 투자에 대한 정보를 얻기 위해

Q2. 들은 내용으로 맞는 것을 고르십시오.

① 남자는 가족에게서 주식에 대한 정보를 얻었다.

② 여자와 남자는 주식 투자에 대해서 잘 알고 있다.

③ 최근에 주식 투자와 관련된 책들이 많이 출판되었다.

도전 ❶ Track❶ 4-6

1-2 다음을 듣고 물음에 답하십시오.

1. 남자의 중심 생각으로 알맞은 것을 고르십시오.
   ① 동문회 준비를 저렴하게 해야 한다.
   ② 동문을 위한 새로운 행사가 필요하다.
   ③ 동문회 장소를 바꾸는 것은 좋지 않다.
   ④ 동문회를 위한 새로운 장소를 찾아야 한다.

2. 들은 내용으로 맞는 것을 고르십시오.
   ① 남자는 새로운 식당에 가본 적이 없다.
   ② 그동안 동문회는 학교에서 진행되었다.
   ③ 식당은 새로운 손님에게 10% 할인해 준다.
   ④ 학교에서 동문회를 준비하면 돈이 많이 든다.

3-4 다음을 듣고 물음에 답하십시오.

3. 남자가 무엇을 하고 있는지 고르십시오.
   ① 비행기 표를 예약하고 있다.
   ② 비행기 좌석을 지정하고 있다.
   ③ 화장실이 어디에 있는지 물어보고 있다.
   ④ 이번 주에 먹을 기내식을 주문하고 있다.

4. 들은 내용으로 맞는 것을 고르십시오.
   ① 남자는 비행기에서 식사를 하지 않을 것이다.
   ② 남자는 화장실에서 먼 자리에 앉고 싶어한다.
   ③ 남자는 이탈리아에서 인천으로 가는 비행기를 예약했다.
   ④ 남자는 다음 주 수요일 저녁에 출발하는 비행기를 탈 것이다.

5-6 다음을 듣고 물음에 답하십시오.

5. 남자가 여자에게 말하는 의도를 고르십시오.
   ① 새로운 메뉴를 추가하기 위해
   ② 판매하는 메뉴를 줄이기 위해
   ③ 새로운 조리법을 소개하기 위해
   ④ 다양한 메뉴의 장점을 설명하기 위해

6. 들은 내용으로 맞는 것을 고르십시오.
   ① 이 가게는 순두부찌개만 판다.
   ② 불고기나 된장찌개는 팔리지 않는다.
   ③ 이 식당은 남은 재료 때문에 고민이 있다.
   ④ 이 식당은 다음 달부터 메뉴를 줄일 것이다.

도전 ❷ Track❶ 4-7

1-2 다음을 듣고 물음에 답하십시오.

1. 남자의 중심 생각으로 알맞은 것을 고르십시오.
   ① 다양한 사람을 만나는 것이 좋다.
   ② 친구가 되려면 첫인상이 중요하다.
   ③ 사귀기 위해서는 서로에 대해 잘 알아야 한다.
   ④ 운명적인 사랑이면 첫눈에 사랑에 빠지는 것이다.

2. 들을 내용으로 맞는 것을 고르십시오.
   ① 남자는 동네 친구에게 여자 친구를 소개받았다.
   ② 남자의 여자 친구는 남자와 다른 학교 무용과 학생이다.
   ③ 남자는 여자 친구를 여러 번 만나면서 좋아하게 되었다.
   ④ 남자의 여자 친구는 남자의 첫인상이 특별하다고 생각했다.

3-4 다음을 듣고 물음에 답하십시오.

3. 여자가 무엇을 하고 있는지 고르십시오.
   ① 문화센터에 등록을 하고 있다.
   ② 문화센터의 위치를 확인하고 있다.
   ③ 문화센터에서 요청한 서류를 확인하고 있다.
   ④ 문화센터 프로그램에 대해서 문의하고 있다.

4. 들은 내용으로 맞는 것을 고르십시오.
   ① 이번 학기 문화센터 등록은 오늘까지 할 수 있다.
   ② 이번 학기 문화센터에는 모두 4개의 수업이 있다.
   ③ 이번 학기 영어 수업은 매주 화요일과 목요일에 있다.
   ④ 문화센터에는 에어로빅 수업이 지난 학기에도 있었다.

5-6 다음을 듣고 물음에 답하십시오.

5. 여자가 남자에게 말하는 의도를 고르십시오.

① 유기견 입양을 제안하기 위해

② 유기견 문제의 심각성을 알리기 위해

③ 강아지를 고르는 기준을 설명하기 위해

④ 강아지를 기르는 것의 장점을 알리기 위해

6. 들은 내용으로 맞는 것을 고르십시오.

① 남자와 여자는 강아지를 키우고 싶어한다.

② 여자는 어제 라디오에서 이 이야기를 들었다.

③ 강아지는 유기견 사이트에서만 입양할 수 있다.

④ 강아지들은 7일 안에 주인을 만나지 못하면 죽는다.

CHAPTER. 1

Unit 5 인터뷰

듣기 16번, 20번, 25번-26번

문항 16번, 20번 그리고 25번과 26번은 인터뷰를 듣고 푸는 문제입니다. 16번과 20번은 각각 인터뷰를 듣고 한 개의 문제를 풀지만 25번과 26번은 하나의 인터뷰를 듣고 두 개의 문제를 풀어야 합니다.

꼭! 알아두기

16번, 26번

들은 내용으로 맞는(일치하는) 것을 고르십시오.

- 주제가 어렵지는 않지만 전체적인 내용을 잘 들어야 합니다.
- 세부 내용을 메모하면 도움이 됩니다.

20번, 25번

남자의 중심 생각으로 맞는 것을 고르십시오.

- 보통 남자가 하는 말의 초반이나 후반에 제시됩니다.
- 남자의 발화 중 가장 중요한 문장을 찾는 것이 도움이 됩니다.

16. 다음을 듣고 내용과 일치하는 것을 고르십시오. Track❶ 5-1

> 여자: ㉠오랫동안 나무를 치료해 오셨는데요. 나무는 어떻게 치료를 하나요?
>
> 남자: 병든 나무의 증상을 살피고, ㉡땅의 상태나 주변 나무들도 조사해요. ㉢나무도 다른 식물들처럼 주변 환경에 민감하기 때문이죠. 병이 생긴 원인에 따라 주변 환경을 개선하거나 ㉣직접 나무에 약을 처방합니다.

〈TOPIK II 64회 듣기 16번〉

① 병든 나무에는 직접 약을 처방하지 않는다.

② 남자는 나무 치료를 시작한 지 얼마 안 됐다.

❸ 남자는 나무 치료를 위해 땅의 상태를 조사한다. ……㉡

④ 나무는 다른 식물에 비해 환경의 영향을 덜 받는다.

+ 해설

① 병든 나무에는 직접 약을 처방하지 않는다.
➡ ㉣에서 직접 나무에 약을 처방한다고 말합니다.

② 남자는 나무 치료를 시작한 지 얼마 안 됐다.
➡ ㉠을 보면 남자는 오랜 시간 나무를 치료했음을 알 수 있습니다.

❸ 남자는 나무 치료를 위해 땅의 상태를 조사한다.
➡ ㉡에서 남자는 땅의 상태를 조사한다고 말합니다.

④ 나무는 다른 식물에 비해 환경의 영향을 덜 받는다.
➡ ㉢에서 나무는 주변 환경에 민감하다고 말합니다.

• 단어 치료하다 병들다 상태 민감하다 개선하다 처방하다

20. 다음을 듣고 남자의 중심 생각을 고르십시오. Track❶ 5-2

여자: 기업 행사를 기획할 때는 어떤 부분에 신경을 써야 하나요?

남자: ㉠행사의 목적이 무엇인지 잘 파악해야 합니다. 신제품 홍보를 위한 행사는 제품의 이미지에 맞게 분위기를 연출해야 하고요. 송년회같이 직원들을 위한 행사는 친목을 위한 다양한 프로그램이 필요합니다.

〈TOPIK II 64회 듣기 20번〉

① 기업 행사는 분위기 연출이 가장 어렵다.

❷ 기업 행사는 행사의 목적을 고려해야 한다. ……㉠

③ 기업 행사는 프로그램이 다양할수록 좋다.

④ 기업 행사는 직원들이 만족할 수 있어야 한다.

+ 해설

㉠에서 남자는 행사의 목적이 무엇인지 잘 파악해야 한다고 말합니다. 보기에서는 '행사의 목적을 파악하다'를 '행사의 목적을 고려하다'로 바꿔서 표현하고 있습니다.

• 단어 기획하다 신경을 쓰다 파악하다 연출하다 송년회 친목

25-26 다음을 듣고 물음에 답하십시오. Track❶ 5-3

여자: 오늘은 소방복을 재활용한 가방을 만들어 화제가 된 ㉠대학생들을 만나러 왔습니다. 어떻게 이런 일을 하게 되셨습니까?

남자: 소방관들이 시민을 위해 얼마나 힘든 환경에서 일하고 있는지를 알리고 싶었어요. 그래서 작년부터 저희의 전공을 살려 버려진 ㉡소방복을 재활용해 가방을 만들게 되었습니다. 가방의 소재가 특이하다 보니 자연스럽게 사람들의 관심을 모을 수 있었고 ㉢현재는 가방을 판매한 수익금을 소방관의 활동을 알리는 데에 사용하고 있습니다. 저희의 작은 노력이 소방관의 어려움을 한 번 더 떠올리는 계기가 되었으면 좋겠습니다.

〈TOPIK II 64회 듣기 25-26번〉

25. 남자의 중심 생각으로 맞는 것을 고르십시오.

① 소방관의 근무 환경을 개선해야 한다.

❷ 사람들이 소방관에 대해 관심을 가지면 좋겠다.

③ 사람들이 소방관의 희생정신을 본받아야 한다.

④ 소방관의 안전을 보장하기 위한 대책이 필요하다.

+ 해설

남자는 사람들에게 소방관에 대해 알리고 싶었고, 사람들이 소방관의 어려움을 더 생각하길 바란다고 말합니다.

26. 들은 내용으로 맞는 것을 고르십시오.

① 남자는 소방관으로 일하고 있다.

② 이 가방은 사람들에게 판매되지 않는다.

❸ 이 가방은 소방복을 재활용해 만든 것이다. ……㉡

④ 남자는 정부 지원을 받기 위해 회사를 설립했다.

+ 해설

① 남자는 소방관으로 일하고 있다.
➡ ㉠을 보면 남자는 대학생인 것을 알 수 있습니다.

② 이 가방은 사람들에게 판매되지 않는다.
➡ ㉢에서 가방을 판매한다고 말합니다.

❸ 이 가방은 소방복을 재활용해 만든 것이다.
➡ ㉡에서 가방은 소방복을 재활용해서 만든다고 말합니다.

④ 남자는 정부 지원을 받기 위해 회사를 설립했다.
➡ 이와 같은 내용은 나오지 않습니다.

• 단어　소방복　화제가 되다　전공을 살리다　소재　특이하다　수익금　계기가 되다

CH. 1 Unit 1 Unit 2 Unit 3 Unit 4 Unit 5 Unit 6

STEP 2 기본 연습

1. 다음을 듣고 질문에 답하십시오. Track❶ 5-4

1

Q1. 남자의 생각과 같은 말을 고르십시오.

① 바른 자세가 건강에 중요하다.

② 바른 자세는 건강에 중요한지는 알 수 없다.

Q2. 다시 듣고 빈칸을 채우십시오.

➡ 네, 자세가 곧은 것이 건강에 ______________.

2

Q1. 남자의 생각과 같은 말을 고르십시오.

① 여러 사람들을 만나서 좋았다.

② 여러 직업을 체험할 수 있어 좋았다.

Q2. 다시 듣고 빈칸을 채우십시오.

➡ 평소 만날 수 없는 ______________의 사람들과 ______________어서 정말 좋았습니다.

3

Q1. 남자의 생각과 같은 말을 고르십시오.

① 남자는 새로운 일을 하는 것이 두려웠다.

② 남자는 새로운 일을 하는 것이 즐거웠다.

Q2. 다시 듣고 빈칸을 채우십시오.

➡ ______________은 새로운 일에 도전하는 것을 두려워하지요.
그런데 저는 두려움보다 ______________이 더 컸던 것 같아요.

4

Q1. 남자의 생각과 같은 말을 고르십시오.

① 성공에는 재능이 가장 중요하다.

② 성공에는 열정이 가장 중요하다.

Q2. 다시 듣고 빈칸을 채우십시오.

➡ 재능이 정말 중요하죠. 하지만 저는 ______________가 성공을 결정한다고 봅니다.

5

Q1. 남자의 생각과 같은 말을 고르십시오.

① 독감 예방에는 개인위생보다 충분한 영양 섭취가 중요하다.

② 독감 예방에는 개인위생뿐 아니라 충분한 영양 섭취가 중요하다.

Q2. 다시 듣고 빈칸을 채우십시오.

➡ ______________ 뿐만 아니라 ______________ 식사도 매우 중요합니다.

6

Q1. 남자의 생각과 같은 말을 고르십시오.

① 좋은 글을 쓰기 위해서는 많이 읽어야 한다.

② 좋은 글을 쓰기 위해서는 많은 연습이 필요하다.

Q2. 다시 듣고 빈칸을 채우십시오.

➡ 좋은 글을 쓰기 위해서는 먼저 좋은 글을 ______________.
______________ 이야말로 좋은 글쓰기의 시작이죠.

7

Q1. 들은 내용으로 맞는 것을 고르십시오.

① 여자가 만든 비누는 호텔에서 사용된다.

② 여자의 활동은 환경 보호에 도움이 된다.

Q2. 다시 듣고 빈칸을 채우십시오.

➡ 이런 비누들을 모아서 새 비누를 만들어 필요한 분들에게 드린다면, ______________ 고 어려운 분들도 도울 수 있다고 생각했습니다.

8

Q1. 들은 내용으로 맞는 것을 고르십시오.

① 여전히 직장을 선택할 때 월급은 가장 중요한 기준이다.

② 요즘은 직장을 선택할 때 월급보다 중요한 기준이 있다.

Q2. 다시 듣고 빈칸을 채우십시오.

➡ 물론 여전히 월급도 중요한 기준입니다만 ______________ 이 더 중요해진 것이지요.

2. 다음을 듣고 질문에 답하십시오. Track❶ 5-5

1

Q1. 맞으면 ○, 틀리면 × 하십시오.

가. 최근 한옥의 인기가 많아지고 있다. ( )

나. 한옥은 인공적인 재료로 만들어진다. ( )

다. 한옥은 직선의 아름다움을 가지고 있다. ( )

2

Q1. 맞으면 ○, 틀리면 × 하십시오.

가. 남자는 방송국에서 일을 한다. ( )

나. 새로운 아이디어를 찾는 것은 어렵지 않다. ( )

다. 남자는 아이디어를 얻기 위해 여러 자료를 본다. ( )

3

Q1. 맞으면 ○, 틀리면 × 하십시오.

가. 남자는 요양원의 노인들을 만난다. ( )

나. 남자는 올해 처음 봉사활동을 시작했다. ( )

다. 남자는 친구들을 통해서 처음 봉사활동을 알게 되었다. ( )

Q2. 남자의 중심 생각으로 알맞은 것을 고르십시오.

① 봉사활동은 꾸준히 해야 의미가 있다.

② 봉사활동은 생각보다 어려운 것이 아니다.

③ 더 좋은 사회를 만들기 위해 이웃을 돌봐야 한다.

4

Q1. 맞으면 ○, 틀리면 × 하십시오.

가. 남자는 이탈리아에서 피자 가게를 한다. ( )

나. 이제 외국 요리 재료를 구하는 것은 쉽다. ( )

다. 남자의 피자 가게는 처음부터 인기가 많았다. ( )

Q2. 남자의 중심 생각으로 알맞은 것을 고르십시오.

① 좋은 재료를 써야 음식이 맛있다.

② 꾸준히 노력하는 것이 성공의 열쇠이다.

③ 다른 나라의 문화를 배우는 것이 필요하다.

도전 ❶ Track❶ 5-6

1. 다음을 듣고 내용과 일치하는 것을 고르십시오.
   ① 와인은 큰 관심을 받지 못하고 있다.
   ② 보통 값이 비쌀수록 맛이 좋은 와인이다.
   ③ 최근 저렴한 와인이 많이 수입되고 있다.
   ④ 맛있는 와인을 고르는 것은 매우 어렵다.

2. 남자의 중심 생각을 고르십시오.
   ① 소비자들의 선호는 바뀌지 않는다.
   ② 최근 소비자들은 싸게 많이 사길 원한다.
   ③ 혼자 사는 소비자들이 점차 줄어들고 있다.
   ④ 사회가 변화하며 소비자들의 생각도 변했다.

3-4 다음을 듣고 답하십시오.

3. 남자의 중심 생각으로 맞는 것을 고르십시오.
   ① 좋은 소설책은 역사책과 같다.
   ② 조선 시대에 대한 공부가 필요하다.
   ③ 소설로 역사 공부를 하는 것은 옳지 않다.
   ④ 책을 쓰기 위해서는 자료 조사가 필요하다.

4. 들은 내용으로 맞는 것을 고르십시오.
   ① 인터뷰를 하는 남자는 역사 학자이다.
   ② 조선 시대의 이야기는 잘 알려져 있다.
   ③ 남자는 책을 쓰기 위해 혼자서 공부한다.
   ④ 남자의 책은 역사책으로 사용된 적이 있다.

도전 ② Track❶ 5-7

1. 다음을 듣고 내용과 일치하는 것을 고르십시오.

   ① 가구를 만들 때 재료는 중요하지 않다.

   ② 이 사람은 가구를 사용할 사람을 모른다.

   ③ 가구는 사용자를 고려해서 만들어야 한다.

   ④ 가구는 만드는 사람의 생각이 가장 중요하다.

2. 남자의 중심 생각을 고르십시오.

   ① 기술이 발달하면 행복해진다.

   ② 행복은 인간관계의 영향을 받는다.

   ③ 기술에 의존할 때 더욱 행복해진다.

   ④ 기술의 발달로 사람들은 불행해졌다.

3-4 다음을 듣고 답하십시오.

3. 남자의 중심 생각으로 맞는 것을 고르십시오.

   ① 노인의 조언은 젊은이에게 도움이 된다.

   ② 카페는 편하게 소통할 수 있어야 한다.

   ③ 젊은이들이 갈 수 있는 공간을 만들어야 한다.

   ④ 나이를 먹어도 일을 할 수 있는 곳이 필요하다.

4. 들은 내용으로 맞는 것을 고르십시오.

   ① 남자는 곧 5호점 카페를 낼 계획이다.

   ② 남자는 처음 2층에서 카페를 시작했다.

   ③ 요즘 나이가 많은 사람들은 고민이 많다.

   ④ 이 카페에서는 노인들의 조언을 들을 수 있다.

CHAPTER. 1

Unit 6 안내 및 뉴스

듣기 14-15번

문항 14번은 안내 방송, 15번은 뉴스를 듣고 푸는 문제입니다.

꼭! 알아두기

다음을 듣고 내용과 일치하는 것을 고르십시오.

14번, 15번

- 육하원칙(누가, 언제, 어디서, 무엇을, 어떻게, 왜)을 생각하며 듣는 것이 중요합니다.
- 지문이 짧아서 보기에 지문의 내용이 거의 다 출제되므로 집중해서 들어야 합니다.

14-15 다음을 듣고 내용과 일치하는 것을 고르십시오. Track❶ 6-1

14.

남자: 주민 여러분, 내일은 우리 아파트 어울림 축제가 있는 날입니다. ㉠놀이터 옆에 아이들을 위한 미니 수영장이 설치될 예정이고, ㉡작년에 이어 올해도 야시장이 열립니다. ㉢오후 3시, 노래자랑 대회를 시작으로 다양한 행사가 준비되어 있으니 많은 참여 바랍니다.

〈TOPIK II 64회 듣기 14번〉

❶ 노래자랑 대회는 오후에 한다. ……㉢
② 어울림 축제는 저녁에 시작한다.
③ 올해 처음으로 야시장이 열린다.
④ 수영장은 놀이터 안에 설치했다.

+ 해설

❶ 노래자랑 대회는 오후에 한다.
➡ ㉢에서 오후 3시에 시작한다고 말합니다.
② 어울림 축제는 저녁에 시작한다.
➡ ㉢에서 오후 3시에 노래자랑 대회와 시작한다고 말합니다.
③ 올해 처음으로 야시장이 열린다.
➡ ㉡을 보면 작년에도 야시장이 열렸던 것을 알 수 있습니다.
④ 수영장은 놀이터 안에 설치했다.
➡ ㉠을 보면 수영장은 놀이터 옆에 설치됩니다.

• 단어 축제 설치되다 야시장 참여

15.

> 여자: ㉠오늘 오전 8시경 인주역에서 지하철 3호선 열차에 정전 사고가 발생했습니다. 사고 열차가 10분간 멈추면서 출근길 시민들이 큰 불편을 겪었습니다. 이 열차는 ㉡지난주에도 정전 사고가 한 차례 있었는데요. ㉢현재 운행을 중단하고 정밀 검사를 하고 있습니다.

〈TOPIK II 64회 듣기 15번〉

① 이 열차는 현재 운행 중이다.

② 이 열차는 인주역에 들어오지 못했다.

❸ 이 열차는 지난주에도 정전 사고가 있었다. ……㉡

④ 이 열차의 정전 사고는 늦은 밤에 발생했다.

+ 해설

① 이 열차는 현재 운행 중이다.
➡ ㉢을 보면 현재는 운행을 하지 않는다는 것을 알 수 있습니다.

② 이 열차는 인주역에 들어오지 못했다.
➡ ㉠을 보면 인주역에서 사고가 났습니다.

❸ 이 열차는 지난주에도 정전 사고가 있었다.
➡ ㉡을 보면 지난주에도 같은 사고가 있었습니다.

④ 이 열차의 정전 사고는 늦은 밤에 발생했다.
➡ ㉠을 보면 사고는 오전에 발생했습니다.

• 단어 경 정전 사고 발생하다 운행 중단

1. 다음을 듣고 질문에 답하시오. Track❶ 6-2

1

Q1. 마지막 문장을 듣고 알 수 있는 것을 고르십시오.

① 밖에 나갈 때 입장권을 직원에게 내야 한다.

② 밖에 나갔다 들어올 때 직원이 표를 다시 확인한다.

Q2. 다시 듣고 빈칸을 채우십시오.

1부 공연이 끝났습니다. 지금부터 15분간 휴식 시간을 갖겠습니다. 공연장 밖으로 나가실 분들께서는 입장권을 꼭 가지고 나가시기 바랍니다. 입장권이 없으면 ______________.

2

Q1. 마지막 문장을 듣고 알 수 있는 것을 고르십시오.

① 공사를 하는 동안에는 4층에 들어갈 수 없다.

② 공사 중에는 자료실을 제외한 다른 곳은 들어갈 수 있다.

Q2. 다시 듣고 빈칸을 채우십시오.

안내 말씀 드립니다. 내일부터 2주간 4층 자료실 내부 벽 수리 공사를 실시할 예정입니다. 공사로 인한 소음이 예상되오니 이 점 양해 부탁드립니다. 그리고 공사 기간 동안에는 ______________의 출입이 불가능합니다.

3

Q1. 마지막 문장을 듣고 알 수 있는 것을 고르십시오.

① 날씨가 갑자기 추워져서 문제가 생겼다.

② 더운 날씨 때문에 기계가 고장 나서 문제가 생겼다.

Q2. 다시 듣고 빈칸을 채우십시오.

오늘 아침 서울에서 부산으로 가던 무궁화호 열차가 멈춰 서는 사고가 있었습니다. 조사 결과 온도 조절 장치에 이상이 있었는데요. 관계자는 ______________어서 문제가 생긴 것으로 보인다며 사전 점검을 더욱 철저히 하겠다고 말했습니다.

4

Q1. 마지막 문장을 듣고 알 수 있는 것을 고르십시오.

① 터진 수도관을 보수해서 현재는 이상이 없다.

② 터진 부분의 위치를 찾지 못해 물이 계속 새고 있다.

Q2. 다시 듣고 빈칸을 채우십시오.

오전에 인주초등학교 사거리에서 수도관이 터졌습니다. 이 사고로 해당 지역에 세 시간째 수도 공급이 되지 않아서 주민들이 불편을 겪었습니다. 현재 터진 부분을 막아서 ________________.

2. 다음을 듣고 질문에 답하십시오. Track❶ 6-3

1

Q1. 안내방송을 듣고 메모한 것입니다. 듣고 빈칸을 채우십시오.

언제 : ________________부터

어디에서: ________________에서

무엇을 : ________________를 한다.

Q2. 들은 내용과 일치하는 것을 고르십시오.

① 이 행사는 두 시간 동안 진행된다.

② 김치를 만드는 것을 구경할 수 있다.

③ 김치를 만들어서 집에 가지고 갈 수 있다.

2

Q1. 뉴스를 듣고 메모한 것입니다. 듣고 빈칸을 채우십시오.

언제 : (저녁, 새벽) ________________에

어디에서: ________________에서

무슨 일이 생겼나? : ________________.

Q2. 들은 내용과 일치하는 것을 고르십시오.

① 화재 때문에 다친 사람은 한 명도 없었다.

② 소방차가 일찍 도착해서 불은 금방 꺼졌다.

③ 기숙사까지 불이 퍼져서 직원들이 대피했다.

도전 ① Track❶ 6-4

1-2 다음을 듣고 내용과 일치하는 것을 고르십시오.

1. ① 두 시간 동안 주차를 하면 주차비는 천 원이다.
② 주말에도 평일과 똑같은 주차 요금을 내야 한다.
③ 다음 달부터 주차 요금이 기존 요금보다 비싸진다.
④ 이번 달에는 주차를 할 때 돈을 내지 않아도 된다.

2. ① 눈 때문에 자동차가 미끄러져서 사고가 났다.
② 내일도 제주도로 가는 비행기가 없을 것이다.
③ 제주도 일부 지역은 현재 통행이 금지되어 있다.
④ 내일은 기온이 올라 눈이 비로 바뀌어 내릴 것이다.

도전 ② Track❶ 6-5

1-2 다음을 듣고 내용과 일치하는 것을 고르십시오.

1. ① 올해 처음으로 수영장이 개장한다.
② 수영장은 쉬는 날이 없이 운영된다.
③ 8살 아이는 부모님과 같이 들어가야 한다.
④ 수영장은 내일부터 한 달간 이용할 수 있다.

2. ① 다친 팬들은 치료를 받고 모두 귀가했다.
② 공항 내 시설물 피해에 대한 조사는 끝났다.
③ 많은 팬들이 한꺼번에 이동하면서 사고가 났다.
④ 다친 그룹의 멤버는 병원에서 치료를 받고 있다.

CHAPTER. 2

Unit 1 토론

Unit 2 전문가 인터뷰

Unit 3 연설

Unit 4 강연

Unit 5 다큐멘터리

Unit 6 대담

CHAPTER. 2

Unit 1 토론

듣기 31번-32번

문항 31번과 32번은 토론을 듣고 남자의 생각과 태도를 고르는 문제입니다.

꼭! 알아두기

31번

남자의 생각으로 알맞은 것을 고르십시오.

- 대화 초반에 토론 주제가 제시됩니다.
- 남자와 여자의 의견은 완전히 반대되는 경우도 있고 일부만 다른 경우도 있으니 주의해서 들어야 합니다.

32번

남자의 태도로 알맞은 것을 고르십시오.

- 토론과 관계있는 표현을 알아두면 도움이 됩니다.

* 어휘와 표현

표현	예시
찬성하다	저도 같은 생각입니다. 민수 씨 의견에 찬성합니다.
반대하다	제 생각은 다릅니다. 민수 씨 의견에 반대합니다.
반박하다	민수 씨의 의견은 현실성이 떨어집니다. 그 자료의 분석은 올바르지 않습니다.
분석하다	자료를 자세히 연구하고 살펴보면 다음과 같습니다.
염려하다	그 제도가 생긴다면 앞으로 어려움이 많을 겁니다.
인정하다	그 부분은 제 의견보다는 민수 씨의 의견이 나은 것 같습니다.
비판하다	어떻게 이런 행동을 할 수 있습니까? 그 방법은 너무 소극적인 것 같은데요.
설득하다	민수 씨, 이렇게 많은 이유가 있으니 제 말대로 합시다.
회의적이다	과연 그 예상대로 진행될 수 있을까요? 전 효과가 없을 것 같은데요.
사례를 들다	실제로 이런 일이 있었습니다. 김민수 씨의 이야기가 그 예입니다.
근거를 들다	신문 기사에 따르면 다음과 같습니다. 이에 대한 자료 조사 결과도 있습니다.

STEP 1 기출 연습

31-32 다음을 듣고 물음에 답하십시오. Track❷ 1-1

여자: 재학생을 대상으로 한 창업 지원 사업은 사전 교육을 강화하는 방향으로 가야 한다고 생각합니다.

남자: 사전 교육과 함께 창업 지원금을 늘려서 더 많은 ㉠학생들이 실제로 창업을 해 보게 하는 건 어떨까요?

여자: 지금 상황에서 창업을 해 보게 하는 건 좀 이르지 않을까요? 교육이 부족하면 창업 과정에서 어려움이 많을 겁니다.

남자: ㉡직접 부딪혀 봐야 배울 수 있는 것도 있잖아요. 그게 진정한 의미의 창업 교육인 것 같아요.

〈TOPIK II 64회 듣기 31-32번〉

31. 남자의 생각으로 알맞은 것을 고르십시오.

① 창업 사전 교육을 강화해야 한다.

❷ 학생들이 창업을 직접 해 보게 해야 한다. ……㉠, ㉡

③ 학생들에게 창업 지원 사업을 홍보해야 한다.

④ 창업 지원 사업의 시행 기간을 연장해야 한다.

+ 해설

토론의 주제는 '재학생을 대상으로 한 창업 지원 사업의 방향'입니다. 이에 대한 남자의 생각은 ㉠과 ㉡에서 알 수 있습니다. 경험을 중요시하는 것으로 보아 ②번이 정답입니다. ①번은 여자의 의견이므로 오답입니다.

32. 남자의 태도로 알맞은 것을 고르십시오.

① 사업의 효과를 회의적으로 바라보고 있다.

② 사례를 들어 상대방의 주장을 반박하고 있다.

③ 상황을 분석하면서 발생할 문제를 염려하고 있다.

❹ 상대의 의견을 일부 인정하며 다른 주장을 하고 있다.

+ 해설

첫 문장에서 여자는 '사전 교육을 강화'해야 한다고 했는데, 남자는 여자의 이 의견에 더해서 자신의 의견을 제시했습니다. 그러므로 ④번이 정답입니다. 구체적인 사례를 말하지 않았기 때문에 ②번은 오답입니다.

• 단어 창업 사전 교육 강화하다 지원 부딪히다

기본 연습

1. 다음을 듣고 질문에 답하십시오. Track❷ 1-2

1

Q1. 남자의 생각으로 알맞은 것을 고르십시오.

① 파파라치가 기자들의 취재 활동을 방해하는 경우가 많다.

② 파파라치의 활동 덕분에 꼭 필요한 정보를 얻게 될 때도 있다.

Q2. 대화를 듣고 메모한 것입니다. 다시 듣고 빈칸을 채우십시오.

– 파파라치에 대한 여자와 남자의 견해

여자: 정상적인 취재 활동이라고 볼 수 없다.

남자: ________________이라고 볼 수 있다.

2

Q1. 남자의 생각으로 알맞은 것을 고르십시오.

① 실적이 좋은 사람이 더 좋은 평가를 받아야 하는 것이 당연하다.

② 경쟁을 부추기는 것은 옳지 않으므로 회사의 결정에 따를 수 없다.

Q2. 대화를 듣고 메모한 것입니다. 다시 듣고 빈칸을 채우십시오.

– 직원 평가 방안에 대한 여자와 남자의 견해

여자: 경쟁보다 협동을 중시하는 회사의 이념에 따른 결정이라고 생각한다.

남자: 열심히 일해서 ________________은 사람에게 ________________.

3

Q1. 대화를 듣고 알맞은 것을 고르십시오.

① 남자는 난치병 환자의 사례를 들어 안락사에 반대하고 있다.

② 여자는 방송사의 설문 조사 내용을 근거로 안락사에 찬성하고 있다.

Q2. 대화를 듣고 메모한 것입니다. 다시 듣고 빈칸을 채운 후 알맞은 것을 고르십시오.

– 상대에 대한 남자의 태도

남자: 여자의 주장은 ________________일 뿐이다. 법조계 전문가와 의사들은 같은 질문에 대해 78%가 반대한다고 했다.

➡ 근거에 대한 □ 반박 □ 동의

4

Q1. 대화를 듣고 알맞은 것을 고르십시오.

① 여자는 기여 입학제에 대해 회의적이다.

② 남자는 여자의 의견을 듣고 생각이 바뀌었다.

Q2. 대화를 듣고 메모한 것입니다. 다시 듣고 빈칸을 채운 후 알맞은 것을 고르십시오.

> – 상대에 대한 남자의 태도
>
> 남자: 물론 부작용도 있지만 다른 대학교의 ____________를 보면 그렇지 않다.
> 우리 학교도 진지하게 ____________야 한다.
> ➡ 사례를 들어 □ 설득하고 있다 □ 반대하고 있다

2. 다음을 듣고 질문에 답하십시오. Track② 1-3

1

Q1. 들은 내용으로 맞는 것을 연결하십시오.

남자 •	• 가. 범죄자 신상공개에 찬성한다 •	• ㉠ 부작용이 우려되기 때문에
여자 •	• 나. 범죄자 신상공개에 반대한다 •	• ㉡ 안전이 최우선이기 때문에

Q2. 남자와 여자의 태도로 맞는 것을 고르십시오.

① 여자는 상대의 의견을 일부 인정하고 있다.

② 남자는 구체적인 예를 들어 상대의 의견을 반박하고 있다.

③ 남자는 참고 자료를 분석하면서 정부의 의견을 비판하고 있다.

2

Q1. 들은 내용으로 맞는 것을 연결하십시오.

남자 •	• 가. 정부의 규제에 찬성한다 •	• ㉠ 환경 문제가 심각하기 때문에
여자 •	• 나. 정부의 규제에 반대한다 •	• ㉡ 개인의 선택이 중요하기 때문에

Q2. 남자와 여자의 태도로 맞는 것을 고르십시오.

① 여자는 정부의 규제에 대해 회의적이다.

② 남자는 상대의 말을 듣고 의견을 바꾸고 있다.

③ 여자는 여러 가지 근거를 들어 주장하고 있다.

도전 ❶ Track❷ 1-4

1-2 다음을 듣고 물음에 답하십시오.

1. 남자의 생각으로 알맞은 것을 고르십시오.
   ① 약은 쉽게 살 수 있는 것이어야 한다.
   ② 약을 처방할 수 있는 권한을 더 늘려야 한다.
   ③ 약은 전문가의 처방을 받아 복용하는 것이 안전하다.
   ④ 편의점에서 약 판매를 하게 되면 병원에 가는 사람이 줄게 된다.

2. 남자의 태도로 알맞은 것을 고르십시오.
   ① 앞으로 발생할 문제를 염려하고 있다.
   ② 상대방의 의견을 일부 인정하고 있다.
   ③ 자료를 분석하며 상대 주장을 반박하고 있다.
   ④ 전문 지식을 활용해서 상대방의 주장을 뒷받침하고 있다.

도전 ❷ Track❷ 1-5

1-2 다음을 듣고 물음에 답하십시오.

1. 남자의 생각으로 알맞은 것을 고르십시오.
   ① 40대 이상은 창업 지원금을 받을 필요가 없다.
   ② 청년에게 혜택을 주는 제도를 만들 필요가 있다.
   ③ 이 제도는 청년에게만 도움이 되므로 문제가 있다.
   ④ 나이와 관계없이 누구나 지원을 받을 수 있어야 한다.

2. 남자의 태도로 알맞은 것을 고르십시오.
   ① 상대방의 의견을 지지하고 있다.
   ② 자료를 토대로 강하게 비판하고 있다.
   ③ 제기된 문제에 대해 타협점을 찾고 있다.
   ④ 자신과 다른 의견에 대해 하나하나 반박하고 있다.

Unit 2 전문가 인터뷰

듣기 29번-30번, 37번-38번

문항 29번과 30번, 그리고 37번과 38번은 전문가 인터뷰를 듣고 푸는 문제입니다. 특정한 분야에 대해 자세하게 이야기를 하는 경우가 많습니다.

꼭! 알아두기

29번

남자는(여자는) 누구인지 맞는 것을 고르십시오.

- 대화의 첫 질문에서 인터뷰 대상이 하는 일에 대한 힌트를 얻을 수 있습니다.
- 보통 이어지는 대답에서 하는 일에 대한 자세한 내용이 나오므로 잘 듣습니다.

37번

남자의(여자의) 중심 생각으로 알맞은 것을 고르십시오.

- 전문가의 의견과 사실을 구분하여 듣는 것이 좋습니다.
- 전문가 자신과 다른 의견에 대해서도 언급하는 경우가 많으니 주의해야 합니다.

30번, 38번

들은 내용으로 맞는(일치하는) 것을 고르십시오.

- 전문가가 사용한 말을 같은 의미의 다른 말로 표현한 보기가 많습니다.
- 틀린 보기를 지워가며 문제를 풀면 도움이 됩니다.

29-30 다음을 듣고 물음에 답하십시오. Track❷ 2-1

남자: 사장님께서 만든 전자책 구독 서비스의 ㉠인기 비결이 뭐라고 생각하세요?

여자: 독서를 위한 다양한 서비스를 제공한다는 점이겠죠. 우선 ㉡매달 이용료를 내면 수만 권의 책을 얼마든지 읽을 수 있고요. ㉢어려운 책은 전문가의 해설을 들으면서 읽거나 요약본으로 볼 수도 있어요. 모든 책에 음성 지원이 가능해서 이동 중에도 내용을 들을 수 있습니다.

남자: 최근에는 책의 내용을 만화나 ㉣동영상 등으로 소개하는 기능도 추가 하셨다고요.

여자: 네, 더 즐겁게 독서할 수 있는 여러 방법을 계속 고민 중이에요.

〈TOPIK II 64회 듣기 29-30번〉

29. 여자는 누구인지 맞는 것을 고르십시오.

① 전자책을 조사하는 사람
② 전자책을 골라주는 사람
③ 전자책 구독 서비스에 가입한 사람
❹ 전자책 구독 서비스를 개발한 사람

+ 해설

첫 문장에서 남자가 '사장님께서 만든'이라고 말했으므로 ④번이 정답입니다.

30. 들은 내용으로 맞는 것을 고르십시오.

① 이 서비스는 무료로 이용이 가능하다.
② 이 서비스는 아직 이용자가 많지 않다.
❸ 이 서비스는 책에 대한 해설도 제공한다. ……㉢
④ 이 서비스는 동영상 기능을 추가할 예정이다.

+ 해설

① 이 서비스는 무료로 이용이 가능하다.
➡ ㉡을 보면 매달 이용료를 내므로 무료가 아닙니다.
② 이 서비스는 아직 이용자가 많지 않다.
➡ ㉠을 보면 이 서비스는 인기가 많아서 이용자가 많다는 것을 추측할 수 있습니다.
③ 이 서비스는 책에 대한 해설도 제공한다.
➡ ㉢에서 어려운 책은 해설도 들을 수 있다고 말합니다.
④ 이 서비스는 동영상 기능을 추가할 예정이다.
➡ ㉣에서 이미 동영상 기능을 추가했다고 말합니다.

• 단어 구독 요약본 음성 지원

37-38 다음은 교양 프로그램입니다. 잘 듣고 물음에 답하십시오. Track❷ 2-2

남자: 충치뿐 아니라 잇몸병으로 고생하는 젊은 분들이 상당히 많네요.

여자: 네, 그 수가 전체 잇몸병 환자의 ㉠3분의 1을 차지할 정도니까요. 2, 30대 환자는 최근 5년 사이에 약 60%나 ㉡증가했습니다. 젊은 분들은 잇몸병을 대수롭지 않게 여기는 경향이 있는데요. ㉢손상된 잇몸은 원래대로 회복되지 않습니다. 게다가 잇몸병의 원인이 되는 세균이 온몸을 돌아다니며 ㉣다른 신체 기관에 악영향을 끼치기도 하고요. 심각한 경우에 이 세균이 심장병이나 치매를 유발할 수도 있어요. 건강할 때부터 잇몸을 잘 관리하는 것이 좋습니다.

〈TOPIK II 64회 듣기 37~38번〉

37. 여자의 중심 생각으로 알맞은 것을 고르십시오.

① 잇몸병의 원인을 명확하게 밝혀야 한다.
❷ 젊을 때부터 잇몸 관리에 신경을 써야 한다.
③ 치매 예방을 위해서 잇몸 관리가 중요하다.
④ 잇몸병에 대한 잘못된 정보를 바로잡아야 한다.

+ 해설

젊은 사람들의 잇몸병에 대해 이야기하고 있습니다. 여자는 마지막 부분에서 잇몸이 건강한 시기인 젊을 때부터 잇몸을 잘 관리하는 것이 좋다고 했으므로 ②번이 정답입니다.

38. 들은 내용과 일치하는 것을 고르십시오.

① 잇몸은 손상되더라도 빠르게 회복된다.
② 잇몸병 환자의 절반 이상이 젊은 사람들이다.
③ 젊은 층의 잇몸병 환자가 줄고 있는 추세이다.
❹ 잇몸병을 일으키는 세균은 다른 질환도 유발할 수 있다.……㉣

+ 해설

① 잇몸은 손상되더라도 빠르게 회복된다.
➡ ㉢에서 손상된 잇몸은 회복되지 않는다고 말합니다.
② 잇몸병 환자의 절반 이상이 젊은 사람들이다.
➡ '절반'은 2분의 1을 의미하므로 3분의 1이라고 말한 ㉠과 다릅니다.
③ 젊은 층의 잇몸병 환자가 줄고 있는 추세이다.
➡ ㉡에서 젊은 층의 잇몸병 환자가 증가했다고 말합니다.
❹ 잇몸병을 일으키는 세균은 다른 질환도 유발할 수 있다.
➡ ㉣에서 잇몸병은 다른 신체 기관에 악영향을 끼쳐서 '심장병이나 치매'를 유발한다고 말합니다. 보기에서는 '심장병과 치매'를 '다른 질환'이라고 바꿔 표현했습니다.

• 단어 충치 잇몸 대수롭지 않다 세균 치매 유발하다 절반

STEP 2 기본 연습

1. 다음을 듣고 질문에 답하십시오. Track❷ 2-3

1

Q1. 남자의 직업으로 알맞은 것을 고르십시오.

① 배달 메뉴 개발자

② 배달 회사 운영자

③ 유명 식당의 배달원

Q2. 인터뷰를 듣고 메모한 것입니다. 다시 듣고 빈칸을 채우십시오.

– 이 사업의 성공 비결

1. 훌륭한 식당의 음식을 (   ) 맛보고 싶어 하는 사람이 많다.
2. 식당을 운영하는 사람이 (   )까지 제공하려면 힘든 경우가 많다.

2

Q1. 여자의 직업으로 알맞은 것을 고르십시오.

① 피부 관리사

② 반려동물 미용사

③ 반려동물 판매자

Q2. 인터뷰를 듣고 메모한 것입니다. 다시 듣고 빈칸을 채우십시오.

– 반려동물 천만 시대의 특징

1. 식품, (   ), (   ) 등 반려동물과 관계된 여러 사업이 주목을 받고 있다.
2. 작은 강아지 뿐 아니라 대형견, 고양이, 토끼 등 (   )도 다양해졌다.

3

Q1. 남자의 직업으로 알맞은 것을 고르십시오.

① 제빵사

② 사진 기사

③ 꽃가게 주인

Q2. 다시 듣고 남자의 생각으로 알맞은 것을 고르십시오.

① 파티에 케이크는 없어도 되지만 꽃이 없으면 절대 안 된다.

② 파티에 케이크와 꽃을 모두 준비하는 것은 쉬운 일이 아니다.

4

Q1. 여자의 직업으로 알맞은 것을 고르십시오.

① 교통경찰

② 운전기사

③ 운전 강사

Q2. 다시 듣고 여자의 생각으로 알맞은 것을 고르십시오.

① 두려움을 극복하지 못하면 운전을 잘 배울 수 없다.

② 교통사고를 두려워해야 오히려 안전 운전을 할 수 있다.

2. 다음을 듣고 질문에 답하십시오. Track② 2-4

1

Q1. 남자는 누구인지 맞는 것을 고르십시오.

① 인기 프로그램 제작자

② 라디오 프로그램 진행자

③ 텔레비전 프로그램 진행자

Q2. 들은 내용으로 맞는 것을 고르십시오.

① 남자는 22년 동안 같은 시간에 일을 시작하고 있다.

② 남자는 방송을 진행하면서 많은 친구를 사귀게 되었다.

③ 남자는 인기가 많아서 누구나 이 남자의 얼굴을 알아본다.

2

Q1. 여자의 중심 생각으로 알맞은 것을 고르십시오.

① 요가를 하겠다는 결심만 해도 강해질 수 있다.

② 요가는 꾸준히 하는 것이 무엇보다도 중요하다.

③ 요가의 가장 큰 장점은 근육을 단련할 수 있다는 점이다.

Q2. 들은 내용으로 맞는 것을 고르십시오.

① 꾸준히 요가를 하기 위해 처음에 무리하지 않는 것이 좋다.

② 혼자 보고 따라할 수 있는 동영상 때문에 여자의 수강생이 줄었다.

③ 여자의 수업에서 요가를 삼일만 배워도 근육이 강화되기 때문에 인기가 많다.

STEP 3 실전 연습

도전 ❶ Track❷ 2-5

1-2 다음을 듣고 물음에 답하십시오.

1. 남자는 누구인지 맞는 것을 고르십시오.
   ① 테니스 선수
   ② 테니스 심판
   ③ 스포츠 방송 중계자
   ④ 스포츠 전문 카메라 기자

2. 들은 내용으로 맞는 것을 고르십시오.
   ① 남자는 경기 중에 정해진 자리에서 공이 떨어지는 위치를 본다.
   ② 남자의 일은 인내심 보다는 남보다 뛰어난 체력을 필요로 한다.
   ③ 남자는 경기가 끝난 후에 너무 힘들어서 아무 것도 먹지 않는다.
   ④ 남자는 멋진 경기를 위해서 길게는 다섯 시간쯤 열심히 뛰어야 한다.

3-4 다음을 듣고 물음에 답하십시오.

3. 남자의 중심 생각으로 알맞은 것을 고르십시오.
   ① 인주전자의 성공 요인은 무엇보다도 뛰어난 기술력 때문이다.
   ② 인주전자의 제품이 이렇게까지 인기를 얻게 될지 예상하지 못했다.
   ③ 직원들에게 뛰어난 요리 솜씨가 있어야 좋은 제품을 개발할 수 있다.
   ④ 사용자의 입장에서 제품을 개발한 것이 소비자들의 마음을 움직였다.

4. 들은 내용과 일치하는 것을 고르십시오.
   ① 제품 개발을 위해 물맛을 잘 구별해내는 직원을 뽑았다.
   ② 인주전자는 올해만큼 주방 가전 판매로 많은 돈을 번 적이 없다.
   ③ 많은 소비자들이 제품 개발 부서 사무실에 와서 직접 요리를 했다.
   ④ 인주전자는 최초로 냉장고를 만들었기 때문에 건물도 냉장고 모양이다.

도전 ❷ Track❷ 2-6

1-2 다음을 듣고 물음에 답하십시오.

1. 여자는 누구인지 맞는 것을 고르십시오.
   ① 500곡 이상을 부른 가수
   ② 한국어를 잘 하는 외국인
   ③ 한국어로만 가사를 쓰는 작사가
   ④ 외국어를 한국어로 번역하는 사람

2. 들은 내용으로 맞는 것을 고르십시오.
   ① 올해 이 대회에서 여자만 상을 받았다.
   ② 이 대회는 매년 한글날을 기념하기 위해 열린다.
   ③ 여자는 상을 받기 전에는 이 대회에 대해 전혀 몰랐다.
   ④ 올해 '아름다운 노래 가사' 부문은 좋은 작품이 별로 없었다.

3-4 다음을 듣고 물음에 답하십시오.

3. 남자의 중심 생각으로 알맞은 것을 고르십시오.
   ① 모든 사람에게는 자신에게 어울리는 색깔이 있다.
   ② 자신이 가진 매력은 색깔과 관계없이 드러나게 되어 있다.
   ③ 사람의 외모는 다양하지만 어울리는 색깔은 대부분 비슷하다.
   ④ 자신의 매력을 드러내려면 좋아하는 색깔의 옷을 입어야 한다.

4. 들은 내용과 일치하는 것을 고르십시오.
   ① 대부분의 사람은 자신에게 어울리는 색깔을 잘 알고 있다.
   ② 연예인들은 외모가 뛰어나기 때문에 모든 색깔이 잘 어울린다.
   ③ 취업을 위해서 자신의 매력을 더 드러낼 수 있는 방법을 찾는 학생이 많다.
   ④ 어울리는 색깔을 찾는 방법은 아주 간단해서 누구나 집에서 진단할 수 있다.

CHAPTER. 2

Unit 3 연설

듣기 35번-36번

문항 35번과 36번은 한 사람이 많은 사람들 앞에서 자신의 생각이나 주장을 발표하는 이야기를 듣고 푸는 문제입니다.

꼭! 알아두기

35번

남자는 무엇을 하고 있는지 고르십시오.

- 이야기의 처음에 목적이 나오므로 처음을 잘 듣는 것이 중요합니다.
- 분야별로 관련 단어를 공부하면 도움이 됩니다.

36번

들은 내용으로 맞는 것을 고르십시오.

- 화자가 한 말을 다른 말로 표현한 보기가 많습니다.

35-36 다음을 듣고 물음에 답하십시오. Track❷ 3-1

남자: ㉠아역 배우로 영화 인생을 시작해서 78세의 나이로 눈을 감기까지, 김민수 선배님의 삶은 오직 영화만을 위한 것이었습니다. 선배님은 배우로서 ㉡백여 편의 영화에 출연하며 특유의 개성 넘치는 연기로 우리를 울고 웃게 했습니다. ㉢53세에는 감독으로서 첫 작품을 발표하고, 이후 3편의 영화를 더 남겼습니다. 마지막으로 연출한 작품으로 ㉣국제 영화제에서 감독상을 수상하기도 했지요. 뿐만 아니라 영화 박물관의 대표로서 한국 영화의 역사를 기록하는 일에도 힘을 써 온, 누구보다 영화를 사랑하는 분이셨습니다.

〈TOPIK II 64회 듣기 35-36번〉

35. 남자는 무엇을 하고 있는지 고르십시오.

❶ 선배의 업적을 소개하고 있다.
② 선배의 영화를 홍보하고 있다.
③ 선배가 만든 작품을 설명하고 있다.
④ 선배에 대한 지지를 부탁하고 있다.

+ 해설

김민수라는 선배 배우가 그동안 해왔던 일을 소개하고 있으므로 ①번이 정답입니다.

36. 들은 내용으로 맞는 것을 고르십시오.

❶ 김민수는 배우이자 감독으로 활약했다. ……㉢
② 김민수는 늦은 나이에 배우로 데뷔했다.
③ 김민수는 백여 편이 넘는 영화를 연출했다.
④ 김민수는 국제 영화제에서 상을 받지 못했다.

+ 해설

❶ 김민수는 배우이자 감독으로 활약했다.
➡ ㉢에서 감독으로서 작품을 발표했다고 말합니다.
② 김민수는 늦은 나이에 배우로 데뷔했다.
➡ ㉠에서 아역 배우로 배우를 시작했다고 말하므로 어린 나이에 데뷔했다는 것을 알 수 있습니다.
③ 김민수는 백여 편이 넘는 영화를 연출했다.
➡ ㉡을 보면 백여 편의 영화를 연출한 것이 아니라 영화에 출연했습니다.
④ 김민수는 국제 영화제에서 상을 받지 못했다.
➡ ㉣에서 감독상을 수상했다고 말합니다.

• 단어 아역 배우 출연하다 개성이 넘치다 연출하다 기록하다 힘을 쓰다 업적 활약하다

STEP 2 기본 연습

1. 다음을 듣고 질문에 답하십시오. Track❷ 3-2

1

Q1. 이 사람의 생각으로 맞는 것을 고르십시오.

① 실수를 여러 번 하다보면 나중에는 실수를 하지 않게 된다.

② 실수를 통해서 배울 수 있는 것이 있다면 그 실수는 의미가 있다.

Q2. 다시 듣고 빈칸을 채우십시오.

남자: 여러분, 실수를 통해 성장할 수 있다면 그것은 실패가 아닙니다. 중요한 것은 실수나 실패를 바탕으로 ______________는 것입니다.

2

Q1. 이 사람의 생각으로 맞는 것을 고르십시오.

① 영화에 대한 열정을 가지고 있어야 한다.

② 영화 속 인물을 이해하려고 노력해야 한다.

Q2. 다시 듣고 빈칸을 채우십시오.

남자: 저는 항상 좋은 연기자가 되려고 끊임없이 노력하고 있습니다. 특히 영화 속 인물에 대한 애정을 가지기 위해 애를 씁니다. ______________ 때 진정한 연기를 할 수 있다고 생각합니다.

3

Q1. 이 사람의 생각으로 맞는 것을 고르십시오.

① 처음에 정한 목표가 계속 바뀌어도 걱정할 필요는 없다.

② 한번 목표로 정한 일은 바꾸지 말고 이루어지도록 노력해야 한다.

Q2. 다시 듣고 빈칸을 채우십시오.

남자: 여러분이 20살에 정한 진로 계획은 30살이나 40살에도 똑같지는 않을 것입니다.
우리의 ______________. 하지만 이것을 두려워하지는 마세요.

4

Q1. 이 사람의 생각으로 맞는 것을 고르십시오.

① 소비자들의 의견에 더 귀를 기울여야 한다.

② 소비자에게 더 적극적으로 홍보를 해야 한다.

Q2. 다시 듣고 빈칸을 채우십시오.

> 남자: 요즘의 소비자들은 기업과의 소통을 통해 자신이 필요로 하는 제품과 서비스를 제안하는 능동적인 모습을 보이고 있습니다. 그러므로 앞으로 기업들은 ________________ 우리 사회가 원하는 것을 빠르게 읽어낼 수 있어야 합니다.

2. 다음을 듣고 질문에 답하십시오. Track❷ 3-3

1

Q1. 어디에서 누구에게 이야기합니까? 각각 고르십시오.

가. 입학식 나. 졸업식	에서	㉠ 졸업생 ㉡ 신입생	에게

Q2. 들은 내용으로 맞는 것을 고르십시오.

① 이 사람은 미국에서 대학을 다녔다.

② 취업을 위해서는 미리미리 준비해야 한다.

③ 꿈을 찾기 위해서는 다양한 경험이 필요하다.

2

Q1. 누가 왜 이야기를 합니까? 각각 고르십시오.

가. 책 저자 나. 사회자	가	㉠ 자신의 책을 홍보하기 위해 ㉡ 작가의 책을 소개하기 위해

Q2. 들은 내용으로 맞는 것을 고르십시오.

① 김미영 씨의 이번 책은 두 번째 작품이다.

② 김미영 씨는 현재도 간호사로 일하고 있다.

③ 이 책은 자원봉사자들의 경험으로 이루어진 이야기이다.

CH. 2 Unit 1 Unit 2 Unit 3 Unit 4 Unit 5 Unit 6

도전 ① Track② 3-4

1-2 다음을 듣고 물음에 답하십시오.

1. 남자는 무엇을 하고 있는지 고르십시오.
   ① 도서관의 역할에 대해 설명하고 있다.
   ② 도서관 문화 프로그램을 홍보하고 있다.
   ③ 도서관의 내부를 자세히 소개하고 있다.
   ④ 도서관의 필요성에 대해 강조하고 있다.

2. 들은 내용으로 맞는 것을 고르십시오.
   ① 작품 제작을 위한 공간이 마련되어 있다.
   ② 이 도서관은 보수를 마치고 다시 문을 열었다.
   ③ 이 도서관에서는 다양한 분야의 책을 볼 수 있다.
   ④ 이 도서관에서 미술과 관련된 책을 구매할 수 있다.

도전 ② Track② 3-5

1-2 다음을 듣고 물음에 답하십시오.

1. 남자는 무엇을 하고 있는지 고르십시오.
   ① 이 기업의 성공 비결에 대해 설명하고 있다.
   ② 이 기업의 성장 과정에 대해 보고하고 있다.
   ③ 사람들에게 기부에 동참할 것을 요청하고 있다.
   ④ 사회 공헌 활동의 중요성에 대해 이야기하고 있다.

2. 들은 내용으로 맞는 것을 고르십시오.
   ① 착한기업 상은 정부에서 선정하여 주는 것이다.
   ② 매달 20명 이상이 이 기업으로부터 장학금을 받고 있다.
   ③ 장학금은 성적이 좋은 학생들이 우선적으로 받을 수 있다.
   ④ 이 기업은 아픈 아이들을 위해 금전적인 도움을 주고 있다.

Unit 4 강연

듣기 33번-34번, 41번-42번, 45번-46번, 49번-50번

문항 33번과 34번, 41번과 42번 그리고 45번, 46번과 49번, 50번은 전문가의 강연을 듣고 푸는 문제입니다. 33번, 34번과 같이 전문적이지만 비교적 일상적인 단어를 사용하는 강연부터 49번과 50번과 같이 익숙하지 않은 전문 용어를 사용하는 강연도 있습니다.

꼭! 알아두기

33번

무엇에 대한 내용인지 맞는 것을 고르십시오.

- 이야기 전반을 듣고 중심 소재를 파악하는 문제입니다.
- 중심 소재를 다른 단어로 짧게 요약하는 연습이 필요합니다.

41번

강연의 중심 내용으로 맞는 것을 고르십시오.

- 보통 중반부 이후에 제시됩니다.
- 가장 중요한 문장과 그 밖의 문장을 구분하는 연습이 필요합니다.

46번, 50번

화자의 태도, 방식으로 가장 알맞은 것을 고르십시오.

- 태도를 묘사하는 여러 단어를 알아야 합니다.
- 글의 구조를 간략하게 요약해 보는 것이 필요합니다.

34번, 42번, 45번, 49번

들은 내용으로 맞는(일치하는) 것을 고르십시오.

- 세부 내용을 메모하면 도움이 됩니다.
- 어려운 단어는 내용을 통하여 그 뜻을 유추해야 합니다.

* 어휘와 표현

표현	예시
평가하다	(긍정적) 이와 같은 조선 시대 왕에 대한 기록은 매우 특별하고 학술적인 가치가 높습니다. (부정적) 처음의 기대와 달리 새로운 제도가 큰 효과가 없는 것으로 나타났습니다.
간구하다	점차 노인 인구가 증가하고 노인 우울증 문제가 심각해지고 있습니다. 앞으로 이런 문제를 해결할 수 있는 방법이 정부 대책이 필요합니다.
경계하다	새로운 로봇 기술이 가져올 미래에 대해서는 여러 가지 의견이 많습니다. 하지만 이 기술의 파장을 생각해 볼 때 사회 안에서 올바르게 사용되도록 주의해야 할 것입니다.
설명하다	고령화 사회란 65세 이상이 인구가 7% 이상인 것을 의미합니다.
비교하다	나비는 낮에 활동하지만 나방은 보통 밤에 활동한다는 특징을 가지고 있습니다.
묘사하다	아이들이 좋아하는 뽀로로는 커다랗고 둥근 안경을 쓰고 있습니다.
요약하다	간략하게 이야기하면 다음과 같습니다.
반성하다	문화가 경제에 미치는 영향을 고려하지 않고 일관된 제도를 도입하려고 했던 것은 잘못이었습니다.
전망하다	(긍정적) 새로운 제도의 도입으로 청년 실업을 문제는 앞으로 나아질 것으로 보입니다. (부정적) 하지만 분명한 것은 이러한 변화가 국가 경쟁력을 더욱 약화시킬 것입니다.

33-34 다음을 듣고 물음에 답하십시오. Track❷ 4-1

여자: 비행기가 착륙할 때 바퀴와 지면의 마찰로 인해 엄청난 열이 발생합니다. 그 온도가 워낙 높아 ㉠공기를 주입한 타이어에서는 공기에 포함된 산소가 자칫 폭발을 유도할 위험이 있습니다. 그래서 자동차 타이어와 달리 비행기 타이어에는 산소가 혼합되지 않은 질소만을 주입합니다. 타이어 표면의 무늬도 마찰열과 관계가 있는데요. ㉡자동차 타이어에는 복잡한 무늬를 넣어 미끄러짐을 방지하지만 ㉢비행기 타이어에는 단순한 세로 줄무늬를 사용하여 지면과의 마찰을 줄이고 착륙 시 발생하는 열을 최소화해 줍니다.

〈TOPIK II 64회 듣기 33-34번〉

33. 무엇에 대한 내용인지 맞는 것을 고르십시오.

① 질소의 활용 방법
② 질소의 생성 원리
❸ 비행기 타이어의 특징
④ 비행기 타이어의 종류

+ 해설

이 강연은 비행기 타이어의 특수성을 자동차 타이어와 비교하여 이야기하고 있습니다.

34. 들은 내용으로 맞는 것을 고르십시오.

① 질소는 자동차 타이어에 주로 사용된다.
② 비행기 타이어에는 복잡한 무늬를 새긴다.
③ 단순한 무늬의 타이어는 잘 미끄러지지 않는다.
❹ 질소만 주입한 타이어는 폭발 위험이 줄어든다. ……㉠

+ 해설

① 질소는 자동차 타이어에 주로 사용된다.
➡ ㉠을 보면 질소는 자동차 타이어가 아닌 비행기 타이어에 씀을 알 수 있습니다.
② 비행기 타이어에는 복잡한 무늬를 새긴다.
➡ ㉡을 보면 복잡한 무늬는 자동차 타이어에 새깁니다.
③ 단순한 무늬의 타이어는 잘 미끄러지지 않는다.
➡ ㉡을 보면 복잡한 무늬가 미끄러짐을 방지합니다.
❹ 질소만 주입한 타이어는 폭발 위험이 줄어든다.
➡ ㉠에서 공기를 주입한 타이어는 산소 때문에 폭발할 수 있어서 비행기 타이어는 질소만 주입한다고 합니다. 즉, 질소만 주입하면 폭발하지 않는다는 것을 알 수 있습니다.

• 단어 지면 마찰 주입하다 산소 자칫 폭발 질소 마찰열 착륙 최소화

41-42 다음은 강연입니다. 잘 듣고 물음에 답하십시오. Track❷ 4-2

> 여자: 과학자들은 ㉠오랜 논의를 거쳐 '감칠맛'을 다섯 번째 미각으로 인정했습니다. ㉡'감칠맛'은 음식을 더 맛있게 느끼게 해 식욕을 당기게 합니다. 이제 과학자들은 여섯 번째 미각에 관심을 쏟고 있는데요. 여러 맛들이 언급되고 있지만 '깊은맛'이 유력한 후보로 거론되고 있습니다. ㉢'깊은맛'은 식재료를 오래 끓이거나 숙성, 발효시키는 과정에서 우러나는 맛인데요. ㉣그 자체로 맛을 가지고 있지는 않지만 다른 맛들과 결합해 음식의 풍미를 높여 줍니다. 콩을 발효해 만든 된장이나 간장을 기본 양념으로 하는 한식에는 '깊은맛'을 맛볼 수 있는 음식이 많습니다.

〈TOPIK II 64회 듣기 41-42번〉

41. 이 강연의 중심 내용으로 맞는 것을 고르십시오.

① 감칠맛에 대한 연구가 새로이 시작되었다.
❷ 새로운 미각으로 깊은맛이 주목을 받고 있다.
③ 한식의 조리 과정에서는 발효가 가장 중요하다.
④ 음식의 풍미를 높이는 다양한 방법이 개발되었다.

+ 해설

'깊은맛'이 관심을 받는다는 것, '깊은맛'을 내는 법, 그리고 '깊은맛'의 역할을 설명하며 새로운 미각 '깊은맛'이 주목을 받는다는 것을 소개하고 있습니다.

42. 들은 내용과 일치하는 것을 고르십시오.

① 감칠맛은 다른 맛과 결합해 풍미를 높인다.
② 감칠맛은 미각으로 인정을 받지 못하고 있다.
③ 깊은맛은 식욕을 당기게 해 주는 특징이 있다.
❹ 깊은맛은 식재료를 오래 끓여서 낼 수 있는 맛이다. ……㉢

+ 해설

① 감칠맛은 다른 맛과 결합해 풍미를 높인다.
➡ ㉣을 보면 다른 맛과 결합해서 풍미를 높이는 것은 깊은맛입니다.
② 감칠맛은 미각으로 인정을 받지 못하고 있다.
➡ ㉠을 보면 감칠맛을 미각으로 인정했습니다.
③ 깊은맛은 식욕을 당기게 해 주는 특징이 있다.
➡ ㉡을 보면 식욕을 당기게 하는 것은 감칠맛입니다.
❹ 깊은맛은 식재료를 오래 끓여서 낼 수 있는 맛이다.
➡ ㉢에서 깊은맛을 낼 수 있는 방법으로는 오래 끓이기, 숙성, 발효시키기가 있다고 합니다.

• 단어 논의 미각 감칠맛 인정하다 입맛을 당기다 숙성 발효 우러나다 결합하다 풍미

45-46 다음은 강연입니다. 잘 듣고 물음에 답하십시오. Track❷ 4-3

> 여자: 이 사진 속의 악기는 여러분이 잘 알고 있는 색소폰입니다. ㉠색소폰은 다른 클래식 악기들에 비해 늦은 시기인 19세기 유럽에서 발명됐는데요. 당시 음악계에서 별로 환영을 받지 못했습니다. 음악계를 주도했던 오케스트라는 이미 악기 편성이 확립돼 있었고, ㉡다른 악기들과 조화를 이뤄 연주하기에 색소폰의 음색이 너무 튀었기 때문이죠. ㉢색소폰이 인기를 얻기 시작한 건 20세기 들어 불기 시작한 재즈 열풍 덕분이었는데요. ㉣흔들리듯 불안하게 들리는 색소폰의 음색이 자유로운 분위기의 재즈와 잘 맞아떨어진 겁니다. 관능적이고 호소력 짙은 소리가 독특한 음색으로 인정받게 된 것이죠.

〈TOPIK II 64회 듣기 45-46번〉

45. 들은 내용과 일치하는 것을 고르십시오.

① 색소폰은 다른 악기와의 합주에 적합했다.

② 색소폰은 19세기부터 활발하게 사용되었다.

❸ 색소폰은 재즈 덕분에 인기를 얻기 시작했다. ……㉢

④ 색소폰의 음색은 편안하고 안정된 느낌을 준다.

+ 해설

① 색소폰은 다른 악기와의 합주에 적합했다.
➡ ㉡에서 색소폰은 다른 악기들과 조화를 이루지 못했다고 말합니다.

② 색소폰은 19세기부터 활발하게 사용되었다.
➡ ㉠에서 색소폰은 19세기에 환영을 받지 못했다고 말합니다.

❸ 색소폰은 재즈 덕분에 인기를 얻기 시작했다.
➡ ㉢에서 색소폰이 인기를 얻기 시작한 건 재즈 열풍 덕분이라고 말합니다.

④ 색소폰의 음색은 편안하고 안정된 느낌을 준다.
➡ ㉣에서 색소폰은 흔들리는 듯 불안한 음색을 가졌다고 말합니다.

46. 여자가 말하는 방식으로 가장 알맞은 것을 고르십시오.

❶ 색소폰의 위상 변화를 설명하고 있다.

② 색소폰의 연주 방법을 비교하고 있다.

③ 색소폰의 발명 과정을 요약하고 있다.

④ 색소폰의 세부 형태를 묘사하고 있다.

+ 해설

처음 색소폰이 환영을 받지 못했던 시기부터 재즈 열풍으로 인기를 얻게 된 시기까지 색소폰의 위상이 어떻게 변했는가를 설명하고 있습니다.

• 단어 색소폰 클래식 오케스트라 편성 확립되다 조화 음색 튀다 재즈 열풍 관능적 호소력이 짙다 위상

49-50 다음은 강연입니다. 잘 듣고 물음에 답하십시오. Track❷ 4-4

> 여자: 이것은 ㉠조선 후기 왕들의 일기인 '일성록'입니다. 하루의 반성문이란 뜻을 가진 이 책은 ㉡왕의 소소한 일상에서부터 국정 업무 전반을 왕의 시점으로 기록한 것인데요. 당시의 ㉢왕들은 '일성록'을 신하들이 볼 수 있게 하여 국정 업무에 참고하게 했습니다. 이 일기에는 백성들의 상소와 처리 과정은 물론 그에 대한 왕의 심경까지 기록되어 있고, 18세기부터 20세기에 걸친 세계정세 변화와 동서양의 사회 문화적 교류 양상까지도 상세히 적혀 있습니다. '일성록'은 단순한 일기를 넘어 한국뿐만 아니라 세계 역사에도 매우 중요한 사료로 인정받고 있습니다.

〈TOPIK II 64회 듣기 49-50번〉

49. 들은 내용과 일치하는 것을 고르십시오.

❶ 이 책은 왕의 업무 내용을 담고 있다. ……㉡
② 이 책은 신하들에게 공개되지 않았다.
③ 이 책은 백성의 관점에서 작성되었다.
④ 이 책은 조선 시대 이전에 기록되었다.

+ 해설

❶ 이 책은 왕의 업무 내용을 담고 있다.
➡ ㉡에서 왕의 일상과 업무를 모두 담고 있다고 합니다.
② 이 책은 신하들에게 공개되지 않았다.
➡ ㉢에서 일성록은 신하들에게 공개됐다고 합니다.
③ 이 책은 백성의 관점에서 작성되었다.
➡ ㉡을 보면 이 책은 왕의 관점에서 작성되었습니다.
④ 이 책은 조선 시대 이전에 기록되었다.
➡ ㉠을 보면 이 책은 조선 시대의 기록입니다.

50. 여자의 태도로 가장 알맞은 것을 고르십시오.

❶ 기록물의 가치를 높이 평가하고 있다.
② 기록물의 활용 방안을 강구하고 있다.
③ 기록물에 대한 맹신을 경계하고 있다.
④ 기록물의 훼손 가능성을 우려하고 있다.

+ 해설

기록물(= 일성록)은 한국뿐만 아니라 세계 역사에도 매우 중요한 의미가 있다고 설명하며 기록물의 가치를 높이 평가하고 있습니다.

• 단어 반성문 소소하다 국정 업무 전반 시점 심경 세계정세 사료 맹신 훼손

1. 다음을 듣고 질문에 답하십시오. Track❷ 4-5

1

Q1. '향수의 노트'가 무엇인지 고르십시오.

① 향수 향의 인상

② 향수를 만드는 원료

③ 향수를 만드는 단계

Q2. 다시 듣고 빈칸을 채우십시오.

> 향수의 노트는 한가지 원료나 여러 가지 배합에서 나타나는 하나의 향에 대한 ________________을 의미합니다. 일반적인 향수는 향이 나는 단계에 따라 베이스 노트, 미들 노트, 그리고 탑 노트 세 가지로 분류됩니다. 베이스 노트, 미들 노트, 마지막으로 탑 노트 순으로 그 인상이 오래갑니다.

2

Q1. '대동법'은 무엇인지 고르십시오.

① 조선 시대의 납세 제도

② 조선 시대의 경제 제도

③ 조선 시대의 농업 제도

Q2. 다시 듣고 빈칸을 채우십시오.

> 조선 시대에는 대부분의 사람들이 토지를 기반으로 농업에 종사했습니다. 따라서 세금으로 특산물을 바치던 ________________인 공물 제도는 부담스러운 것이었습니다. 이러한 어려움을 덜어주고자 시작된 것이 '대동법'입니다. 대동법은 조선 시대의 공물을 모두 쌀로 통일해 내게 한 ________________이지요.

3

Q1. 강연의 중심 내용으로 맞는 것을 고르십시오.

① 19세기 변화에 대한 동양 지식인들의 의견

② 19세기 동양과 서양의 만남으로 나타난 변화

Q2. 다시 듣고 빈칸을 채우십시오.

> 19세기 동양과 서양의 충돌은 동양에 큰 변화를 야기했습니다. 이에 따른 동양의 지식인들의 견해도 ________________. 어떤 사람들은 서양을 배척해야 한다고 주장했는가 하면 어떤 사람들은 서양의 발전한 문물을 받아드려야 한다고 주장했습니다. 또 그 중간적 입장으로 동양의 정신과 서양의 기술을 합치해야 한다고 한 사람도 있었죠.

4

Q1. 강연의 중심 주제로 맞는 것을 고르십시오.

① 정지한 물체를 움직이게 하는 법

② 운동하는 물체를 멈추게 하는 법

Q2. 다시 듣고 빈칸을 채우십시오.

지면에 멈춰 있는 물체를 ________________ 위해서는 특별히 더 큰 힘이 요구됩니다. 멈춰 있는 물체가 움직이는 순간의 마찰력을 우리는 최대정지마찰력이라고 부릅니다. 물체를 움직이게 하려는 힘이 이 최대정지마찰력보다 커질 때 비로소 물체는 운동하기 시작합니다.

5

Q1. 여자의 태도로 가장 알맞은 것을 고르십시오.

① 유산균 유익함을 예를 통하여 설명한다.

② 유산균의 정의를 설명하며 그 가치를 평가한다.

Q2. 다시 듣고 빈칸을 채우십시오.

유산균은 여러 부분에서 ________________. 유산균 우리 몸의 장 속에 서식하는데 소화를 비롯한 생체 순환에 좋은 영향을 줍니다. 이뿐만 아니라 많은 분들이 알고 계신 바와 같이 면역 기능 향상에 큰 도움이 됩니다.

6

Q1. 여자의 태도로 가장 알맞은 것을 고르십시오.

① 바람직한 읽기 방안 강구의 필요성을 이야기한다.

② 전문가의 의견에 의존하는 독서를 우려하고 있다.

Q2. 다시 듣고 빈칸을 채우십시오.

문학작품을 잘 이해하기 위해서는 어떻게 글을 읽어야 할까요? 평론가들의 글을 참고해야 합니까? 아니면 글의 작가가 쓴 해설을 찾아봐야 할까요? 저는 여러분이 다른 사람들의 의견보다는 자신의 해석을 믿으시길 바랍니다. 그저 전문가의 의견을 따라가는 것은 작품과 독자의 직접적인 소통을 ________________ 때문이죠.

7

Q1. 여자가 말하는 방식으로 가장 알맞은 것을 고르십시오.

① 다양한 의견들을 제시하며 분석하고 있다.

② 자신과 다른 의견을 비판하며 주장하고 있다.

Q2. 다시 듣고 빈칸을 채우십시오.

삼국의 언어생활에 대한 ______________. 먼저 삼국이 서로 의사소통이 가능한 방언 수준의 차이를 보였다는 주장이 있습니다. 그리고 그 근거로 삼국이 통역을 누었다는 기록이 없다는 것을 듭니다. 하지만 삼국에서 실제로 사용한 단어들만 비교해 보아도 큰 차이를 찾을 수 있기 때문에 삼국의 언어는 상당히 달랐다는 주장도 있습니다.

8

Q1. 여자가 말하는 방식으로 가장 알맞은 것을 고르십시오.

① 조선 시대 연구의 발전 요인을 설명하고 있다.

② 과거와 현재의 조선 시대 연구 방법을 비교하고 있다.

Q2. 다시 듣고 빈칸을 채우십시오.

조선 시대 왕과 양반이 아닌 일반 사람들에 대한 연구는 비교적 최근에야 이루어졌습니다. 이는 관련된 자료가 매우 부족했기 때문이죠. 하지만 최근 여러 ______________으로 일차 자료가 풍성해졌으며 더불어 자료들이 모두 ______________며 연구자들의 접근성도 좋아졌습니다. 이러한 결과로 기존의 여러 이론들이 검증되고 새롭게 정리될 수 있었습니다.

2. 다음을 듣고 질문에 답하십시오. Track❷ 4-6

1

Q1. 맞으면 ○, 틀리면 × 하십시오.

가. 보통 사람들은 동양과 서양의 사상이 모두 뛰어나다고 생각한다. (   )

나. 맹자는 자신의 책에 지도자의 역할에 관하여 서술하였다. (   )

다. 동양에서도 현대의 복지와 유사한 개념이 존재하였다. (   )

Q2. 강연에서 다루고 있는 가장 중요한 단어를 고르십시오.

① 동양의 사상

② 복지의 개념

③ 지도자의 역할

2

Q1. 맞으면 ○, 틀리면 × 하십시오.

가. 치매는 보통 성장하는 청소년의 뇌에서 발생한다. ( )

나. 치매로 인해 공간을 잘 인식하지 못할 수 있다. ( )

다. 치매 환자의 수는 지속적으로 증가하고 있다. ( )

Q2. 여자의 태도로 가장 알맞은 것을 고르십시오.

① 새로운 치매 치료 방법을 기대하고 있다.

② 치매 검진이 가지고 있는 한계를 지적하고 있다.

③ 치매를 정의하고 구체적인 증상을 설명하고 있다.

3

Q1. 맞으면 ○, 틀리면 × 하십시오.

가. 땅은 움직이지 않는다. ( )

나. 판이란 지구 표면이며 딱딱하고 부서지지 않는다. ( )

다. 한 번 완성된 판구조론은 현재에는 수정되지 않는다. ( )

Q2. 여자가 말하는 방식으로 가장 알맞은 것을 고르십시오.

① 판구조론을 여러 자료를 통하여 분석하고 있다.

② 판구조론를 다른 이론들과 비교하여 소개하고 있다.

③ 판구조론을 통해 이론의 정립 과정을 설명하고 있다.

4

Q1. 맞으면 ○, 틀리면 × 하십시오.

가. 보통 사람들은 교육을 중요하다고 생각한다. ( )

나. 교도소는 학교 건물과는 구조가 매우 다르다. ( )

다. 건물의 구조는 사람들의 정서에 영향을 준다. ( )

Q2. 여자의 태도로 가장 알맞은 것을 고르십시오.

① 현 교육 제도의 가치를 낮게 평가하고 있다.

② 현재의 교육의 맹점을 분석하며 우려하고 있다.

③ 교육의 미래에 대해 긍정적으로 전망하고 있다.

도전 ❶ Track❷ 4-7

1-2 다음을 듣고 물음에 답하십시오.

1. 무엇에 대한 내용인지 맞는 것을 고르십시오.
   ① 드론의 활용 방법
   ② 드론의 비행 원리
   ③ 드론 상용화의 문제점
   ④ 드론 기술의 발전 과정

2. 들은 내용으로 맞는 것을 고르십시오.
   ① 드론으로 일상 생활이 많이 변화하였다.
   ② 드론을 이용한 택배 시스템이 개발되었다.
   ③ 드론은 생태계에 좋지 않은 영향을 줄 수 있다.
   ④ 드론을 사용하면 소음이 없이 배송이 가능하다.

3-4 다음을 듣고 물음에 답하십시오.

3. 이 강연의 중심 내용으로 맞는 것을 고르십시오.
   ① 영화는 여러 사회적 문제를 반영한다.
   ② 영화는 현실을 반영해야 흥행할 수 있다.
   ③ 영화를 통해서 많은 지식을 얻을 수 있다.
   ④ 과거와 현재의 영화 산업은 매우 유사하다.

4. 들은 내용과 일치하는 것을 고르십시오.
   ① 1960년대에는 여성들의 사회 진출이 줄어들었다.
   ② 영화 '하녀'는 남성 노동력에 대한 두려움이 담겨있다.
   ③ 최근에는 개인이 극복하기 어려운 사회 양분화가 문제이다.
   ④ 최근 영화는 걱정과 두려움보다는 노력의 중요성을 강조한다.

5-6 다음을 듣고 물음에 답하십시오.

5. 들은 내용과 일치하는 것을 고르십시오.
   ① 최근 도마뱀을 키우는 사람이 늘고 있다.
   ② 도마뱀을 키우려면 넓은 장소가 필요하다.
   ③ 햄스터와 고슴도치도 도마뱀처럼 탈피한다.
   ④ 도마뱀은 자주 씻기 때문에 냄새가 나지 않는다.

6. 여자의 태도로 가장 알맞은 것을 고르십시오.
   ① 다양한 동물의 사육을 경계하고 있다.
   ② 잘못된 도마뱀 사육을 우려하고 있다.
   ③ 도마뱀 사육의 장점을 평가하고 있다.
   ④ 사육 환경의 개선 방안을 강구하고 있다.

7-8 다음을 듣고 물음에 답하십시오.

7. 들은 내용과 일치하는 것을 고르십시오.
   ① 세포의 핵 속에는 유전자가 없다.
   ② 세포질 속에는 유전물질이 들어있다.
   ③ 미토콘드리아는 아버지에게 물려받는다.
   ④ 최초의 어머니는 유전물질로 찾을 수 없다.

8. 여자가 말하는 방식으로 가장 알맞은 것을 고르십시오.
   ① 유전물질의 형태를 묘사하고 있다.
   ② 유전자 연구 방법을 비교하고 있다.
   ③ 유전자 분석 기술의 발전을 요약하고 있다.
   ④ 유전물질을 통한 연구 사례를 소개하고 있다.

도전 ❷ Track❷ 4-8

1-2 다음을 듣고 물음에 답하십시오.

1. 무엇에 대한 내용인지 맞는 것을 고르십시오.
   ① 한글 이름의 단점
   ② 한글 이름의 중요성
   ③ 한글 이름의 차이점
   ④ 한글 이름을 짓는 법

2. 들은 내용으로 맞는 것을 고르십시오.
   ① 한글 이름은 뜻을 가질 수 없다.
   ② '미르'는 두 단어를 합친 이름이다.
   ③ 여러 단어를 합쳐서 이름을 지을 수 있다.
   ④ 많은 사람들이 사용하는 이름이 좋은 이름이다.

3-4 다음을 듣고 물음에 답하십시오.

3. 이 강연의 중심 내용으로 맞는 것을 고르십시오.
   ① 떡볶이는 한국 전통 음식이다.
   ② 같은 음식도 시대에 따라 달라진다.
   ③ 떡볶이는 다양한 방법으로 만들 수 있다.
   ④ 시대가 바뀌어도 변하지 않는 맛이 있다.

4. 들은 내용과 일치하는 것을 고르십시오.
   ① 초기의 떡볶이에는 고기를 넣지 않았다.
   ② 떡볶이는 원래 궁중에서는 먹지 않았다.
   ③ 한국전쟁 후 떡볶이에 고추장을 넣었다.
   ④ 최근에는 간장으로 만드는 떡볶이가 나왔다.

5-6 다음을 듣고 물음에 답하십시오.

5. 들은 내용과 일치하는 것을 고르십시오.
   ① 1970년대에는 지능을 측정하지 않았다.
   ② 초기에는 언어 지능을 검사하지 않았다.
   ③ 인간 지능은 다양한 영역으로 측정해야 한다.
   ④ 교육에서는 다중 지능을 고려하지 않아도 된다.

6. 여자의 방식으로 가장 알맞은 것을 고르십시오.
   ① 다중 지능 검사의 단점을 설명하고 있다.
   ② 다중 지능 검사의 방법을 요약하고 있다.
   ③ 다중 지능의 등장 배경을 소개하고 있다.
   ④ 지능 검사의 여러 방법을 비교하고 있다.

7-8 다음을 듣고 물음에 답하십시오.

7. 들은 내용과 일치하는 것을 고르십시오.
   ① 얼마 전 세계적으로 전염병이 퍼졌다.
   ② 바로 신체정보를 송신하는 기계가 개발됐다.
   ③ 기술로 우리의 감정과 생각을 알아낼 수 없다.
   ④ 전염병으로 우리는 24시간 감시 당하고 있다.

8. 여자가 말하는 태도로 가장 알맞은 것을 고르십시오.
   ① 새로운 기술을 긍정적으로 평가하고 있다.
   ② 새로운 기술의 잘못된 사용을 우려하고 있다.
   ③ 새로운 보건 기술의 필요성을 강조하고 있다.
   ④ 공중 보건의 미래를 긍정적으로 전망하고 있다.

CHAPTER. 2

Unit 5 다큐멘터리

듣기 43번-44번

문항 43번과 44번은 다큐멘터리를 듣고 푸는 문제입니다. 이 지문은 격식체 반말을 사용하여 다양한 주제에 대하여 설명합니다. 주제가 다양하기 때문에 각각의 단어 의미에 집중하기보다는 전반적인 내용을 잘 파악해야만 정답을 고를 수 있습니다.

꼭! 알아두기

43번

이야기의 중심 내용으로 맞는 것을 고르십시오.

- ✔ 보통 초반이나 후반에 화자가 하고 싶은 이야기를 정리합니다.
- ✔ 중요한 단어를 같은 뜻의 다른 말로 표현한 보기를 찾아야 합니다.

44번

소재와 관련된 세부 내용 질문

- ✔ 내용을 처음부터 끝까지 집중해서 듣는 것이 중요합니다.
- ✔ 세부 내용을 메모하면 도움이 됩니다.

43-44 다음은 다큐멘터리입니다. 잘 듣고 물음에 답하십시오. Track❷ 5-1

남자: 새끼 상어가 꼬물꼬물 헤엄을 치는 이 작은 공간은 어미 황갈색수염상어의 자궁 속이다. 새끼 황갈색수염상어는 인간과 마찬가지로 이곳에서 약 10개월을 보낸다. 그런데 영양분을 공급받아야 할 탯줄이 보이지 않는다. 어떻게 영양분을 섭취하는 걸까. 어미 상어는 수정이 되지 않은 수십 개의 무정란을 자궁 속에 가지고 있다. 탯줄이 없어 움직임이 자유로운 새끼 상어는 이 알들을 찾아다니며 먹는다. ㉠어미 상어 배 속에서부터 헤엄치는 법과 먹이 찾는 법을 함께 익히고 있는 셈이다. 세상을 살아갈 만반의 준비를 모두 마친 후 마침내 새끼 상어는 자궁 밖으로 나온다.

〈TOPIK II 64회 듣기 43-44번〉

43. 이 이야기의 중심 내용으로 맞는 것을 고르십시오.

① 황갈색수염상어가 해양 생태계를 변화시키고 있다.
② 황갈색수엽상어의 서식 공간이 점점 좁아지고 있다.
③ 황갈색수염상어의 자궁은 인간의 자궁과 형태가 유사하다.
❹ 황갈색수염상어의 새끼는 자궁 속에서 세상에 나올 준비를 한다. ……㉠

+ 해설

㉠에서 새끼 상어가 어미 상어 배 속에서부터 헤엄치는 법과 먹이 찾는 법과 같이 세상을 살아갈 준비를 한다고 했으므로 답은 ④번입니다.

44. 새끼 상어가 자궁 속에서 무정란을 먹는 이유로 맞는 것을 고르십시오.

① 공간을 넓히기 위해서
❷ 영양분을 얻기 위해서
③ 수분을 배출하기 위해서
④ 움직임을 줄이기 위해서

+ 해설

새끼 상어가 무정란을 먹는다는 것은 어떻게 영양분을 섭취하는가에 대한 답입니다. 따라서 답은 ②번입니다. '영양분을 섭취하다.'를 '영양분을 얻다.'로 바꿔 말하고 있습니다.

• 단어 새끼 꼬물꼬물 자궁 탯줄 무정란 만반의 준비

STEP 2 기본 연습

1. 다음을 듣고 질문에 답하시오. Track❷ 5-2

1 중심 내용으로 맞는 것을 고르십시오.

① 조선의 여성들도 독립적으로 경제 활동을 할 수 있었다.

② 조선의 여성들은 남성에게 의지하지 않고는 살 수 없었다.

2 중심 내용으로 맞는 것을 고르십시오.

① 우울증은 마음의 감기로 비유되는 흔한 병이다.

② 우울증의 증세는 일반적으로 알려진 것보다 다양하다.

3 시신을 여러 겹으로 쌓은 이유로 맞는 것을 고르십시오.

① 많은 시신을 처리하기 위해서

② 종교적인 관습을 지키기 위해서

4 충분한 수면을 취해야 하는 이유로 맞는 것을 고르십시오.

① 수면을 통하여 뇌가 휴식을 취하기 위해서

② 수면을 통하여 뇌가 입력된 정보를 정리하기 위해서

2. 다음을 듣고 질문에 답하시오. Track❷ 5-3

1

Q1. 맞으면 ○, 틀리면 × 하십시오.

가. 생명체들은 유전물질을 가지고 있다. ( )

나. 바이러스는 안에는 유전물질이 없다. ( )

다. 숙주 안에서의 바이러스는 무생물의 상태이다. ( )

Q2. 중심 내용으로 맞는 것을 고르십시오.

① 바이러스는 숙주가 없으면 살 수 없다.

② 바이러스 생물과 무생물의 특성을 모두 지닌다.

2

Q1. 맞으면 ○, 틀리면 × 하십시오.

가. 근대에는 후각이 중요한 위치를 담당한다. ( )

나. 근대의 후각은 공중위생과 관련하여 매우 중요하였다. ( )

다. 근대 이전에는 다른 사람의 냄새를 크게 신경 쓰지 않았다. ( )

Q2. 중심 내용으로 맞는 것을 고르십시오.

① 근대화 이후 후각은 역할을 감당하지 못했다.

② 근대화 이후 후각은 공중 보건과 연관되었다.

도전 ① Track❷ 5-4

1-2 다음은 다큐멘터리입니다. 잘 듣고 물음에 답하십시오.

1. 이 이야기의 중심 내용으로 맞는 것을 고르십시오.
   ① 지네의 많은 다리는 생존에 도움이 된다.
   ② 많은 동물들은 생존을 위해 독을 이용한다.
   ③ 지네의 독은 살아남기 위한 진화의 결과이다.
   ④ 다양한 동물들은 치열한 생존경쟁을 하고 있다.

2. 지네가 해충으로 분류되는 이유로 맞는 것을 고르십시오.
   ① 독이빨을 가지고 있어서
   ② 살아남기 위하여 진화해서
   ③ 많은 다리를 가지고 있어서
   ④ 작은 곤충을 마비시킬 수 있어서

도전 ② Track❷ 5-5

1-2 다음은 다큐멘터리입니다. 잘 듣고 물음에 답하십시오.

1. 이 이야기의 중심 내용으로 맞는 것을 고르십시오.
   ① 식물은 다양한 향기를 만든다.
   ② 식물들도 주변의 위험을 감지한다.
   ③ 식물도 자연에서 여러 공격을 받는다.
   ④ 식물은 다양한 향기로 의사소통을 한다.

2. 식물이 재스민을 생산하는 이유로 맞는 것을 고르시오.
   ① 곤충을 모으기 위해서
   ② 곤충의 공격을 알리기 위해서
   ③ 손상된 부위를 보호하기 위해서
   ④ 병균으로부터 자신을 보호하기 위해서

Unit 6 대담

듣기 39번-40번, 47번-48번

문항 39번과 40번, 47번과 48번은 대담을 듣고 푸는 문제입니다. 보통 여자가 특정 주제에 대해 대화를 시작하면 남자가 그것에 대해 자세히 이야기합니다. 지문이 길기 때문에 메모를 하면서 듣는 것이 좋습니다.

꼭! 알아두기

39번

이 담화 앞의 내용으로 알맞은 것을 고르십시오.

- ✔ 보통 여자의 말에 힌트가 있는 경우가 많습니다.
- ✔ 가끔 남자의 말에 중요한 정보가 있으므로 끝까지 잘 들어야 합니다.

48번

남자의 태도로 가장 알맞은 것을 고르십시오.

- ✔ 내용을 처음부터 끝까지 집중해서 듣는 것이 중요합니다.
- ✔ 태도를 나타내는 표현을 알아두면 도움이 됩니다.

40번, 47번

들은 내용과 일치하는 것을 고르십시오.

- ✔ 화자가 한 말을 다른 말로 표현한 보기가 정답인 경우가 많습니다.
- ✔ 화자가 한 말을 듣고 추론한 내용이 정답인 경우도 있습니다.

* 어휘와 표현

표현	예시
당부하다	이 제도가 제대로 시행되기 위해선 국민들의 협조가 필요합니다.
비판하다	이러한 방식은 요즘 사람들이 선호하지 않는다는 단점이 있습니다.
우려하다	이러한 정책은 자칫하면 부작용이 더 클 수도 있으므로 신중하게 접근해야 합니다.
유보하다	시기적으로 결정하기가 이른 만큼 결과를 조금 더 두고 봐야 할 것 같습니다.
제시하다	저출산 문제에는 다음과 같은 해결 방법이 있습니다.
증명하다	실제로 이 방법을 통해 정부와 주민들의 갈등을 해결한 사례가 있습니다.
촉구하다	앞으로 경쟁력을 높이기 위해서는 정부에서 관련 법규를 마련해야 합니다.
토로하다	하지만 이런 방법은 실제로 시행할 때 어려움이 많습니다.
예측하다	이런 식으로 하나씩 고쳐나간다면 앞으로 긍정적인 결과가 있을 것입니다.
지적하다	노동 없이 주는 돈은 사람들의 노동 의욕을 감소시킨다는 점에서 문제가 있습니다.

STEP 1 기출 연습

39-40 다음은 대담입니다. 잘 듣고 물음에 답하십시오. Track❷ 6-1

여자: 국외로 유출된 문화재가 이렇게 많은데, 어떤 방법으로 이런 문화재들을 다시 본국으로 가져올 수 있을까요?

남자: ㉠관련된 국제 협약이 1970년에 마련되었고, ㉡1990년대 후반부터 문화재 환수에 대한 관심이 높아지면서 국가 간 논의와 공조가 활발해졌습니다. 문화재 환수에는 정부 간 대여나 기증 등의 방식이 있는데요. ㉢기증을 통한 영구적 환수가 바람직 하겠지만 ㉣나라마다 문화재 보호에 관한 법이 서로 달라서 이것이 쉽지는 않습니다. 현재는 대여하는 방식으로 일시적 환수가 이루어지는 경우가 많습니다.

〈TOPIK II 64회 듣기 39-40번〉

39. 이 담화 앞의 내용으로 알맞은 것을 고르십시오.

① 민간 주도로 문화재 환수가 이루어지고 있다.

② 해외에 있는 문화재를 대여해서 전시하고 있다.

❸ 환수하지 못하고 해외에 남아 있는 문화재가 많다.

④ 문화재 환수를 위해 다른 나라와 협정을 체결했다.

+ 해설

여자의 말을 보면 한국으로 가져오지 못하고 해외에 남아 있는 문화재가 많다는 것을 알 수 있습니다.

40. 들은 내용과 일치하는 것을 고르십시오.

❶ 각 국의 법이 달라 문화재의 영구적 환수가 어렵다. ……㉣

② 1970년대부터 문화재 환수가 활발해지기 시작했다.

③ 문화재 환수는 주로 기증하는 방식으로 이루어진다.

④ 문화재 환수와 관련된 국제 협약은 존재하지 않는다.

+ 해설

① 각 국의 법이 달라 문화재의 영구적 환수가 어렵다.
➡ ㉣을 보면 나라마다 다른 법 때문에 문화재 환수가 어렵다는 것을 알 수 있습니다.

② 1970년대부터 문화재 환수가 활발해지기 시작했다.
➡ ㉡을 보면 1990년대부터 환수가 활발해졌습니다.

③ 문화재 환수는 주로 기증하는 방식으로 이루어진다.
➡ ㉢을 보면 기증을 통한 환수는 자주 사용되는 방식이 아니라 가장 좋은 방식입니다.

④ 문화재 환수와 관련된 국제 협약은 존재하지 않는다.
➡ ㉠을 보면 관련 협약이 1970년대에 만들어졌습니다.

• 단어 유출 본국 협약 환수 공조 기증 영구적 일시적 민간 협정 체결하다

47-48 다음은 대담입니다. 잘 듣고 물음에 답하십시오. Track❷ 6-2

여자: 국가지점번호라……. 저는 좀 생소한데요. 이미 시행 중인 제도라고요?

남자: 네, 국가지점번호 제도는 조난이 발생했을 때 그 위치를 정확하게 알 수 있도록 지역마다 번호를 부여하고 표지판을 설치하는 것입니다. 이 제도는 ㉠2013년부터 신속한 구조를 목적으로 시행이 되었는데요. 아직까지도 표지판이 설치되지 않은 지역이 많고 ㉡잘 알려지지도 않았습니다. 이는 실제 수행을 담당해야 할 지방자치 단체들이 업무의 책임을 분명히 하지 않고, ㉢예산 부족을 핑계로 설치를 미루고 있기 때문인데요. 국민들의 안전과도 밀접한 관계가 있는 만큼 ㉣시행을 위한 각 지방자치단체들의 적극적인 노력이 있어야 하겠습니다.

〈TOPIK II 64회 듣기 47-48번〉

47. 들은 내용과 일치하는 것을 고르십시오.

① 이 제도는 곧 시행될 예정이다.

❷ 이 제도는 신속한 구조를 위해 마련되었다. ……㉠

③ 이 제도는 국민 대상 홍보가 잘 이루어졌다.

④ 이 제도는 예산 지원이 원활하게 진행되고 있다.

+ 해설

① 이 제도는 곧 시행될 예정이다.
➡ ㉠을 보면 2013년부터 시행되었다는 것을 알 수 있습니다.

❷ 이 제도는 신속한 구조를 위해 마련되었다.
➡ ㉠에서 신속한 구조가 목적이라고 말합니다.

③ 이 제도는 국민 대상 홍보가 잘 이루어졌다.
➡ ㉡의 '잘 알려지지도 않았습니다'라는 말에서 홍보가 부족했다는 것을 알 수 있습니다.

④ 이 제도는 예산 지원이 원활하게 진행되고 있다.
➡ ㉢의 '예산 부족'이라는 말에서 예산이 충분하지 않았다는 것을 알 수 있습니다.

48. 남자의 태도로 가장 알맞은 것을 고르십시오.

① 제도에 대한 평가를 유보하고 있다.

② 제도의 긍정적인 효과를 기대하고 있다.

③ 제도 시행을 위한 국민의 협조를 당부하고 있다.

❹ 제도 시행의 문제를 지적하며 시정을 촉구하고 있다. ……㉣

+ 해설

㉣의 앞부분에서는 여러 가지 문제점을 이야기하고 ㉣에서는 적극적인 노력이 필요하다고 이야기하고 있으므로 ④번이 정답입니다.

• 단어 생소하다 시행 조난 발생하다 번호를 부여하다 지방자치단체 예산 홍보 원활하다 유보하다 당부하다 시정 촉구하다

1. 다음을 듣고 질문에 답하십시오. Track❷ 6-3

1

Q1. 이 담화 앞의 내용으로 알맞은 것을 고르십시오.

① 시민 단체가 자연보호를 위한 집회를 열었다.

② 시민 단체가 도로를 넓히는 공사를 반대하고 있다.

Q2. 다시 듣고 빈칸을 채우십시오.

여자: ________________ 시민 단체의 의견도 일리가 있어 보이는데요. 이러한 지속적인 반대 의견에도 불구하고 인주시에서 나무를 베어내며 도로 확장 공사를 진행하려는 이유는 뭔가요?

남자: 최근 관광객의 증가로 교통 체증이 심각해졌습니다. 또한 도로의 폭이 좁고 차선도 1개뿐이어서 눈이나 비가 오는 날에는 교통사고가 자주 발생하기 때문이죠.

2

Q1. 이 담화 앞의 내용으로 알맞은 것을 고르십시오.

① 코로 숨을 쉬면 좋은 점이 많다.

② 코로 숨쉬는 것은 건강에 안 좋다.

Q2. 다시 듣고 빈칸을 채우십시오.

여자: 단지 코로 숨 쉬는 것뿐인데 이렇게 ________________고요? 정말 신기하네요. 그럼 이렇게 코로 숨 쉬지 않고 입으로 숨을 쉬게 되면 어떤 안 좋은 점이 있나요?

남자: 입 안이 무척 건조해지겠죠. 그리고 이렇게 입 안이 건조해지면 세균이 번식하기가 쉽고 결국 이것은 면역력 저하로 이어지게 됩니다. 이것은 치아 건강에도 악영향을 끼칠 수 있으므로 주의해야 합니다.

3

Q1. 남자의 마지막 말로 추측할 수 있는 것을 고르십시오.

① 우유에 대한 사람들의 인식이 바뀌어야 한다.

② 우유 급식을 하는 것이 반드시 필요하지는 않다.

Q2. 다시 듣고 빈칸을 채우십시오.

남자: 예전에야 영양이 부족한 경우가 많아서 우유 급식이 건강에 도움이 됐지만 요즘은 우유를 대체할 식품도 많아졌고 우유가 그렇게 완전하지 않다는 것도 밝혀졌거든요. 유당 불내증이나 알레르기 때문에 우유를 못 마시는 사람들이 있다는 것도 알려졌죠. 80년대부터 시작된 우유 급식, 인식이 달라진 만큼 ________________도 나쁘지 않을 것 같습니다.

4

Q1. 남자의 마지막 말로 추측할 수 있는 것을 고르십시오.

① 한복 교복의 긍정적인 효과를 부정하고 있다.

② 한복 교복의 긍정적인 효과를 확신하지 못하고 있다.

Q2. 다시 듣고 빈칸을 채우십시오.

> 남자: 한복 교복 사업은 중 · 고등학생들이 한복에 대한 친밀감을 높이고 긍정적인 인식을 심어 주기 위해 추진되었습니다. 특히 한복 교복의 보급으로 전통문화를 계승한다는 점과 실용성을 강조한 디자인을 장점으로 내세우고 있죠. 그러나 한복 교복이 과연 학생들에게 긍정적인 반응을 얻을 수 있을지는 조금 ________________기도 합니다.

2. 다음을 듣고 질문에 답하십시오. Track❷ 6-4

1

Q1. 맞으면 ○, 틀리면 × 하십시오.

가. 2020년부터는 문화누리카드의 금액이 늘어난다. ( )

나. 문화누리카드를 사용하는 사람의 비율이 높은 편이다. ( )

다. 문화누리카드는 문화생활을 원하는 사람에게 발급해준다. ( )

라. 정부에서는 문화누리카드 이용 장소를 더 많이 만들 계획이다. ( )

Q2. 이 담화 앞의 내용으로 알맞은 것을 고르십시오.

① 소득이 적은 사람들은 문화생활에 돈을 많이 쓰지 않는다.

② 국민들이 여가 생활에 사용하는 비용을 점점 줄이고 있다.

③ 저소득층을 위한 문화생활 지원비 정책이 시행될 예정이다.

2

Q1. 맞으면 ○, 틀리면 × 하십시오.

가. 대체육은 실제 고기처럼 지방이 풍부하다. ( )

나. 환경을 위해 대체육을 먹는 사람들이 있다. ( )

다. 대체육은 실제 고기와는 질감이 많이 다르다. ( )

라. 어린 아이들은 진짜 고기를 먹는 것이 더 좋다. ( )

Q2. 남자의 태도로 가장 알맞은 것을 고르십시오.

① 대체육이 육류시장에 미칠 영향을 예측하고 있다.

② 대체육이 가져올 건강한 식습관의 변화를 기대하고 있다.

③ 무조건적인 대체육 섭취의 부작용에 대해 우려하고 있다.

STEP 3 실전 연습

도전 ❶ Track❷ 6-5

1-2 다음은 대담입니다. 잘 듣고 물음에 답하십시오.

1. 이 담화 앞의 내용으로 알맞은 것을 고르십시오.
   ① 고기와 계란은 콜레스테롤을 낮추는데 도움이 된다.
   ② 육류 위주로 식사를 한 사람들이 콜레스테롤이 높다.
   ③ 육식을 자주 하는 것과 콜레스테롤은 큰 관계가 없다.
   ④ 콜레스테롤이 높아서 고기를 먹지 않는 사람들이 많다.

2. 들은 내용과 일치하는 것을 고르십시오.
   ① 건강을 위해서 육식을 자제하는 것이 좋다.
   ② 고칼로리의 음식을 많이 섭취하는 것이 좋다.
   ③ 식사는 적당량을 일정한 시간에 먹는 것이 좋다.
   ④ 채소 위주의 식사가 콜레스테롤 감소에 도움이 된다.

3-4 다음은 대담입니다. 잘 듣고 물음에 답하십시오.

3. 들은 내용과 일치하는 것을 고르십시오.
   ① 이 제도를 통해 실제로 금연에 성공한 사람이 있다.
   ② 이 제도는 흡연율을 줄이기 위한 목적으로 만들어졌다.
   ③ 금연 교육과 금연 지원 서비스는 홍보가 잘 이루어졌다.
   ④ 횟수에 제한 없이 교육을 통해 과태료를 감면 받을 수 있다.

4. 남자의 태도로 가장 알맞은 것을 고르십시오.
   ① 새로운 제도의 개선 방향을 제안하고 있다.
   ② 기존 제도의 실효성에 대해 의심하고 있다.
   ③ 새로운 제도의 긍정적인 효과를 기대하고 있다.
   ④ 기존 제도의 문제점을 지적하고 개선을 촉구하고 있다.

도전 ❷ Track❷ 6-6

1-2 다음은 대담입니다. 잘 듣고 물음에 답하십시오.

1. 이 담화 앞의 내용으로 알맞은 것을 고르십시오.
   ① 정부에서 이 제도를 시행하기로 결정했다.
   ② 이 제도에 대한 시민들의 의견을 조사했다.
   ③ 사람들은 이 제도가 없이지기를 원하고 있다.
   ④ 이 제도는 문제점이 많아 시행 전에 검토를 하기로 했다.

2. 들은 내용과 일치하는 것을 고르십시오.
   ① 이 제도의 시행 이후 동네 서점이 활성화되었다.
   ② 팔리지 않은 책들을 처리하려면 돈이 많이 든다.
   ③ 이 제도로 책을 저렴하게 구입하는 것이 가능해졌다.
   ④ 이 제도로 도서 가격을 자율적으로 정할 수 있게 되었다.

3-4 다음은 대담입니다. 잘 듣고 물음에 답하십시오.

3. 들은 내용과 일치하는 것을 고르십시오.
   ① 청년수당은 올해 처음으로 지급되었다.
   ② 구직 활동에 대한 기준은 모든 사람들이 동일하다.
   ③ 시민들은 청년수당에 대해 부정적인 반응을 보였다.
   ④ 청년수당은 미취업 청년들의 생활비를 목적으로 지급되었다.

4. 남자의 태도로 가장 알맞은 것을 고르십시오.
   ① 청년수당의 한계를 지적하고 있다.
   ② 청년수당의 보완점을 제시하고 있다.
   ③ 청년수당의 부작용에 대해서 말하고 있다.
   ④ 청년수당의 필요성에 의문을 제기하고 있다.

전체 듣기

제1회
실전모의고사

TOPIK Ⅱ

듣기
(Listening)

수험번호(Registration No.)		
이름 (Name)	한국어(Korean)	
	영　어(English)	

유 의 사 항
Information

1. 시험 시작 지시가 있을 때까지 문제를 풀지 마십시오.
   Do not open the booklet until you are allowed to start.

2. 접수번호와 이름은 정확하게 적어 주십시오.
   Write your name and registration number on the answer sheet.

3. 답안지를 구기거나 훼손하지 마십시오.
   Do not fold the answer sheet; keep it clean.

4. 답안지의 이름, 접수번호 및 정답의 기입은 컴퓨터용 펜을 사용하여 주십시오.
   Use the optical mark reader(OMR) pen only.

5. 정답은 답안지에 정확하게 표시하여 주십시오.
   Mark your answer accurately and clearly on the answer sheet.

marking example | ① ● ③ ④ |

6. 문제를 읽을 때에는 소리가 나지 않도록 하십시오.
   Keep quiet while answering the questions.

7. 질문이 있을 때에는 손을 들고 감독관이 올 때까지 기다려 주십시오.
   When you have any questions, please raise your hand.

※ [1-3] 다음을 듣고 알맞은 그림을 고르십시오. (각 2점)

1. ①

②
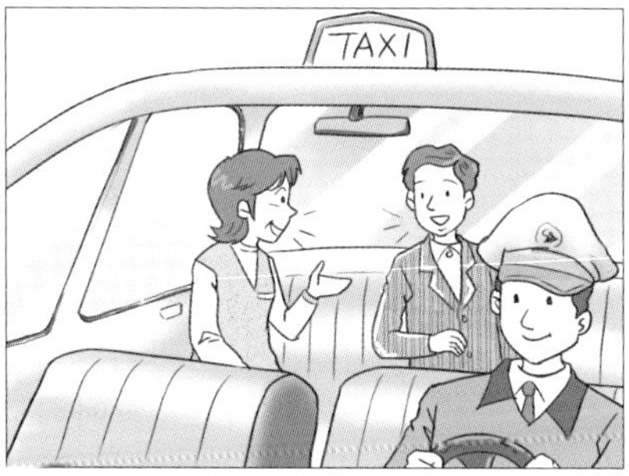

③

④
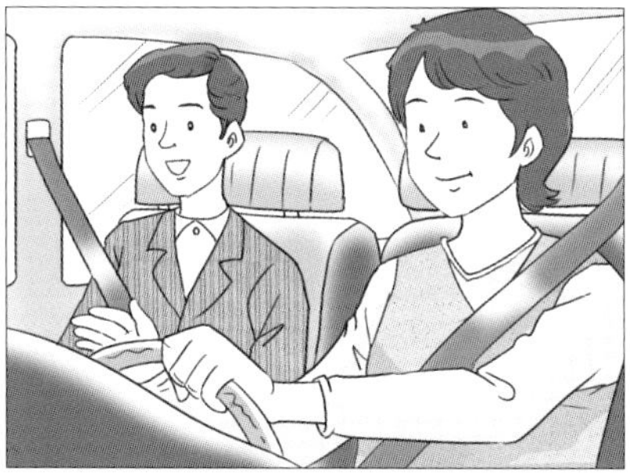

2. ①

②

③

④
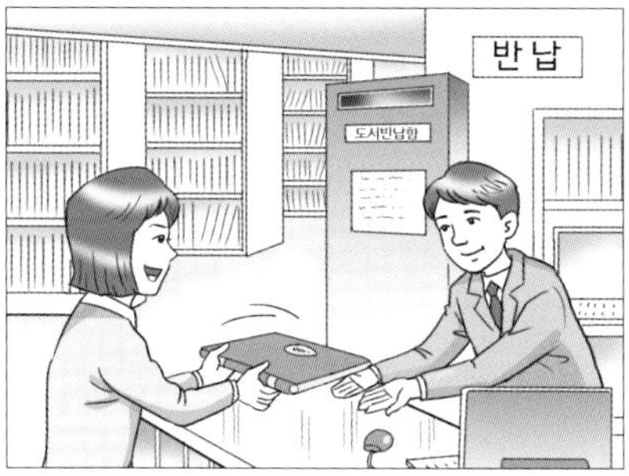

3. ① 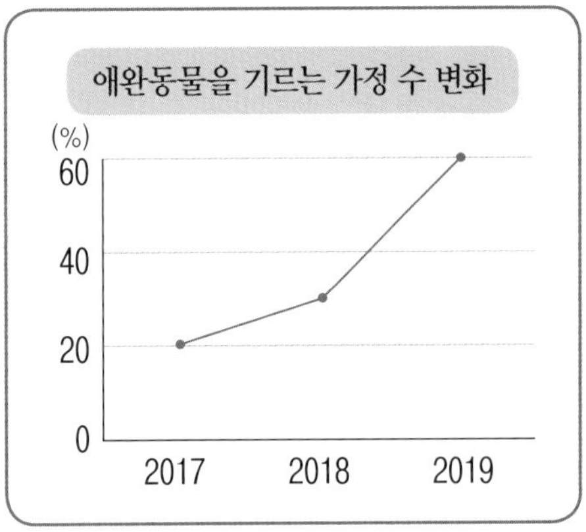

② 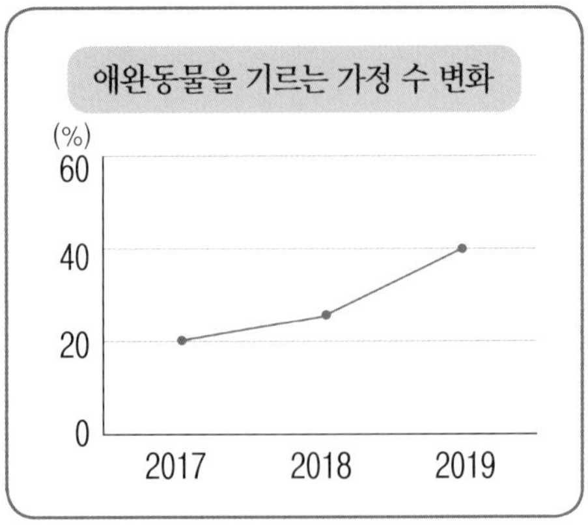

③ 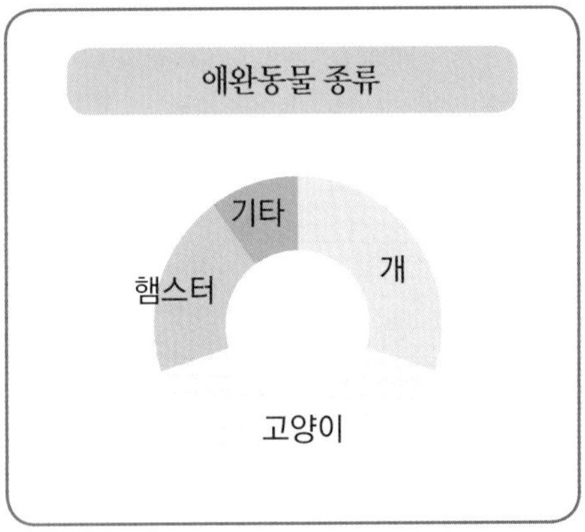

④ 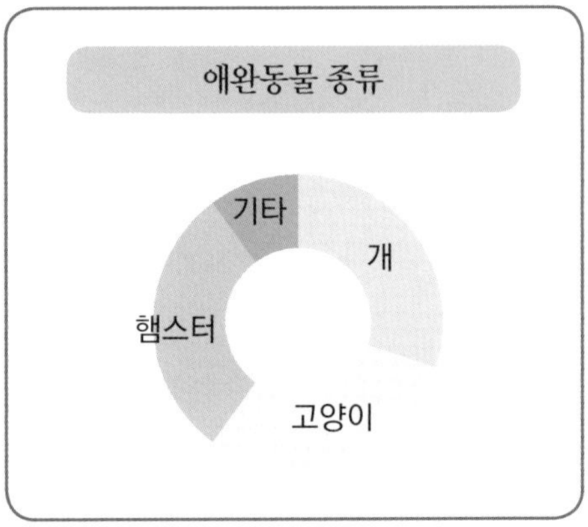

※ **[4-8] 다음 대화를 잘 듣고 이어질 수 있는 말을 고르십시오. (각 2점)**

4. ① 그 책이 정말 유명하거든요.
② 소설책인데 찾을 수가 없네요.
③ 전 책을 별로 좋아하지 않아서요.
④ 책을 빨리 반납하라고 전화했어요.

5. ① 글쎄, 나는 오늘 좀 바쁜데.
② 분위기 좋은 커피숍은 어때?
③ 싸우다니? 너희 사이좋잖아.
④ 어제 갑자기 화내서 미안해.

6. ① 그럼 민철 씨 전화번호 좀 가르쳐 줄래요?
② 민철 씨는 중국어뿐만 아니라 영어도 잘해요.
③ 그래요? 저도 민철 씨하고 아주 친하게 지내요.
④ 저도 중국어를 잘하는데 민철 씨를 도와줘야겠군요.

7. ① 아무도 모르는 것 같아요.
② 메일을 한번 확인해 보세요.
③ 듣기는 했는데 잘 모르겠어요.
④ 학교 사무실에서 신청할 수 있어요.

8. ① 저도 너무 슬퍼서 울었어요.
② 스트레스가 쌓이면 좀 쉬세요.
③ 저도 화장실에서 봤는데 반가웠어요.
④ 무슨 일이 있는지 한번 물어볼까요?

※ [9–12] 다음 대화를 잘 듣고 여자가 이어서 할 행동으로 알맞은 것을 고르십시오. (각 2점)

9. ① 발표를 한다.
② 자료를 찾는다.
③ 자료를 정리한다.
④ 친구에게 전화를 한다.

10. ① 파마를 한다.
② 근처 가게에 간다.
③ 전화로 예약을 한다.
④ 손님에게 전화를 한다.

11. ① 노란색 재킷을 입는다.
② 파란색 원피스를 입는다.
③ 다음에 입을 옷을 찾는다.
④ 다른 모델 옷을 준비한다.

12. ① 가방을 빌린다.
② 가방을 찾는다.
③ 가방을 비운다.
④ 가방을 가져온다.

※ [13-16] 다음을 듣고 내용과 일치하는 것을 고르십시오. (각 2점)

13. ① 여자는 주말에 친구들과 등산을 했다.
② 여자는 동료들과 친하게 지내고 싶어한다.
③ 이 회사에서는 한 달에 두 번씩 등산한다.
④ 남자는 등산 후 뒤풀이에 참석하지 않았다.

14. ① 아이는 여성복 매장 근처에서 발견되었다.
② 아이의 부모는 초록색 티셔츠를 입고 있다.
③ 아이는 5살 먹은 남자 아이로 청바지를 입었다.
④ 아이의 부모는 3층 쇼핑몰 사무실로 가야 한다.

15. ① 시민 도서관은 9월에 개관할 것이다.
② 2층부터 4층까지는 열람실로 사용될 것이다.
③ 시민 도서관에서는 여러 강좌가 열릴 것이다.
④ 도서관에는 청소년들을 위한 공간이 따로 없다.

16. ① 최근에 역시에 대한 관심이 줄고 있다.
② 이 박물관의 강좌는 매주 금요일에 열린다.
③ 강좌에 참여하기 위해서는 미리 신청해야 한다.
④ 박물관에서는 아이들을 위한 강좌도 진행되고 있다.

※ **[17-20] 다음을 듣고 남자의 중심 생각을 고르십시오. (각 2점)**

17. ① 시골의 한적한 삶이 갖는 장점이 있다.
② 젊은이에게는 도전적인 자세가 필요하다.
③ 젊은 세대의 다양한 태도를 존중해야 한다.
④ 도시뿐 아니라 시골에도 젊은이가 필요하다.

18. ① 휴대폰은 교육적이지 않다.
② 대화는 중요한 교육 수단이다.
③ 학생을 혼내는 것은 좋지 않다.
④ 때로는 적절한 훈육이 필요하다.

19. ① 커피숍은 커피의 맛이 가장 중요하다.
② 인터넷의 정보를 모두 믿을 수는 없다.
③ 좋은 추억을 위해서는 사진이 중요하다.
④ 커피숍의 인기는 여러 가지로 결정된다.

20. ① 번역은 관객의 영화 이해를 도와야 한다.
② 번역은 영화에서 매우 중요한 역할을 한다.
③ 번역할 때는 한국의 특수성을 드러내야 한다.
④ 번역은 대사를 그대로 옮기는 것이 중요하다.

※ [21-22] 다음을 듣고 물음에 답하십시오. (각 2점)

21. 남자의 중심 생각으로 맞는 것을 고르십시오.

① 강의 주제 선택은 학생들이 해야 한다.

② 강의 주제는 교육적 효과가 있어야 한다.

③ 강의 주제는 최근의 유행을 반영해야 한다.

④ 학생들을 위한 다양한 강의가 준비돼야 한다.

22. 들은 내용으로 맞는 것을 고르십시오.

① 최근에 개인 방송에 대한 관심이 줄고 있다.

② 지난 강의는 학생들에게 좋은 평가를 받았다.

③ 이곳은 강의 후 학생들에게 강의 평가를 받는다.

④ 다음 강의에는 개인 방송 제작자가 초대될 것이다.

※ [23-24] 다음을 듣고 물음에 답하십시오. (각 2점)

23. 남자가 무엇을 하고 있는지 고르십시오.

① 회의실을 예약하고 있다.

② 회의 장소를 찾아보고 있다.

③ 회의 장소를 변경하고 있다.

④ 회의실에 대해 물어보고 있다.

24. 들은 내용으로 맞는 것을 고르십시오.

① 남자는 10인 회의실을 예약했다.

② 이 호텔에는 10인 회의실만 있다.

③ 노트북을 사용하려면 가져와야 한다.

④ 이 회의실은 식사하면서 회의를 할 수 있다.

※ [25~26] 다음을 듣고 물음에 답하십시오. (각 2점)

25. 남자의 중심 생각으로 알맞은 것을 고르십시오.
① 회사의 일 보다 가정의 일이 중요하다.
② 가정 내에서 부부가 서로 도와야 한다.
③ 가정 내에서 여자가 해야 하는 일이 있다.
④ 가정 내에서 여자가 하기 어려운 일이 있다.

26. 들은 내용으로 맞는 것을 고르십시오.
① 지금 남자는 회사에 다니고 있다.
② 남자가 쓴 '살림하는 남자'는 소설이다.
③ 생각보다 집안일과 육아는 어렵지 않다.
④ 남자는 집안일을 여자의 일이라고 생각했었다.

※ [27~28] 다음을 듣고 물음에 답하십시오. (각 2점)

27. 여자가 남자에게 말하는 의도를 고르십시오.
① 운전면허 학원을 홍보하기 위해
② 충분한 운전 연습을 권유하기 위해
③ 운전 면허의 필요성을 알리기 위해
④ 운전에서 자신감의 중요성을 알리기 위해

28. 들은 내용으로 맞는 것을 고르십시오.
① 여자는 운전을 연습하고 있다.
② 남자는 오래전에 면허를 땄다.
③ 남자는 자신의 자동차로 운전을 한다.
④ 남자의 친구는 최근에 경주에 갔다왔다.

※ [29-30] 다음을 듣고 물음에 답하십시오. (각 2점)

29. 남자는 누구인지 맞는 것을 고르십시오.
① 아이들을 가르치는 사람
② 아이들과 상담을 하는 사람
③ 아이들과 음식을 만드는 사람
④ 아이들과 그림을 그리는 사람

30. 들은 내용으로 맞는 것을 고르십시오.
① 이전에는 남자를 찾는 아이들이 없었다.
② 남자는 취미로 그림을 그리고 요리를 한다.
③ 남자는 요즘 큰 문제가 있는 아이들만 만난다.
④ 남자는 아이들과 다양한 활동을 하며 이야기한다.

※ [31-32] 다음을 듣고 물음에 답하십시오. (각 2점)

31. 남자의 생각으로 알맞은 것을 고르십시오.
① '노키즈존'은 교육적으로 좋은 제도가 아니다.
② '노키즈존'은 많은 사람들에게 합리적 제도이다.
③ '노키즈존'은 아이가 있는 가족을 위한 제도이다.
④ '노키즈존'은 식당의 수익을 높이기 위한 제도이다.

32. 남자의 태도로 맞는 것을 고르십시오.
① 새로운 제도의 시행을 촉구하고 있다.
② 새로운 제도의 필요성을 설명하고 있다.
③ 새로운 제도의 문제점을 비판하고 있다.
④ 새로운 제도의 합리성에 공감하고 있다.

※ [33-34] **다음을 듣고 물음에 답하십시오. (각 2점)**

33. 무엇에 대한 내용인지 맞는 것을 고르십시오.

① 조선 시대의 여러 기록

② 조선 시대의 다양한 화폐

③ 조선 시대의 선물 선택 방법

④ 조선 시대의 경제 활동의 변화

34. 들은 내용으로 맞는 것을 고르십시오.

① 조선 초기에는 시장이 발달하지 않았다.

② 화폐는 조선 초기에도 많이 사용되었다.

③ '선물 경제'는 조선 후기에 등장하였다.

④ 조선 후기에도 시장은 나타나지 않았다.

※ [35-36] **다음을 듣고 물음에 답하십시오. (각 2점)**

35. 남자는 무엇을 하고 있는지 맞는 것을 고르십시오.

① 최근의 드라마를 평가하고 있다.

② 상을 받고 수상 소감을 나누고 있다.

③ 드라마 대사의 중요성을 강조하고 있다.

④ 슬럼프를 극복하는 방법을 설명하고 있다.

36. 들은 내용으로 맞는 것을 고르십시오.

① 남자는 처음 상을 받는다.

② 남자의 모든 작품은 성공했다.

③ 이 드라마는 남자의 첫 작품이다.

④ 남자는 가족에게 고마워하고 있다.

※ [37-38] 다음은 교양 프로그램입니다. 잘 듣고 물음에 답하십시오. (각 2점)

37. 여자의 중심 생각을 고르십시오.

① 배양육은 아직은 먼 미래의 기술이다.

② 배양육의 여러 문제점에 주의해야 한다.

③ 배양육의 장점과 단점을 고려해야 한다.

④ 앞으로 배양육에 대한 연구가 증가할 것이다.

38. 들은 내용과 일치하는 것을 고르십시오.

① 국내에서는 배양육을 연구하지 않는다.

② 배양육은 동물을 죽여야 얻을 수 있다.

③ 배양육 기술은 환경 보호에 도움이 된다.

④ 사람들은 배양육 기술에 대해 잘 알고 있다.

※ [39-40] 다음은 대담입니다. 잘 듣고 물음에 답하십시오. (각 2점)

39. 이 담화 앞의 내용으로 알맞은 것을 고르십시오.

① 최근 학생들이 대학 진학률이 감소하고 있다.

② 대학 진학 시험의 공정성이 문제가 되고 있다.

③ 학생들의 현재 시험 제도에 대한 반대가 심하다.

④ 학생들이 대학 진학 스트레스를 과도하게 받는다.

40. 들은 내용과 일치하는 것을 고르십시오.

① 1993년에는 시험을 보지 않고 대학을 갔다.

② 이전에 대학 진학 시험을 여러 번 본 적이 있다.

③ 대학에서는 자체 시험을 더 어렵게 만들고 있다.

④ 위원회에서는 구체적으로 여러 가지를 결정했다.

※ [41-42] 다음은 강연입니다. 잘 듣고 물음에 답하십시오. (각 2점)

41. 이 강연의 중심 내용으로 맞는 것을 고르십시오.
① 태풍의 이름이 결정되는 규칙이 있다.
② 태풍의 생애에 대한 연구가 시작되었다.
③ 태풍으로 인한 심각한 피해가 예상된다.
④ 태풍에 대한 종합적인 대비가 필요하다.

42. 들은 내용과 일치하는 것을 고르십시오.
① 태풍은 비교적 그 생애가 짧다.
② 한 번에 여러 개의 태풍이 오기도 한다.
③ 태풍의 이름은 위원회 전문가들이 짓는다.
④ 회원국이 제출한 이름은 변경되지 않는다.

※ [43-44] 다음은 다큐멘터리입니다. 잘 듣고 물음에 답하십시오. (각 2점)

43. 이 이야기의 중심 내용으로 맞는 것을 고르십시오.
① 염색체에는 다양한 정보가 들어 있다.
② 텔로미어는 세포의 노화와 관련이 있다.
③ 텔로미어에는 생물의 정보가 담겨 있다.
④ 염색체의 각 부분은 서로 다른 기능이 있다.

44. 염색체가 손상되면 세포에 문제가 생기는 이유를 고르십시오.
① 텔로미어가 짧아지기 때문에
② 세포의 나이가 증가하기 때문에
③ 염색체를 보호할 수 없기 때문에
④ 염색체에 담긴 정보가 손상되기 때문에

※ [45-46] 다음은 강연입니다. 잘 듣고 물음에 답하십시오. (각 2점)

45. 들은 내용과 일치하는 것을 고르십시오.

① 한반도에서 사라진 호랑이를 보호하고 있다.

② 옛날 사람들은 호랑이를 긍정적으로 생각했다.

③ 고구려, 조선 시대에는 호랑이가 흔하지 않았다.

④ 옛날 사람들은 호랑이와 표범을 구별하지 못했다.

46. 여자가 말하는 방식으로 가장 알맞은 것을 고르십시오.

① 야생 호랑이의 생태를 세부적으로 묘사하고 있다.

② 한반도의 호랑이 개체 수의 변화를 설명하고 있다.

③ 한반도의 호랑이 발견 과정을 순서대로 나열하고 있다.

④ 사람들의 호랑이에 대한 생각을 사례를 들어 설명하고 있다.

※ [47-48] 다음은 대담입니다. 잘 듣고 물음에 답하십시오. (각 2점)

47. 들은 내용과 일치하는 것을 고르십시오.

① 전주번호찰의 상단의 4개 숫자는 도로명이다.

② 전봇대의 기본적인 기능은 위치 정보 전달이다.

③ 각 지역 전봇대의 위치는 한국전력에서 측정한다.

④ 전주번호찰은 자신의 위치를 알고 있을 때 유용하다.

48. 남자의 태도로 가장 알맞은 것을 고르십시오.

① 새로운 제도의 도입을 촉구하고 있다.

② 제도에 대하여 부정적인 평가를 하고 있다.

③ 제도를 소개하고 긍정적으로 평가를 하고 있다.

④ 제도의 문제점을 지적하고 대안을 제시하고 있다.

※ [49-50] 다음은 강연입니다. 잘 듣고 물음에 답하십시오. (각 2점)

49. 들은 내용과 일치하는 것을 고르십시오.

① 해수면 온도 변화는 해양 생물만 영향을 받는다.
② 공기 중 이산화탄소가 많아지면 기온이 내려간다.
③ 최근 한반도 근처의 해수면 온도가 높아지고 있다.
④ 2010년부터 2018년에는 해수면의 온도가 낮아졌다.

50. 여자의 태도로 가장 알맞은 것을 고르십시오.

① 해수면 온도 상승의 효과를 기대하고 있다.
② 해수면 관련 연구의 성과를 높이 평가하고 있다.
③ 해수 연구와 관련된 기관의 협조를 당부하고 있다.
④ 해수면 온도 변화를 우려하며 관심을 촉구하고 있다.

전체 듣기

제2회
실전모의고사

TOPIK Ⅱ

듣기
(Listening)

수험번호(Registration No.)		
이름 (Name)	한국어(Korean)	
	영　어(English)	

유 의 사 항
Information

1. 시험 시작 지시가 있을 때까지 문제를 풀지 마십시오.
   Do not open the booklet until you are allowed to start.

2. 접수번호와 이름은 정확하게 적어 주십시오.
   Write your name and registration number on the answer sheet.

3. 답안지를 구기거나 훼손하지 마십시오.
   Do not fold the answer sheet; keep it clean.

4. 답안지의 이름, 접수번호 및 정답의 기입은 컴퓨터용 펜을 사용하여 주십시오.
   Use the optical mark reader(OMR) pen only.

5. 정답은 답안지에 정확하게 표시하여 주십시오.
   Mark your answer accurately and clearly on the answer sheet.

   marking example ① ● ③ ④

6. 문제를 읽을 때에는 소리가 나지 않도록 하십시오.
   Keep quiet while answering the questions.

7. 질문이 있을 때에는 손을 들고 감독관이 올 때까지 기다려 주십시오.
   When you have any questions, please raise your hand.

※ [1-3] 다음을 듣고 알맞은 그림을 고르십시오. (각 2점)

1. ①

②

③

④

2. ①

②

③

④

3. ①
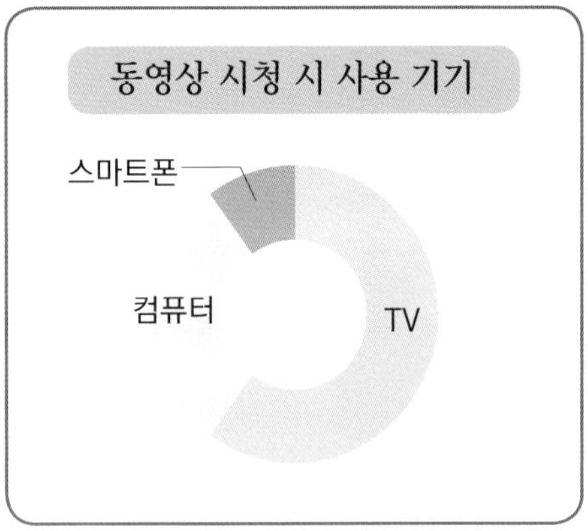

②
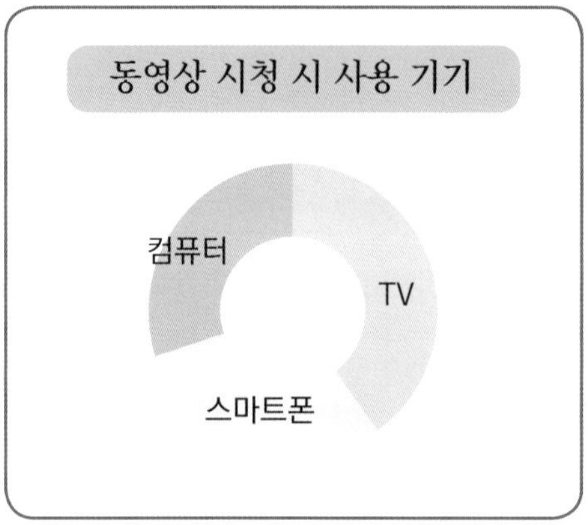

③
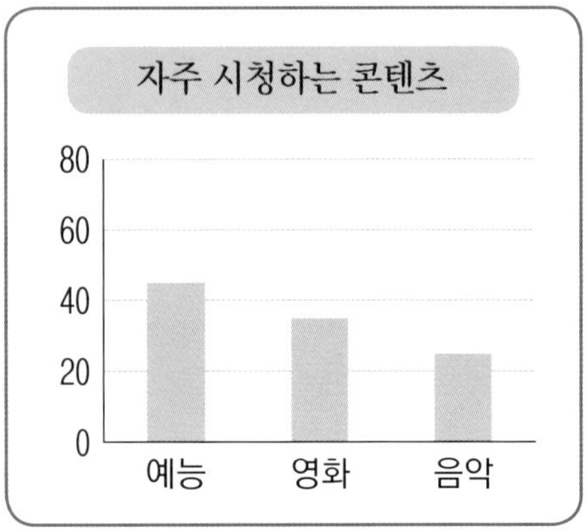

④
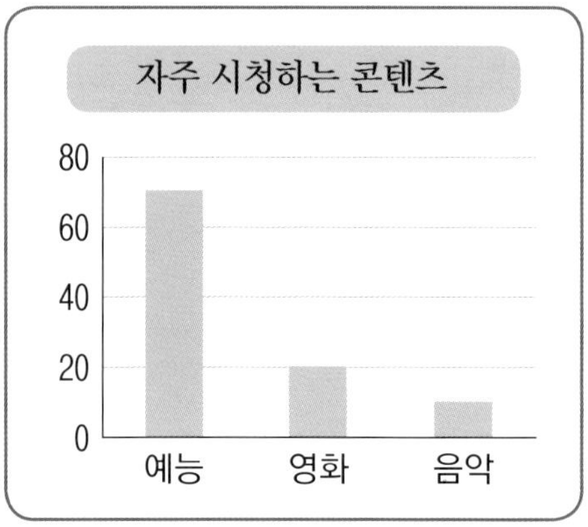

※ **[4-8] 다음 대화를 잘 듣고 이어질 수 있는 말을 고르십시오. (각 2점)**

4. ① 네, 기다리겠습니다.
② 네, 메모를 남겼으니까 전해주세요.
③ 아니요, 제가 다시 전화 드리겠습니다.
④ 아니요, 회의가 끝나면 다시 전화해 주세요.

5. ① 복잡할 것 같은데요.
② 요금은 8,000원입니다.
③ 학교 안에서 직진할까요?
④ 학교 안에서는 세울 수 없어요.

6. ① 저는 힘들겠는데요.
② 역시 못하는 게 없으시군요.
③ 안 그래도 만들어 볼 생각이에요.
④ 생각보다 어렵지 않으니까 해 보세요.

7. ① 그러자. 비가 안 올 것 같아.
② 응, 가게에 일찍 나갈수록 좋아.
③ 글쎄, 한 명이라도 오면 어떻게 해.
④ 아니, 좀 더 일찍 가야 만날 수 있어.

8. ① 네, 주말에 묵으려고요.
② 아니요, 네 명이 가는 여행이에요.
③ 일주일 동안 여행을 가기로 했어요.
④ 그럼 이번 수요일에 1박 예약 가능한가요?

※ [9–12] 다음 대화를 잘 듣고 여자가 이어서 할 행동으로 알맞은 것을 고르십시오. (각 2점)

9. ① 아파트로 서둘러 간다.
② 화재 경보기를 고친다.
③ 아파트에 안내 방송을 한다.
④ 주민들을 만나서 이야기한다.

10. ① 교수님께 연락한다.
② 수업을 들으러 간다.
③ 남자에게 과제를 준다.
④ 이메일로 과제를 제출한다.

11. ① 음료를 주문한다.
② 좋은 회사를 찾아 본다.
③ 앉아서 남자를 기다린다.
④ 남자에게 새 회사를 소개한다.

12. ① 건전지를 사러 간다.
② 리모컨을 확인해 본다.
③ 텔레비전을 새로 구입한다.
④ AS센터에 텔레비전을 들고 간다.

※ **[13-16] 다음을 듣고 내용과 일치하는 것을 고르십시오. (각 2점)**

13. ① 남자와 여자는 지금 여행 중이다.
② 여자는 여행 가서 찍은 사진을 보고 있다.
③ 남자는 평소에 회사 동료들과 자주 모인다.
④ 여자는 회사 일로 바빠서 여행을 자주 못 한다.

14. ① 무대 정리가 5시 쯤 끝날 예정이다.
② 비 때문에 야외 공연이 도중에 중단됐다.
③ 관객석에 이상이 생겨서 공연을 할 수 없다.
④ 공연은 원래 5시에 시작하는데 늦어지고 있다.

15. ① 현재 전국에 많은 비가 내리고 있다.
② 오늘 제주도는 맑지만 내일은 흐릴 것이다.
③ 이번 태풍으로 인해 피해를 입은 시설이 많다.
④ 내일은 전국에 바람이 많이 불 것으로 예상된다.

16. ① 남자는 학교에서 영어를 가르친다.
② 동영상 제작에는 총 두 시간이 걸린다.
③ 동영상은 촬영보다 편집이 오래 걸린다.
④ 남자는 일주일 내내 강의 영상을 찍는다.

※ [17-20] 다음을 듣고 남자의 중심 생각을 고르십시오. (각 2점)

17. ① 전공자가 나서서 제일 먼저 발표를 해야 한다.
② 역사학은 어렵기 때문에 조사를 많이 해야 한다.
③ 발표 경험이 많은 사람이 먼저 발표를 해야 한다.
④ 후배가 선배보다 발표 능력이 더 뛰어날 수도 있다.

18. ① 장례식장에서 모자를 쓰는 것은 절대 안 된다.
② 상황과 장소에 맞춰서 옷을 입는 것이 중요하다.
③ 다른 일을 미루고 오늘은 장례식장에만 가야 한다.
④ 옷차림과 상관없이 위로하는 마음 자체가 중요하다.

19. ① 집들이에 아무런 준비 없이 빈손으로 가는 것은 예의가 아니다.
② 받는 사람이 직접 필요한 것을 살 수 있도록 돈을 주는 것이 좋다.
③ 집들이 선물로 돈을 주는 것과 물건으로 주는 것은 큰 차이가 있다.
④ 휴지나 세제처럼 평범한 선물보다 친구가 좋아하는 물건을 줘야 한다.

20. ① 일할 때 사용하는 호칭은 중요하지 않다.
② 출근해서도 가족과 이야기를 할 수 있어서 좋다.
③ 형제들이 똑같이 노력했으므로 월급도 같아야 한다.
④ 일은 일이고, 가족은 가족이라는 생각이 가장 중요하다.

※ **[21-22] 다음을 듣고 물음에 답하십시오. (각 2점)**

21. 남자의 중심 생각으로 알맞은 것을 고르십시오.

① 추석에 고객에게 과일을 보내는 것이 좋다.

② 홍보 효과가 있는 선물을 보내는 것이 좋다.

③ 추석에 우수 고객에게 선물을 보낼 필요 없다.

④ 여러 명이 모인 곳에서 회사 홍보를 해야 한다.

22. 들은 내용으로 맞는 것을 고르십시오.

① 작년 추석에는 예산이 부족해서 과일밖에 주지 못했다.

② 여자는 작년 추석에 보낸 선물과 같은 것을 주고 싶어한다.

③ 남자는 과일 선물은 예산에 맞지 않아서 안 좋다고 생각한다.

④ 우수 고객에게 추석 선물을 보내는 것은 올해가 처음이 아니다.

※ **[23-24] 다음을 듣고 물음에 답하십시오. (각 2점)**

23. 여자가 무엇을 하고 있는지 고르십시오.

① 도서관 이용증을 발급 받는 방법을 알려달라고 하고 있다.

② 졸업을 앞두고 앞으로의 도서관 이용에 대해 문의하고 있다.

③ 7월에 대여한 책을 언제까지 반납해야 하는지 물어보고 있다.

④ 졸업 후 9월부터 책을 대여할 때 드는 비용을 문의하고 있다.

24. 들은 내용으로 맞는 것을 고르십시오.

① 졸업을 한 이후에는 도서관에서 책을 빌릴 방법이 없다.

② 졸업 한 달 전부터 도서 대출은 제한되고 반납만 가능하다.

③ 모든 학생은 졸업식 당일까지 도서관에서 책을 빌릴 수 있다.

④ 졸업생 선착순 100명까지는 무료로 도서관을 이용할 수 있다.

※ **[25-26] 다음을 듣고 물음에 답하십시오. (각 2점)**

25. 남자의 중심 생각으로 알맞은 것을 고르십시오.

① 무료 공연을 여는 연주자들에게 관심을 가져야 한다.

② 계약 조건만 따지는 사람은 좋은 연주자가 될 수 없다.

③ 공연 기회가 적은 연주자들을 지원하는 제도가 필요하다.

④ 연주자들의 공연 시간과 출연료 규정이 마련되어야 한다.

26. 들은 내용으로 맞는 것을 고르십시오.

① 남자는 이제 공연에서 무료로 연주하지 않는다.

② 남자는 공연을 많이 해서 큰 돈을 벌 수 있었다.

③ 수입이 적어서 힘들어하는 가수와 연주자가 많다.

④ 남자 때문에 후배들이 공연에서 연주를 못하고 있다.

※ **[27-28] 다음을 듣고 물음에 답하십시오. (각 2점)**

27. 남자가 여자에게 말하는 의도를 고르십시오.

① 직원 혜택에 대한 여자의 오해를 풀기 위해

② 회사를 위한 직원들의 희생을 강조하기 위해

③ 직원 혜택 축소에 대한 문제점을 제기하기 위해

④ 자금난에 대처하는 회사의 결정을 지지하기 위해

28. 들은 내용으로 맞는 것을 고르십시오.

① 1층 휴게실은 좁아서 이용자가 적었다.

② 여자는 앞으로 겪을 불편을 걱정하고 있다.

③ 5층 휴게실 자리에 만든 점포는 장사가 잘 된다.

④ 직원들은 그동안 휴게실이 없어서 편히 쉴 수 없었다.

※ [29-30] 다음을 듣고 물음에 답하십시오. (각 2점)

29. 여자는 누구인지 맞는 것을 고르십시오.

① 깨끗한 집을 소개해주는 사람

② 집 청소 방법을 연구하는 사람

③ 이사할 집을 대신 찾아 주는 사람

④ 이사 및 청소 업체를 운영하는 사람

30. 들은 내용으로 맞는 것을 고르십시오.

① 여자는 요즘 이사철이어서 아주 바쁘다.

② 여자의 회사는 처음부터 청소 서비스를 제공했다.

③ 이사 후에 집을 함께 청소하는 서비스가 제일 인기가 많다.

④ 이사 계획이 없어도 이 업체의 청소 서비스를 이용할 수 있다.

※ [31-32] 다음을 듣고 물음에 답하십시오. (각 2점)

31. 남자의 생각으로 알맞은 것을 고르십시오.

① 성적이 좋은 학생은 매 학기 상을 받아야 한다.

② 한 번에 여러 명에게 장학금을 주는 것이 좋다.

③ 한 명이 장학금을 여러 번 받는 것은 좋지 않다.

④ 장학금은 성적 외의 다른 기준을 고려하지 않아도 된다.

32. 남자의 태도로 알맞은 것을 고르십시오.

① 제도의 효과를 회의적으로 보고 있다.

② 사례를 들어서 강하게 주장을 펼치고 있다.

③ 상대의 주장에 근거가 없다고 비판하고 있다.

④ 상대의 말에 설득당해서 의견을 바꾸고 있다.

※ [33-34] 다음을 듣고 물음에 답하십시오. (각 2점)

33. 무엇에 대한 내용인지 맞는 것을 고르십시오.
① 꿀의 다양한 맛
② 꿀의 여러 가지 효능
③ 꿀을 넣어서 만든 음식
④ 꿀을 활용한 치료제 개발

34. 들은 내용으로 맞는 것을 고르십시오.
① 꿀을 그대로 피부에 바르면 미백 효과가 더 크다.
② 고대 이집트에서 처음으로 꿀을 음식에 활용했다.
③ 피부 탄력을 위해 꿀을 물에 타서 마시는 게 좋다.
④ 꿀을 뜨거운 물에 타서 마시면 손과 발이 따뜻해진다.

※ [35-36] 다음을 듣고 물음에 답하십시오. (각 2점)

35. 남자는 무엇을 하고 있는지 고르십시오.
① 오페라 경연대회를 진행하고 있다.
② 이탈리아 오페라의 역사를 강의하고 있다.
③ 올해의 음악인상 후보들을 나열하고 있다.
④ 올해의 음악인상 수상자를 소개하고 있다.

36. 들은 내용으로 맞는 것을 고르십시오.
① 김수미는 이제 성악가로 활동하지 않는다.
② 김수미는 다른 사람보다 교육 과정을 일찍 마쳤다.
③ 이탈리아에서 인정받은 아시아 출신 성악가가 많다.
④ 김수미만큼 성악 경연대회에서 많이 우승한 성악가는 없다.

※ [37-38] 다음은 교양 프로그램입니다. 잘 듣고 물음에 답하십시오. (각 2점)

37. 여자의 중심 생각으로 알맞은 것을 고르십시오.

① AI 기술도 좋지만 사람과 사람 사이의 교류가 가장 중요하다.

② 돌봄 AI 로봇은 정확한 시간에 할 일을 알려주기 때문에 좋다.

③ 더 다양한 기능을 갖춘 돌봄 AI 로봇이 빨리 개발되어야 한다.

④ 앞으로 AI 기술 연구는 인간과의 교감을 주제로 진행돼야 한다.

38. 들은 내용과 일치하는 것을 고르십시오.

① 돌봄 AI 로봇의 주요 기능은 식사 시간 알림이다.

② 돌봄 AI 로봇은 아이와 노인들을 위해 만들어졌다.

③ 노인과 돌봄 AI 로봇은 대화를 주고 받을 수 있다.

④ 여자는 기술 개발을 위해 노인들에게 로봇을 선물했다.

※ [39-40] 다음은 대담입니다. 잘 듣고 물음에 답하십시오. (각 2점)

39. 이 담화 앞의 내용으로 알맞은 것을 고르십시오.

① 이제는 소리 상표에도 특허권이 부여된다.

② 소리 상표를 출원하는 절차가 간단해졌다.

③ 개인적으로 소리 상표를 출원하는 경우가 있다.

④ 화면보다 소리를 강조한 광고가 유행하고 있다.

40. 들은 내용과 일치하는 것을 고르십시오.

① 소리 상표의 소유권은 기업만 가질 수 있다.

② 소리 상표는 지식재산으로 인정받지 못 한다.

③ 음악뿐만 아니라 효과음도 창작물로 인정된다.

④ 광고에 쓰이는 음악만 소리 상표로 등록할 수 있다.

※ [41-42] 다음은 강연입니다. 잘 듣고 물음에 답하십시오. (각 2점)

41. 이 강연의 중심 내용으로 맞는 것을 고르십시오.
① 자신보다 상대를 배려할 때 좋은 결과를 얻을 수 있다.
② 상호 협력도 중요하지만 자신의 이익을 먼저 생각해야 한다.
③ 상대를 믿고 행동하는 것만으로는 좋은 결과를 얻을 수 없다.
④ 좋은 결과를 얻기 위해서 서로를 믿고 협력하는 것이 중요하다.

42. 들은 내용과 일치하는 것을 고르십시오.
① '죄수의 딜레마' 현상은 일상에서 그 예를 찾기 힘들다.
② '죄수의 딜레마' 현상은 주로 범죄학에서 연구하고 있다.
③ 사회에서 정한 약속을 어겨서 모두가 손해를 보는 일이 많다.
④ '죄수의 딜레마'란 모두가 협력해서 좋은 결과를 얻었을 때 쓰는 말이다.

※ [43-44] 다음은 다큐멘터리입니다. 잘 듣고 물음에 답하십시오. (각 2점)

43. 이 이야기의 중심 내용으로 맞는 것을 고르십시오.
① 황제펭귄은 새끼를 보호하기 위해 남극으로 찾아온다.
② 황제펭귄 수컷들은 추위를 견디는 특별한 방법이 있다.
③ 남극은 황제펭귄을 비롯한 여러 생명체들의 주요 서식지이다.
④ 혹독한 추위 때문에 황제펭귄 수컷의 수가 점점 줄어들고 있다.

44. 황제펭귄 수컷들이 '허들링'을 할 때 계속 움직이는 이유로 맞는 것을 고르십시오.
① 바깥쪽 펭귄과 자리를 바꾸기 위해서
② 안쪽에 있는 펭귄이 불편하기 때문에
③ 무리의 바깥 쪽이 온도가 높기 때문에
④ 발 위에 얹어 놓은 새끼가 움직이기 때문에

※ [45-46] 다음은 강연입니다. 잘 듣고 물음에 답하십시오. (각 2점)

45. 들은 내용과 일치하는 것을 고르십시오.
① 여름철 실내 습도는 낮으면 낮을수록 건강에 좋다.
② 제습기는 건조한 공기를 빨아들이면서 실내 온도를 높인다.
③ 제습기는 공기 중의 습기를 제거하기 위해 냉각장치를 이용한다.
④ 제습기는 관리가 힘들고 전기 요금도 많이 나온다는 단점이 있다.

46. 여자가 말하는 방식으로 가장 알맞은 것을 고르십시오.
① 제습기와 여러 기계를 비교하고 있다.
② 제습기의 작동 원리를 설명하고 있다.
③ 제습기를 만드는 과정을 설명하고 있다.
④ 제습기의 내부 장치 형태를 묘사하고 있다.

※ [47-48] 다음은 대담입니다. 잘 듣고 물음에 답하십시오. (각 2점)

47. 들은 내용과 일치하는 것을 고르십시오.
① 해녀 학교는 새 일자리 창출을 위해 세워졌다.
② 해녀는 물에 들어갈 때 여러 장치가 필요하다.
③ 해녀 학교는 학생이 줄어서 폐교 위기에 처했다.
④ 해녀는 물 안에서 압력과 호흡을 잘 조절해야 한다.

48. 남자의 태도로 가장 알맞은 것을 고르십시오.
① 해녀 학교 운영의 문제점을 지적하고 있다.
② 해녀 학교 유지를 위한 지원을 호소하고 있다.
③ 해녀 문화의 독창성과 우수성을 홍보하고 있다.
④ 해녀 학교가 지역 사회에 미칠 효과를 예측하고 있다.

※ [49~50] 다음은 강연입니다. 잘 듣고 물음에 답하십시오. (각 2점)

49. 들은 내용과 일치하는 것을 고르십시오.

① 말의 유래를 잘 살펴보면 조상들의 문화와 지혜를 배울 수 있다.

② '짐작하다'란 말은 예전에 지금의 뜻과 전혀 다른 뜻으로 쓰였다.

③ 요즘 학생들은 '짐작하다'와 같은 우리말의 유래를 잘 알고 있다.

④ '어처구니'는 '꼭 필요한 물건'이라는 뜻이었으나 점차 의미가 바뀌었다.

50. 여자의 태도로 가장 알맞은 것을 고르십시오.

① 말의 의미 변화에 대해 우려하고 있다.

② 조상들의 언어 습관을 높이 평가하고 있다.

③ 우리말을 사용하지 않는 사람들을 비난하고 있다.

④ 학생들에게 우리말에 대한 관심을 촉구하고 있다.

MEMO

MEMO

COOL TOPIK II 듣기

초판발행	2021년 5월 1일
초판 2쇄	2023년 3월 23일
저자	이혜림, 주혜림, 황지선
책임편집	양승주, 권이준, 김아영
펴낸이	엄태상
디자인	진지화
조판	이서영
콘텐츠 제작	김선웅, 장형진, 조현준
마케팅	이승욱, 왕성석, 노원준, 조성민, 이선민
경영기획	조성근, 최성훈, 정다운, 김다미, 최수진, 오희연
물류	정종진, 윤덕현, 신승진, 구윤주
펴낸곳	한글파크
주소	서울시 종로구 자하문로 300 시사빌딩
주문 및 교재 문의	1588-1582
팩스	0502-989-9592
홈페이지	http://www.sisabooks.com
이메일	book_korean@sisadream.com
등록일자	2000년 8월 17일
등록번호	제300-2014-90호

ISBN 978-89-5518-610-9 14710
978-89-5518-533-1 (set)

한국어능력시험

COOL TOPIK Ⅱ

듣기

정답과 해설

한글파크

한국어능력시험

COOL TOPIK II

듣기

정답과 해설

한글파크

CHAPTER. 1

Unit 1 그림

STEP 2 정답

1\. **1**
Q1. ①
Q2. ■ 처방전을 받고 진료비를 내고 있다.

2
Q1. ② Q2. ■ 염색을 하러 왔다.

3
Q1. ② Q2. ■ 요리를 하느라고 바빴다.

4
Q1. ②
Q2. ■ 축구 경기를 보고 있다.
■ 여자에게 전화할 것이다.

5
Q1. ① Q2. 코미디, 공포

6
Q1. ② Q2. 스트레칭, 탁구, 배드민턴

2\. **1** ③ **2** ③ **3** ①

STEP 3 정답

도전 ❶ 1. ④ 2. ③ 3. ②
도전 ❷ 1. ② 2. ① 3. ①

STEP 2 해설

1\. **다음을 잘 듣고 질문에 답하십시오.** p.18

1

남자: 여기 가까운 ㉠약국은 어디에 있어요?
여자: 한 층 아래로 내려가세요. 여기 ㉡처방전 받으세요. ㉢진료비는 5,400원입니다.

Q1. ①
진료가 끝나고 난 뒤의 상황입니다. ㉠약국, ㉡처방전, ㉢진료비 이야기를 하는 것으로 보아 병원 접수대에서 간호사와 환자가 대화하는 것이므로 ①번이 정답입니다.

Q2. ■ 처방전을 받고 진료비를 내고 있다.

단어 처방전 / 진료비

2

여자: 너무 밝지 않은 ㉠갈색으로 해 주세요. 오만 원 맞나요?
남자: 손님은 머리가 기셔서 추가 금액이 있어요. 머리가 어깨 아래쪽까지 내려오니까 오천 원이 추가 됩니다.

Q1. ②
㉠에서 여자는 색깔을 이야기하고 있으므로 염색을 하러 온 것을 알 수 있습니다. 그러므로 가위로 머리를 자르는 ①번은 오답입니다. 염색 전에 가격에 대해 이야기하고 있으므로 ②번이 정답입니다.

Q2. ■ 염색을 하러 왔다.

단어 밝다 / 추가 금액

3

여자: ㉠식당보다 맛있는데? 이렇게 많은 반찬을 언제 다 만든 거야?
남자: 맛있지? 오전부터 요리하느라 바빴어. 많이 먹어.

Q1. ②
㉠처럼 여자는 식당보다 맛있다고 했으므로 식사를 하고 있는 장소는 식당이 아닙니다. 그러므로 ②번이 정답입니다. 이 음식은 오전부터 남자가 준비한 것입니다.

Q2. ■ 요리를 하느라고 바빴다.

4

여자: 여보세요? 숙제 때문에 전화했는데, 지금 통화할 수 있어?
남자: 미안한데 ㉠지금 축구 결승전을 보고 있어. 한 시간이면 끝날 것 같은데, 내가 이따가 다시 전화해도 될까?

Q1. ②
㉠처럼 남자는 TV로 축구 경기를 보다가 여자에게 걸려온 전화를 받은 상황이므로 ②번이 정답입니다. 경기가 끝난 뒤에 여자에게 전화할 것입니다.

Q2. ■ 축구 경기를 보고 있다.
■ 여자에게 전화할 것이다.

단어 결승전

5

> 남자: 대학생을 대상으로 ㉠즐겨보는 영화 장르에 대해 조사한 결과 ㉡코미디라는 응답이 가장 많았으며, ㉢액션과 공포가 뒤를 이었습니다. 그밖에도 다양한 장르를 언급한 학생들이 있었습니다.

Q1. ①
조사 주제는 그래프의 제목으로 제시되는데 ㉠을 다른 말로 '선호도'라고 바꿀 수 있으므로 ①번이 정답입니다. 조사 결과인 ㉡과 ㉢을 순서대로 듣는 것이 중요합니다.

Q2. 코미디, 공포

단어 장르 / 선호도

6

> 남자: 2017년 이후 실내 운동을 즐겨 하는 사람이 계속 ㉠증가하고 있습니다. 30대와 40대 남녀를 대상으로 자주 하는 실내 운동에 대해 조사한 결과 ㉡스트레칭이라는 응답이 가장 많았으며, ㉢탁구와 배드민턴이 뒤를 이었습니다.

Q1. ②
㉠에서 실내 운동을 하는 사람이 증가했다고 했으므로 그래프는 2017년 이후 갈수록 높아지는 곡선을 보여야 합니다. 그러므로 ②번이 정답입니다. 조사 결과인 ㉡과 ㉢을 순서대로 듣는 것이 중요합니다.

Q2. 스트레칭, 탁구, 배드민턴

2. 다음을 듣고 알맞은 그림을 고르십시오.

p.21

1 ③

> 남자: 보고서는 다음 주에 수업 시작하기 5분 전까지 저에게 주세요. ㉠제가 모아서 대표로 교수님께 가져다 드리겠습니다.
> 여자: ㉡학과 사무실로 찾아가면 되나요?
> 남자: 아니요, 제가 다음 주에도 교실로 올게요. ㉢여기에 있을게요.

학생들에게 ㉠처럼 말하는 것으로 보아 남자는 교수님의 수업을 돕는 조교입니다. 조교는 학과 사무실에서 근무하기도 하므로 ㉡은 힌트가 될 수 있습니다. 남자는 다음 주에도 ㉢과 같이 지금 서 있는 자리에서 학생들의 보고서를 걷을 것이라 하고 있으므로 ③번이 정답입니다.

단어 모으다 / 대표 / 학과 사무실

2 ③

> 여자: 바람이 많이 불어서 추울 것 같은데 옷은 따뜻하게 입었어?
> 남자: 응, ㉠입었어. ㉡다녀올게.
> 여자: 너무 늦게 오지 말고, ㉢올 때 경비실에서 택배 좀 찾아 와.

남자는 ㉡처럼 여자에게 인사를 하고 집 밖으로 나가고 있습니다. ㉠은 이미 완료된 행동이고 ㉢은 외출했다가 다시 집으로 돌아올 미래에 대한 이야기이므로 ③번이 정답입니다.

단어 경비실

3 ①

> 남자: 대학교 1학년 학생들에게 방학에 무엇을 할 건지에 대해 설문 조사를 진행했습니다. ㉠아르바이트를 해서 돈을 모으겠다는 답이 가장 많았으며, ㉡외국어 공부와 ㉢배낭여행이 그 뒤를 이었습니다.

방학 계획에 대한 설문 조사로 결과 ㉠, ㉡, ㉢을 순서대로 맞게 표기한 것은 ①번입니다.

단어 돈을 모으다

STEP 3 해설

도전 ❶

p.22

1. ④

> 남자: 가전하고 가구 매장은 ㉠몇 층에 있나요?
> 여자: 네, ㉡고객님, 8층으로 가시면 됩니다.
> 남자: 식당가는 지하에만 있나요?

㉠에서 남자가 가려는 매장의 위치를 묻고 있고, 여자가 ㉡처럼 이야기하는 것으로 보아 두 사람은 각각 백화점 직원과 손님입니다. 남자가 여러 매장에 대해 묻고 있으므로 여자는 한 매장의 직원이 아니라 백화점 층별 안내를 맡은 직원임을 알 수 있습니다. 그러므로 ④번이 정답입니다.

단어 가전 / 매장 / 식당가

2. ③

> 여자: 민수 씨, 이 사진도 그 선반 위에 놓을 거예요?
> 남자: 네, ㉠잠시만 더 들고 계세요. 이쪽만 ㉡더 닦고 바로 ㉢놓을게요.
> 여자: 거기 놓으면 정말 예쁘겠네요.

㉠에서 남자가 여자에게 부탁하고 있으므로 여자는 지금 사진을 들고 있습니다. ㉡을 보면 남자는 지금 선반을 닦고 있습니다. ㉢은 앞으로 할 일입니다. 그러므로 남자와 여자가 지금 하고 있는 일을 가장 잘 표현한 ③번이 정답입니다.

단어 선반 / 닦다 / 들다 / 놓다

3. ②

> 남자: '세계 책의 날'을 맞이하여 젊은 층을 상대로 책을 얼마나 읽는지 설문 조사를 했습니다. 그 결과 한 달 평균 2.5권을 읽는다고 답해 ㉠20대와 30대의 독서량이 2018년부터 꾸준히 증가하고 있는 것을 알 수 있었습니다. 책을 구하는 방식으로는 ㉡온라인이나 오프라인 서점을 통해서 구입한다는 대답이 가장 많았고 ㉢도서관에서 무료로 대여한다, ㉣전자책을 구입한다는 응답이 뒤를 이었습니다.

남자의 이야기를 듣고 두 가지 정보를 얻을 수 있습니다. 첫 번째는 ㉠처럼 20대와 30대가 모두 2018년부터 책을 많이 산다는 것입니다. 증가와 감소에 대한 정보는 선 그래프를 통해 알 수 있는데 20대와 30대가 같은 모양을 보이는 ②번이 정답입니다. 두 번째로 얻을 수 있는 정보는 책을 구해서 읽는 방식입니다. ㉡, ㉢, ㉣을 순서대로 나타낸 그래프를 찾아야 합니다. ③번과 ④번은 모두 순서와 다르게 표시하고 있으므로 오답입니다.

단어 젊은 층 / 온라인 / 오프라인 / 대여하다 / 구입하다 / 전자책

도전 ❷

p.24

1. ②

> 여자: 아, ㉠이렇게 신나게 노래를 부르니까 스트레스가 풀리는 것 같아.
>
> 남자: 맞아, 일만 하다가 이렇게 나와서 노니까 정말 좋다. ㉡다음 노래는 네가 예약했어?
>
> 여자: 응, 너도 알면 같이 부를래?

㉠에서 남자와 여자가 노래를 부르고 있다는 것을 알 수 있습니다. ㉡을 보면 두 사람이 노래를 부르는 곳은 노래방입니다. 그러므로 ②번이 정답입니다.

단어 스트레스가 풀리다

2. ①

> 남자: ㉠설거지 끝났는데, ㉡청소하는 것 좀 도와줄까?
>
> 여자: 아니야 괜찮아. ㉢금방 끝나. 넌 어제 쓰레기도 갖다 버렸잖아. 좀 쉬어.
>
> 남자: 그래, 대신 이따가 라면은 내가 끓일게.

㉠에서 남자가 설거지를 다 마쳤음을 알 수 있습니다. 여자에게 ㉡처럼 묻고 있으므로, 청소를 하고 있는 사람은 여자입니다. ㉢을 보면 여자는 아직 청소 중입니다. 그러므로 ①번이 정답입니다. 다른 보기들은 어제 이미 한 일 또는 앞으로 할 일에 대한 그림이므로 오답입니다.

단어 설거지 / 라면을 끓이다

3. ①

> 남자: 최근 경찰청 조사에 따르면, 인주시의 교통사고 사망자 수가 ㉠3년 내내 증가하고 있는 것으로 나타났습니다. 시민들을 대상으로 교통사고를 줄이기 위해 필요한 것을 조사한 결과, ㉡신호 체계를 개선해야 한다는 답변이 가장 많았습니다. 그 다음으로 ㉢경찰의 집중 단속과 ㉣안전 운전 캠페인을 적극적으로 펼쳐야 한다고 답한 시민이 많았습니다.

증가와 감소에 대한 정보는 선 그래프를 통해 알 수 있는데 ㉠에서 교통사고 사망자 수가 3년 내내 증가했다고 했으므로 ①번이 정답입니다. ②번은 증가 했다가 감소하는 것을 나타내고 있으므로 오답입니다. ③번과 ④번은 모두 순서와 다르게 표시하고 있으므로 오답입니다.

단어 경찰청 / 교통사고 / 신호 체계 / 개선 / 집중 단속 / 캠페인을 펼치다 / 절감

Unit 2 대화 1

STEP 2 정답

1. **1**
   Q1. 어느 정도 하시나요　　Q2. ②
   2
   Q1. 제일 인기가 많은 강의잖아　　Q2. ②
   3
   Q1. 수미한테 부탁할게　　Q2. ①
   4
   Q1. 수저를 준비해 줘　　Q2. ①

2. **1** ③　　**2** ②

STEP 3 정답

도전❶	1. ③	2. ②	3. ④	4. ③
	5. ③	6. ④	7. ②	8. ③
	9. ①			
도전❷	1. ③	2. ④	3. ①	4. ③
	5. ④	6. ②	7. ②	8. ①
	9. ②			

STEP 2 해설

1. 다음을 듣고 질문에 답하십시오. p.32

1

여자: 저어, 외국 친구에게 선물할 한국 책을 찾는데 뭐가 좋을까요?
남자: 친구 분이 한국말을 어느 정도 하시나요?

Q1. 어느 정도 하시나요

Q2. ②
남자가 묻고 있는 '어느 정도'라는 것은 한국말의 수준이 어떠한지를 의미하므로 ②번이 정답입니다.

단어 정도

2

여자: 선배님, 김민수 교수님 수업은 어때요?
남자: 아직 안 들어봤어? 우리 학교에서 제일 인기가 많은 강의잖아.

Q1. 제일 인기가 많은 강의잖아

Q2. ②
김민수 교수의 수업이 인기가 많다는 이야기를 하고 있으므로 ②번이 정답입니다.

3

여자: 답사 가서 할 일을 좀 나누자.
남자: 그래, 유물 사진은 내가 찍을게. 학생 단체 사진은 누가 찍는 게 좋을까?
여자: 내가 ㉠수미한테 부탁할게.
남자: 그래, 그럼 ㉡난 민수한테 기록 좀 하라고 해야겠다.

Q1. 수미한테 부탁할게

Q2. ①
여자가 ㉠에서 말한 것처럼 부탁하기 위해 수미에게 연락할 것입니다. 그러므로 ①번이 정답입니다. ②번은 ㉡을 보면 남자가 이어서 할 일이므로 오답입니다.

단어 답사 / 유물 / 기록하다

4

남자: 이렇게 물이 끓으면 떡을 넣으면 돼.
여자: 계란하고 파는 언제 넣어?
남자: ㉠떡을 넣고 1분쯤 후에 다 넣으면 끝이야. 넌 ㉡수저를 준비해 줘.
여자: 알겠어. 떡국 만들기가 어렵지 않구나!

Q1. 수저를 준비해 줘

Q2. ①
남자가 떡국을 끓이면서 그 방법을 여자에게 설명하고 있습니다. 남자가 ㉡에서 여자에게 부탁하고 있으므로 ①번이 정답입니다. ②번은 ㉠을 보면 남자가 할 일이므로 오답입니다.

단어 끓다 / 수저

2. 다음을 듣고 질문에 답하십시오. p.33

1 ③

남자: ㉠노트북 수리를 좀 맡기고 싶은데요.
여자: 네 고객님, ㉡어디에 이상이 있나요?

㉠처럼 남자는 노트북이 고장 나서 서비스 센터에 왔습니다. 서비스 센터 직원이 ㉡처럼 노트북에 생긴 문제에 대해 묻고 있으므로 ③번이 정답입니다.

단어 수리 / 이상이 있다/없다 / 화면이 나오다 / 소리가 나다

2 ②

남자: 김수미 씨, 제가 부탁한 자료 준비됐어요?
여자: ㉠어제 자료실에 가니까 다른 부서에서 빌려갔다고 합니다. 오후에 다시 가서 확인해 보겠습니다.
남자: 좀 급한데 혹시 ㉡지금 다시 알아봐 줄 수 있어요?
여자: 네, 알겠습니다.

㉠에서 여자는 남자가 말한 자료를 준비하기 위해 어제 자료실에 갔지만, 자료를 구할 수 없었습니다. 오늘 남자가 ㉡과 같이 부탁하고 있으므로 다시 자료실에 갈 것입니다. 그러므로 ②번이 정답입니다.

단어 자료 / 부서 / 급하다

STEP 3 해설

도전 ❶

p.34

1. ③

남자: 오랫동안 앉아서 컴퓨터만 보니까 ㉠어깨도 아프고 허리도 아파요. 병원에 갈 시간도 없는데 아파서 큰 일이에요.
여자: 아무리 바빠도 한 시간에 한 번 ㉡꼭 일어나서 스트레칭을 하세요.
남자: 네, 잊지 말고 해야겠어요.

㉠에서 남자가 이야기한 것을 듣고 여자가 ㉡처럼 권유하고 있습니다. 스트레칭을 꼭 하겠다고 대답하는 ③번이 정답입니다.

2. ②

여자: 내일 오전에 검진 예약하셨으니까 오늘은 무리하지 말고 일찍 주무세요. ㉠밤 9시 이후에 아무것도 드시면 안 돼요.
남자: 네, ㉡물도 마시면 안 되나요?
여자: 안 드시는 게 좋습니다.

여자가 ㉠에서 말한 내용에 대해 남자가 ㉡처럼 다시 묻고 있습니다. 9시 이후에는 아무것도 먹지 않는 게 좋다고 대답하는 ②번이 정답입니다.

단어 무리하다

3. ④

남자: 이 주스병도 재활용이 되는 거예요?
여자: 네, 되긴 되는데 ㉠깨끗한 병만 분리수거함에 넣어야 해요.
남자: 그럼 우선 병을 닦아야겠네요.

㉠처럼 분리수거를 위해서는 병이 깨끗해야 하니까 우선 병을 닦겠다는 대답이 가장 자연스럽습니다. 그러므로 ④번이 정답입니다.

단어 재활용 / 분리수거함

4. ③

여자: 신제품에 대한 반응은 어때요?
남자: ㉠저렴한 가격에 비해서 성능이 좋다는 평이 많습니다. ㉡하지만 디자인이 아쉽다는 의견도 있었습니다.
여자: 다음번엔 디자인에 더 신경을 써야겠네요.

신제품은 ㉠처럼 싼 가격을 생각하면 성능이 나쁘지 않다는 좋은 평가와 ㉡처럼 디자인이 만족스럽지 않다는 나쁜 평가를 받고 있습니다. 그러므로 앞으로 보완할 점에 대해 말하는 ③번이 정답입니다.

단어 평

5. ③

남자: 수미야, 난 내일 ㉠동창회에 못 갈 것 같아.
여자: 그래? 또 야근해야 돼?
남자: 아니, 가족 모임이 있어.

㉠을 보면 남자는 동창회에 갈 수 없습니다. 동창회에 못 가는 이유를 말하는 ③번이 정답입니다.

단어 야근하다

6. ④

남자: 여보세요, 여보 오늘 오랜만에 애들이랑 다 같이 외식할까? 어제 당신이 중국 음식 먹고 싶다고 했잖아.
여자: 좋지. 내 생일에 갔던 그 식당 어때? ㉠내가 바로 예약할게.
남자: 그래, 그럼 애들 데리고 회사 앞으로 와서 같이 갈래?
여자: 아니, 우리는 바로 식당으로 갈게. 7시에 식당에서 바로 만나.

남자와 여자는 전화로 저녁 식사 약속을 하고 있습니다. ㉠처럼 남자와의 통화를 마친 후 여자는 바로 식당에 연

락해서 저녁 식사를 예약할 것입니다. 그러므로 정답은 ④번입니다.

단어 외식하다 / 데리고 오다

7. ②

남자: 손님, 메뉴 고르셨습니까? 어떤 음료를 드릴까요?

여자: 아, 잠깐만요. ㉠아직 친구가 안 와서 조금 이따 시킬게요.

남자: 그럼 뒤에 계신 분께 먼저 ㉡주문을 받아도 될까요?

여자: 네 그렇게 하세요.

여자가 가게에서 음료를 주문하려고 줄을 섰지만 친구가 오지 않아서 다음 사람에게 순서를 양보하고 있습니다. ㉠처럼 친구가 오면 주문할 것이므로 정답은 ②번입니다. ㉡을 보면 ③번은 남자가 할 일이므로 오답입니다.

8. ③

남자: 자, 쿠폰 번호 입력창에 이 종이에 있는 13자리 문자를 입력하면 돼.

여자: 와 이거 정말 복잡하다. 영어랑 숫자가 막 섞여 있네.

남자: 잘 입력했는지 다시 확인해 봐. 어때? 50% 할인 쿠폰 생긴 거 보여?

여자: 응! ㉠오늘은 싸게 살 수 있겠네. 이제 물건을 고르면 되는 거지?

여자는 남자가 알려준 방법대로 할인 쿠폰을 얻었습니다. ㉠을 보면 오늘 그 쿠폰을 사용하여 물건을 살 것임을 추측할 수 있습니다. 그러므로 정답은 ③번입니다.

단어 자리 / 입력하다

9. ①

남자: 잘했어, 그렇게 두 발을 안쪽으로 모으면 속도가 줄어드니까 멈출 수 있어.

여자: 응, 스키가 어려울 줄 알았는데 가르쳐 준 대로 하니까 재밌다.

남자: 자 이제 마지막, 스키는 ㉠앞으로 넘어지면 크게 다칠 수 있으니까 뒤로, 엉덩이가 땅에 가장 먼저 닿게 해야 해. 자 한번 해 봐.

여자: ㉡알았어, 보호 장비가 있으니까 안 아프겠지?

남자가 여자에게 스키를 가르쳐 주고 있습니다. ㉠에서 안전하게 넘어지는 방법을 가르쳐 주고 있는데, 그것은 뒤로 넘어지는 것입니다. 여자는 ㉡처럼 말하고 직접 넘어지는 연습을 할 것이므로 ①번이 정답입니다.

단어 발을 모으다 / 멈추다 / 닿다 / 보호 장비 / 중심을 잡다

도전 ❷

p.36

1. ③

남자: 뉴스 봤어? 학교 앞 사거리에서 교통사고가 크게 났대.

여자: 응, 안 그래도 학교 앞이라고 해서 너무 놀랐어. ㉠다친 사람이 많다던데.

남자: <u>우리가 아는 사람은 없겠지?</u>

두 사람은 학교 앞에서 일어난 교통사고에 대해 이야기하고 있습니다. ㉠에 이어서 혹시 아는 사람이 사고를 당해서 다친 것은 아닐지 걱정하는 ③번이 가장 자연스럽습니다.

2. ④

남자: 일교차가 커서 옷을 어떻게 입어야 할지 모르겠어.

여자: 그러게 말이야. ㉠어제는 낮에 덥길래 반팔만 입었더니 밤에는 쌀쌀하더라고.

남자: <u>이럴 때 감기 걸리기 쉬우니까 조심해.</u>

두 사람은 일교차가 큰 요즘 날씨에 대해 이야기하고 있습니다. 여자가 ㉠에서 옷을 잘못 입어 생긴 일에 대해 말한 후의 반응으로 ④번이 가장 자연스럽습니다.

단어 일교차 / 환절기

3. ①

여자: 그 책 어디에서 샀어? 전공 공부에 도움이 될 것 같아서 사고 싶었는데…….

남자: 응, 우리 집 앞 서점에서 샀어. 학교 서점에는 없더라고. ㉠너도 사다줄까?

여자: <u>응, 그럼 부탁 좀 할게.</u>

여자는 남자가 가지고 있는 책을 사고 싶어 합니다. 남자가 ㉠처럼 말한 후의 대답으로 ①번이 가장 자연스럽습니다.

4. ③

남자: 죄송한데 저희 사진 좀 찍어 주시겠어요?

여자: 네, 그런데 ㉠이렇게 찍으면 사람이 아주 작게 나오는데, 괜찮으시겠어요?

남자: <u>네, 경치가 더 중요하니까 괜찮아요.</u>

여자가 사진을 찍어 주고 있습니다. ㉠처럼 사진에 사람

이 작게 나온다고 말한 후의 반응으로 ③번이 가장 자연스럽습니다. ②번은 사람이 크게 나오고 배경이 잘 안 나오는 상황에서 하는 말이므로 오답입니다.

단어 전신

5. ④

여자: 민수 씨, 혹시 ㉠주말에도 우리 카페에서 아르바이트 해 줄 수 있어요?

남자: 네 물론이지요 사장님. 그런데 ㉡주말에는 원래 아르바이트생이 없었나요?

여자: 있었는데 이제부터 못 나오게 됐대요.

㉠으로 보아 남자는 여자의 카페에서 평일에 아르바이트를 하고 있습니다. ㉡과 같은 질문에 대한 대답으로 ④번이 가장 자연스럽습니다.

6. ②

남자: 우산 있어? 갑자기 비 온다.

여자: 우산 없는데…… 그럼 ㉠비 그칠 때까지 열람실에서 더 공부해야겠다.

남자: 그래? 난 배가 고파서 ㉡지하 식당에 가려고 하는데. 같이 밥이나 먹자.

여자: 난 여기 있을게. 기숙사에 먹을 것도 있고, 아직 과제도 남았거든.

여자는 우산이 없어서 ㉠처럼 기숙사에 당장 가지 못하고 열람실에 계속 남아 있을 것이므로 ②번이 정답입니다. ㉡을 보면 ①번은 남자가 할 일이므로 오답입니다.

단어 열람실

7. ②

여자: 안녕하세요, 도서관 2층에 있는 사물함 신청하려고 하는데요.

남자: 네, 학생증 확인할게요. 보증금은 20,000원이고요.

여자: 앗, 보증금은 현금으로 드려야 되지요? ㉠지금 바로 찾아서 드릴게요.

남자: 네, 학생 회관 1층에 은행이 있어요. 다녀오세요.

여자가 사물함을 신청하고 있습니다. 사물함 신청을 하려면 현금으로 보증금을 내야 하는데 여자는 ㉠처럼 현금이 없어서 잠깐 은행에 갔다 오려고 합니다. 그러므로 ②번이 정답입니다.

단어 사물함 / 보증금

8. ①

남자: 김미선 씨, 이번 행사는 본사 도움 없이 우리만 단독으로 진행해야 할 것 같은데, 간단한 계획을 좀 짜 주시겠어요?

여자: 네 과장님. 먼저 행사가 가능한 날짜부터 확인해 보겠습니다.

남자: 아, 가능한 날은 다음 달 첫째 주 월요일뿐입니다. 그 날로 하면 돼요.

여자: 네, 그럼 ㉠작년 자료를 좀 찾아보고 계획서를 써 보겠습니다.

남자가 여자에게 회사의 행사 계획을 세우라고 지시하고 있습니다. 행사가 가능한 날짜는 남자가 여자에게 이야기를 했고, 그 다음으로 여자는 ㉠처럼 참고할 수 있는 자료를 찾아보겠다고 말합니다. 그러므로 ①번이 정답입니다.

단어 본사 / 단독 / 계획을 짜다

9. ②

여자: 김민수 씨, 거래처에서 배달 온 상품 다 확인하셨어요?

남자: 아니요, 아직 확인 중이에요. 그런데 주문한 것보다 상자가 두 개 더 왔어요. 아무래도 우리 물건이 아닌 것 같은데, 다 열어서 확인해 볼까요?

여자: 아, 혹시 개봉하면 반품하기 어려울 수도 있으니까 ㉠먼저 배송 업체에 제가 전화해 볼게요.

남자: 네. 그럼 저는 혹시 상자에 다른 주소가 적혀 있는지 한번 볼게요.

원래 받아야 할 물건보다 더 많은 물건이 배달되어 왔습니다. 혹시 다른 사람의 물건이 잘못 배달됐을까 봐 상자를 열지 않고 있습니다. 여자가 ㉠처럼 이야기했으므로 ②번이 정답입니다. ①번은 남자가 할 일이므로 오답입니다.

단어 거래처 / 개봉하다 / 반품하다 / 배송 업체

Unit 3 대화 2

STEP 2 정답

1. **1**
   Q1. ①　　Q2. 겨울코트를 맡겨
   2
   Q1. ①　　Q2. 책을 참고하는
   3
   Q1. ②
   Q2. 한 번 보고 성격을 어떻게 알 수 있겠어
   4
   Q1. ②
   Q2. 한 번 보고 말건데 돈 낭비 같아요

2. **1**
   Q1. 여자: 나, 라　남자: 가, 다
   Q2. ①
   2
   Q1. ■ 비용을 줄일 수 있으므로 좋다고 생각한다.
   Q2. ③

STEP 3 정답

도전❶	1. ④	2. ①	3. ②	4. ①
도전❷	1. ①	2. ②	3. ②	4. ②

STEP 2 해설

1. 다음을 듣고 질문에 답하십시오. p.42

1

여자: 겨울 이불을 세탁하려고 하는데 세탁기가 작아서 안 들어가네요.
남자: 편의점 옆에 세탁소가 새로 생겼는데 개업 기념으로 겨울옷이랑 이불 빨래를 할인해 준대요. 거기에 가보세요.
여자: 진짜요? 민수 씨도 가 보셨어요?
남자: 저는 내일 퇴근하고 한번 가 보려고요. 겨울코트를 맡겨야 하거든요.

Q1. ①
① 남자는 겨울옷을 세탁하고 싶어 한다.
➡ 겨울코트를 맡긴다고 했으므로 겨울옷을 세탁하고 싶어 한다는 것을 알 수 있습니다.
② 남자는 여자와 같이 이불을 맡길 것이다.
➡ 남자는 내일 이불이 아닌 코트를 맡기러 혼자 간다고 했으므로 오답입니다.

Q2. 겨울코트를 맡겨

단어　개업 / 기념 / 맡기다

2

남자: 수미야, 너 지금 인터넷에서 찾은 자료로 학교 과제를 하는 거야?
여자: 인터넷에는 정보가 많잖아. 검색도 쉽게 할 수 있고.
남자: 인터넷에 정보가 많기는 하지만 사실이 아닌 것도 많아. 중요한 내용은 책을 참고하는 게 좋을 거야. 책은 전문가가 쓴 거니까 믿을 수 있잖아.

Q1. ①
책을 참고하라는 말은 책에서 그 정보를 찾으라는 말이므로 ①번이 정답입니다.

Q2. 책을 참고하는

단어　검색 / 참고하다 / 자료

3

남자: 어제 소개 받은 남자랑 또 만나기로 했어?
여자: 아니, 너무 말도 없고 잘 웃지도 않아서 같이 있으면 좀 어색하더라고. 나랑 성격이 잘 안 맞는 거 같아.
남자: 처음 만나는 자리라서 그런 걸 수도 있잖아. 한 번 보고 성격을 어떻게 알 수 있겠어. 그러지 말고 몇 번 더 만나봐.

Q1. ②
한 번만 만나고는 성격을 알 수 없다고 이야기 했으므로 성격은 쉽게 알 수 없다는 ②번이 정답입니다.

Q2. 한 번 보고 성격을 어떻게 알 수 있겠어

단어　어색하다

4

여자: 이번 여행 때 들고 갈 여행 안내서를 한 권 사야겠어요.
남자: 요즘엔 휴대폰으로 검색하면 다 나오니까 책은 필요 없을 것 같은데요. 무거워서 오히려 짐만 되잖아요.
여자: 인터넷이 안 되는 곳에서는 휴대폰도 소용없죠. 그리고 여행 안내서는 정리가 잘 되어 있잖아요.
남자: 정리가 잘 되어 있다고 해도 한 번 보고 말건데 돈 낭비 같아요.

Q1. ②
남자는 여행 책을 사는 것이 돈을 낭비하는 것 같다고 했으므로 책을 사는 돈이 아깝다고 이야기한 ②번이 정답입니다.

Q2. 한 번 보고 말건데 돈 낭비 같아요

단어 짐 / 소용없다 / 낭비

2. 다음을 듣고 질문에 답하십시오.

p.44

1

여자: 요즘 회사일이 바빠서 밥 먹을 시간이 없네. 항상 편의점에서 대충 먹다보니 ㉠건강이 안 좋아진 것 같아.

남자: 도시락을 매일 배달해주는 곳이 있는데 알려줄까? ㉡얼마 전부터 시켜서 먹고 있는데 괜찮은 것 같아.

여자: 마침 ㉢편의점 음식이 질려서 뭘 먹어야 하나 고민 중이었는데 잘됐다. 가격은 비싸지 않아?

남자: 편의점 음식보다 비싸기는 하지만 더 맛있어. 요리하지 않아도 되니까 시간이 절약되고.

Q1. 여자: 나, 라 남자: 가, 다
여자는 회사일 때문에 바빠서 편의점 음식을 자주 먹는다고 말합니다. 그러므로 이 내용이 있는 '나, 라'가 정답입니다.
남자는 배달 도시락을 얼마 전부터 시켜서 먹고 있고 그래서 시간 절약이 된다고 이야기합니다. 그러므로 이 내용이 있는 '가, 다'가 정답입니다.

Q2. ①
① 여자는 요즘 몸 상태가 좋지 않다.
➡ ㉠에서 건강이 안 좋아졌다고 했으므로 몸 상태가 좋지 않다는 것을 알 수 있습니다.
② 여자는 편의점 음식이 마음에 든다.
➡ ㉢에서 편의점 음식이 질렸다고 했으므로 먹고 싶어 하지 않는다는 것을 알 수 있습니다.
③ 남자는 집에서 요리를 해서 먹는다.
➡ ㉡에서 남자는 요즘 도시락을 배달시켜서 먹고 있다고 말합니다.

단어 질리다 / 절약

2

남자: 요즘 식당이나 커피숍들은 사람이 주문을 받지 않고 다 기계로 주문을 받더라. 기계가 익숙하지 않은 ㉠노인들은 많이 불편할 것 같아.

여자: 하지만 가게에서는 주문받는 사람이 없어도 되니까 인건비를 절약할 수 있을 거야.

남자: 가게에서는 인건비를 아낄 수 있으니까 도움이 되겠지만 ㉡불편해하는 손님들도 많은 것 같아.

Q1. ■ 비용을 줄일 수 있으므로 좋다고 생각한다.
여자는 가게에 주문을 받는 사람이 없으면 인건비 즉 사람을 쓰는데 필요한 비용을 절약할 수 있다고 말합니다.

Q2. ③
㉠과 ㉡에서 기계로 주문 받는 것을 불편해 하는 사람이 있다고 했으므로 ③번이 정답입니다.

단어 인건비 / 비용

STEP 3 해설

도전 ❶

p.45

1. ④

여자: 요즘은 유명한 식당들의 음식을 집에서 편하게 먹을 수 있다면서?

남자: 맞아. 음식 재료를 택배로 보내주니까 ㉠집에서 그대로 요리하기만 하면 되더라.

여자: 그래? 어제 티비에 나온 떡볶이가 맛있어 보이던데 잘됐다.

남자: 아, 부산에 있는 식당말이지? 지난주에 ㉡나도 주문해서 먹어봤는데 정말 맛있었어.

① 여자는 티비에 나온 식당의 음식을 주문했다.
➡ 아직 주문하지 않았습니다.
② 여자는 부산에 있는 식당에 남자와 같이 갈 것이다.
➡ 부산에 있는 식당의 음식을 택배로 주문하려고 합니다.
③ 남자는 티비에 나온 식당에 직접 가서 음식을 사왔다.
➡ ㉡에서 택배로 주문해서 먹었다고 말합니다.
④ 남자는 유명한 식당의 음식을 집에서 요리한 적이 있다.
➡ ㉠과 ㉡을 보면 주문해서 집에서 요리해서 먹었다는 것을 알 수 있습니다.

단어 재료 / 택배

2. ①

> 남자: 너 이번 오디션도 떨어지면 그만 포기하고 취직하는 게 어때?
>
> 여자: 안 돼. 내가 이 시험을 얼마나 오랫동안 준비했는데. 이번엔 예감이 좋아.
>
> 남자: 하지만 자신에게 맞는 길이 아니면 포기하는 게 맞다고 생각해. 노력보다는 재능이 필요한 일도 있는 법이잖아.

남자는 노력보다 재능이 더 중요한 경우도 있다고 말합니다. 그러므로 노력을 해도 안 되는 일이 있을 수 있다는 ①번이 정답입니다.

단어 포기하다 / 취직하다 / 예감 / 재능

3. ②

> 남자: 여보, 아까 같이 아이가 떼를 쓴다고 다 들어 주지 마. 집에서는 안 그러면서 왜 밖에만 나가면 그래?
>
> 여자: 하지만 사람들도 다 쳐다보고 아이가 시끄럽게 굴면 남한테 피해를 주잖아.
>
> 남자: 그렇지만 집에 있을 때하고 밖에 있을 때 기준이 다르면 아이가 혼란을 느껴서 더 떼를 쓸 거야.

남자는 아이를 대하는 여자의 태도가 집 안에서와 밖에서 다른 것에 화를 내고 있습니다. 그러므로 같은 태도로 아이를 대해야 한다는 ②번이 정답입니다.

단어 떼를 쓰다 / 시끄럽게 굴다 / 기준 / 혼란

4. ①

> 여자: 이번 감기는 이상하게 잘 낫지 않네요. 내일은 집에서 좀 쉬어야겠어요.
>
> 남자: 병원에 가 봤어요? 약을 먹었는데도 안 낫는 거예요?
>
> 여자: 감기는 보통 며칠 쉬면 나으니까 약을 안 먹었어요.
>
> 남자: 감기가 오랫동안 낫지 않으면 병원에 가야죠. 물론 시간이 지나면 저절로 낫는 경우도 있지만 약을 먹어야 낫는 감기도 있으니까요.

남자는 모든 감기가 다 저절로 낫지 않는다고 말하면서 약을 먹어야 낫는 감기도 있다고 말합니다. 그러므로 ①번이 정답입니다.

단어 낫다 / 저절로

도전 ❷

p.46

1. ①

> 여자: 설악산은 잘 다녀왔어요? ㉠매주 동호회에 나가시는 거 같아요.
>
> 남자: 네, 저는 운동을 좋아하기도 하고 산에 올라가서 바라보는 경치가 정말 멋지거든요.
>
> 여자: 저도 동호회에 가입하고 싶은데 ㉡요즘 회사일 때문에 여유가 없네요.
>
> 남자: 시간이 될 때만 참여해도 되니까 ㉢나중에 좀 한가해지면 꼭 들어오세요.

① 여자는 바빠서 등산을 할 시간이 없다.

➡ ㉡을 보면 여자는 회사일 때문에 요즘 바쁘다는 것을 알 수 있습니다.

② 남자는 여자와 같이 설악산에 다녀왔다.

➡ 남자는 동호회 사람들과 같이 설악산에 다녀왔습니다.

③ 여자는 남자의 등산 동호회에 들어갈 것이다.

➡ ㉡에서 여자는 회사일 때문에 바쁘다고 했고 ㉢에서 남자도 나중에 한가해지면 들어오라고 했으므로 지금은 들어가지 않을 것입니다.

④ 남자는 회사일 때문에 동호회 활동에 가끔 참여한다.

➡ ㉠을 보면 남자는 동호회 활동에 매주 빠지지 않고 간다는 것을 알 수 있습니다.

단어 여유

2. ②

> 남자: 너 아직도 과제 시작 안했어? 미루지 말고 어서 해.
>
> 여자: 해야 하는 건 아는데 이번 과제는 진짜 하기 싫다.
>
> 남자: 미리 하지 않으면 부담감 때문에 더 하기가 힘들 거야. 나중에 한다고 해서 지금 마음 편히 놀 수 있는 것도 아니잖아.

남자는 여자에게 과제를 미루지 말고 미리 하라고 조언합니다. 그러므로 과제를 일찍 끝내는 것이 좋다는 ②번이 정답입니다.

단어 미루다 / 부담감

3. ②

> 남자: 요즘 아랫집에서 자꾸 시끄럽다고 연락이 오는데 정말 스트레스야. 슬리퍼를 신고 생활하는데도 그러네.
>
> 여자: 아파트 같은 곳은 다른 사람과 다 같이 생활하는 곳이니까 네가 배려해야지.
>
> 남자: 하지만 어쩔 수 없는 소음도 있잖아. 그렇게 예민하면 아파트에서 살면 안 되는 거 아니야?

남자는 소음에 예민한 사람이 아파트에 사는 것을 이해할 수 없다는 것처럼 이야기하고 있으므로 ②번이 정답입니다.

단어 소음 / 예민하다

4. ②

> 여자: 옆집 민수는 초등학생인데 학원을 3개나 다닌대. 피아노랑 미술에 태권도까지.
>
> 남자: 학교에서는 배우기 힘든 것들이니까 학원에서 배우는 게 나쁘지 않은 거 같은데.
>
> 여자: 하지만 나이도 어린데 이것저것 너무 많이 하는 것 같아. 아이가 좀 불쌍해.
>
> 남자: 어릴 때 여러 가지를 해보는 게 좋지. 혹시 알아? 숨겨진 재능을 발견할 수도 있잖아.

남자의 마지막 말을 보면 아이가 여러 가지를 경험해 보는 것이 좋다고 이야기하므로 다양한 경험을 시켜주는 것이 좋다고 한 ②번이 정답입니다.

단어 숨겨지다

Unit 4 대화 3

STEP 2 정답

1. 1
Q1. ② Q2. 서로 알고 지내기 어려울 것 같아
2
Q1. ② Q2. 매장에서 사는 게 좋은 것 같아요
3
Q1. ① Q2. 저는 사서 보는 게 더 좋아요
4
Q1. ② Q2. 이 근처에 월세가 비싸지 않은
5
Q1. ① Q2. 무료로 주기로 한 전자레인지는
6
Q1. ② Q2. 챙기지 않는 거야
7
Q1. ① Q2. 기간과 장소를 정확하게 알아요
8
Q1. ① Q2. 검사를 받아보는 게

2. 1
Q1. 가. ✕ 나. ✕ 다. ○ Q2. ③
2
Q1. ① Q2. ②
3
Q1. ③ Q2. ③
4
Q1. ① Q2. ③

STEP 3 정답

도전❶ 1. ③ 2. ② 3. ② 4. ④ 5. ② 6. ③

도전❷ 1. ④ 2. ④ 3. ④ 4. ③ 5. ① 6. ①

STEP 2 해설

1. 다음을 듣고 질문에 답하십시오. p.51

1

여자: 우리 신입생 환영회를 따로 안 하면 좋겠어. 매년 술만 많이 마시고 늦게까지 너무 피곤한 것 같아. 준비하는 사람들도 너무 힘들고.

남자: 그래? 그래도 작년 신입생 환영회로 새내기들을 많이 알게 되지 않았어? 잘 모르던 동기들하고 이야기도 해보고 난 좋았는데. 다 같이 모이기 어려운 대학교에서 신입생 환영회도 없으면 서로 알고 지내기 어려울 것 같아.

Q1. ②
남자는 신입생 환영회의 여러 가지 장점에 대해서 설명하고 있습니다. 정답은 ②번입니다. 신입생 환영회가 장점보다 단점이 많다고 생각하는 사람은 여자입니다.

Q2. 서로 알고 지내기 어려울 것 같아

단어 새내기 / 신입생 / 환영회

2

여자: 새로 알게 된 중고 물품 판매 사이트인데 정말 좋아요. 친구가 소개해 줬는데 휴대폰도 20만 원이나 싸게 살 수 있어요.

남자: 네, 그런데 이런 곳에서 물건을 사도 괜찮을까요? 조금 비싸더라도 저는 매장에서 사는 게 좋은 것 같아요. 제 친구는 비슷한 사이트에서 물건을 샀는데 금방 고장이 나서 오히려 돈을 더 많이 썼어요. 검증되지 않은 사이트니까 고장이 나도 어디에서도 도움을 받을 수 없더라고요.

Q1. ②
남자는 중고 사이트를 이용하는 것의 위험에 대해서 설명하고 있습니다. 답은 ②번입니다. 중고를 사는 것이 경제적이라고 생각하는 사람은 여자입니다.

Q2. 매장에서 사는 게 좋은 것 같아요

단어 중고 / 매장 / 검증되다

3

여자: 책을 또 샀어요? 도서관에도 있을 텐데……. 그냥 빌려 보세요.

남자: 아, 도서관에도 같은 책이 있기는 하지만, 전 밑줄을 그으면서 보고 싶은 걸요. 빌린 책을 그렇게 읽을 수 없잖아요. 그리고 좋은 책을 많이 사야 글 쓰는 사람들도 돈을 벌죠. 빌려보는 것도 좋지만 그래도 저는 사서 보는 게 더 좋아요.

Q1. ①
남자는 도서관에서 책을 빌려 보는 것보다 사서 보는 것의 좋은 점을 이야기합니다. 답은 ①번입니다. 도서관 이용을 추천하는 사람은 여자입니다.

Q2. 저는 사서 보는 게 더 좋아요

단어 밑줄 / 긋다 / 구입하다

4

남자: 안녕하세요? 혹시 이 근처에 월세가 비싸지 않은 원룸이 있을까요? 건물은 오래되어도 괜찮아요. 지금은 기숙사에 살고 있는데 곧 방학이라 방을 빼야 해서요. 아, 그리고 제가 한국대학교 학생인데 학교에서 걸어 다닐 수 있으면 더 좋을 것 같아요.

여자: 비싸지 않은 원룸이라…… 원룸은 많지 않은데, 혹시 오피스텔은 어떠세요? 지난주에 오피스텔이 몇 개 들어왔거든요.

Q1. ②
남자는 원룸을 알아보고 있다고 말합니다. 정답은 ②번입니다.

Q2. 이 근처에 월세가 비싸지 않은

단어 월세 / 오래되다 / 방을 빼다

5

남자: 여보세요? 제가 지난주에 한국전자 사이트에서 냉장고를 주문했는데요. 지난 금요일에 냉장고는 도착했는데, 냉장고를 사면 무료로 주기로 한 전자레인지는 오지 않아서 전화 드렸어요.

여자: 그렇습니까 고객님? 실례지만 성함과 전화번호를 말씀해 주시겠습니까? 바로 확인해 보도록 하겠습니다.

Q1. ①
남자는 구매한 제품(= 냉장고)은 잘 도착했지만 사은품(= 전자레인지)은 도착하지 않았다고 말합니다. 따라서 남자는 사은품의 배송에 대해서 묻고 있습니다. 답은 ① 번입니다.

Q2. 무료로 주기로 한 전자레인지는

단어 성함 / 사은품 / 배송 / 구매하다

6

여자: 아, 나 오늘 지하철에 지갑을 두고 내렸어.

남자: 또? 벌써 몇 번째야? 지난번에는 식당에 휴대폰을 놓고 와서 며칠 동안 고생했잖아. 왜 물건을 사용한 후에 챙기지 않는 거야? 쓰고 나서 꼭 가방에 넣으라고 내가 몇 번을 말했어?

Q1. ②

남자는 여러 번 이야기했지만 계속해서 물건을 잃어버리는 여자의 문제점을 이야기하고 있습니다. 따라서 답은 ②번입니다.

Q2. 챙기지 않는 거야

단어 챙기다 / 위로하다 / 지적하다

7

여자: 학교 게시판에 붙어 있는 포스터 봤어요? 이번 방학에 농어촌 아이들을 위해서 봉사활동을 갈 학생을 모집하고 있대요. 좋은 활동인 것 같아서 신청하려고 하는데 같이 갈래요?

남자: 네, 저도 봤어요. 농어촌 아이들을 만나서 공부방도 운영하고 여러 가지 활동도 함께 하는 프로그램이지요? 재미있을 것 같긴 한데 기간과 장소를 정확히 알아요?

Q1. ①

남자는 여자의 말을 듣고 기간과 장소에 대한 정보를 더 알고 싶어합니다. 따라서 정답은 ①입니다.

Q2. 기간과 장소를 정확하게 알아요

단어 게시판 / 농어촌 / 공부방 / 동의하다

8

남자: 또 이러네. 요즘 뭐만 먹으면 속이 너무 쓰리다. 어제 산 진통제가 어디 있지? 혹시 진통제 봤어?

여자: 진통제? 글쎄, 책상 위에 있던 것 같은데. 또 진통제를 먹으려고? 그러지 말고 병원에 한번 가보자. 매번 진통제만 먹는 것보다 진짜 어디 문제가 있는 건 아닌지 검사를 받아보는 게 좋을 것 같아.

Q1. ①

여자는 약만 먹는 남자에게 병원에 가서 검사를 받아보라고 말합니다. 따라서 정답은 ①번입니다.

Q2. 검사를 받아보는 게

단어 속이 쓰리다 / 진통제 / 검사

2. 다음을 듣고 질문에 답하십시오.

p.54

1

여자: ㉠우리 동네에도 드디어 대형 쇼핑몰이 생긴다는 이야기 들었어요? 슈퍼마켓, 옷가게, 커피숍 그리고 영화관까지 있는 건물이래요. 이제 여러 곳에 갈 필요 없이 한 곳에서 친구도 만나고 쇼핑도 하고 좋을 것 같아요.

남자: ㉡우리 동네에 슈퍼마켓도 있고 여러 가게들이 많은데 ㉢쇼핑몰이 생긴단 말이에요? 그럼 원래부터 동네에서 장사를 하는 사람들은 굉장히 힘들어지겠네요. 대형 쇼핑몰이 생기는 것도 좋지만 지역 경제를 생각해야죠.

Q1. 가. ✕ 나. ✕ 다. ○

가. 이 동네에는 큰 쇼핑몰이 있다.

➡ ㉠에서 여자는 '드디어' 쇼핑몰이 생긴다고 말합니다. 따라서 아직 이 동네에는 쇼핑몰이 없습니다.

나. 이 동네에는 편의 시설이 많지 않다.

➡ ㉡에서 남자는 동네에 슈퍼마켓을 비롯하여 여러 편의 시설이 있다고 말합니다.

다. 쇼핑몰이 들어오면 동네 가게가 어려워진다.

➡ ㉢에서 남자는 쇼핑몰이 생기면 작은 가게가(= 원래 장사를 하던 가게들이) 어려워진다고 말합니다.

Q2. ③

남자는 쇼핑몰이 들어온다는 이야기를 듣고 이미 장사를 하고 있는 가게들을 걱정하면서 지역 경제를 생각하지 않는다고 비난합니다. 따라서 답은 ③번입니다.

단어 편의 시설 / 이익 / 지역 경제 / 고려하다 / 개발하다

2

여자: 37번 고객님. 이쪽으로 앉으세요.

남자: 저…… ㉠제가 통장을 하나 만들고 싶은데요. 무엇이 필요한가요?

여자: 학생이신가요? 아니면 직장인이신가요?

남자: 학생인데요. 혹시 학생은 통장을 만들 수 없나요?

여자: 아니요. 학생의 경우에는 신분증만 있으면 통장 개설이 가능해요. 하지만 하루에 100만 원 이하의 거래만 가능합니다.

남자: 아, 그렇군요. 그럼 ㉡학생 때 만든 통장을 나중에 취직해서도 사용할 수 있나요?

여자: 아마 가능할 거예요. 잠시만요. 제가 한번 확인해 보겠습니다.

Q1. ①

남자는 통장을 하나 만들고 싶다고 말합니다. 통장을 만들 수 있는 곳은 은행입니다.

Q2. ②

① 직장에 취직하기 위해 면접을 본다.

➡ 면접을 보는 것이 아니라 ㉡에서 남자는 취직 후에도 사용할 수 있는지를 묻습니다.

② 통장을 개설하기 위해서 알아보고 있다.

➡ ㉠에서 남자는 통장을 하나 만들고 싶다고 말합니다.

③ 통장으로 거래하기 위해 정보를 얻고 있다.

➡ 남자는 통장 거래에 대한 정보는 묻지 않았습니다.

단어 통장 / 개설하다 / 이하 / 거래

3

여자: 미안해요. 영화가 너무 재미없었죠? 이런 내용인지 몰랐어요.

남자: 왜요? 전 괜찮았는데요. ㉠마지막에 주인공이 모든 것을 버리고 고속도로를 걸어가는 장면에서 감동을 받았는걸요.

여자: 정말요? ㉡저는 너무 무겁게 느껴지고 지루했어요. 어떤 내용인지 모르고 예매했는데 그냥 요즘 인기가 많은 영화를 볼 걸 그랬나 봐요.

남자: 글쎄요. 저는 그래도 이런 종류의 영화가 좀 더 많이 만들어져야 한다고 생각해요. 모두들 돈을 벌 수 있는 영화만 만든다면 사회의 문제점이나 소수자의 이야기는 알려지기 어려우니까요.

Q1. ③

남자는 여러 영화를 만들어야 한다고 말하며 다양한 영화가 생산되어야 하는 이유를 설명하고 있습니다. 그러므로 정답은 ③번입니다.

Q2. ③

① 오늘 본 영화는 남자가 예매하였다.

➡ ㉡을 보면 예매를 한 사람은 여자입니다.

② 이 영화의 마지막에는 주인공이 도로를 달린다.

➡ ㉠을 보면 주인공은 마지막에 도로를 걷습니다.

③ 여자는 인기 많은 영화를 보지 않은 것을 후회한다.

➡ ㉡을 보면 여자는 인기 많은 영화를 보지 않은 것을 후회하고 있습니다.

단어 감동을 받다 / 블록버스터 / 소수자 / 비난하다 / 생산되다 / 인식

4

남자: 여보 우리도 주식 투자를 좀 해볼까? ㉠어제 회사 동기들하고 술 한잔하면서 이야기했는데 요즘 주식이 아니면 큰돈을 벌기 어렵다더라고.

여자: 주식? 글쎄…… ㉡우린 주식에 대해서 아는 것이 하나도 없는데 친구들 말만 듣고 투자를 해도 괜찮을까?

남자: 요즘 주식 관련 책이며 자료가 많이 나와서 다들 혼자 공부하면서 투자를 한대. 그리고 투자해 볼 만한 괜찮은 회사도 몇 개 소개받았어.

여자: ㉢아무리 자료며 책이 잘 나왔다고 해도 좀…… 걱정되는데. 주식으로 성공한 사람들도 많지만 주식 때문에 크게 망한 사람들도 얼마나 많은데. 우리 주식은 좀 더 생각해 보자.

Q1. ①

여자는 주식으로 망한 사람들의 이야기를 하며 주식 투자의 위험성에 대해서 이야기하고 있습니다 그러므로 정답은 ①번입니다.

Q2. ③

① 남자는 가족에게서 주식에 대한 정보를 얻었다.

➡ ㉠에서 볼 수 있듯 남자는 가족이 아닌 회사 동기들에게 주식 투자에 대한 정보를 얻었습니다.

② 여자와 남자는 주식 투자에 대해서 잘 알고 있다.

➡ ㉡을 보면 여자와 남자는 주식 투자에 대해 아는 것이 없습니다.

③ 최근에 주식 투자와 관련된 책들이 많이 출판되었다.

➡ ㉢에서 남자는 최근 주식 투자에 대한 책이 많이 출판되었다(나왔다)고 말합니다.

단어 주식 투자 / 망하다 / 권유하다 / 위험성

STEP 3 해설

도전 ❶ p.56

[1–2]

여자: 이번 동문회는 학교 앞의 새로 생긴 식당에서 하면 어때요?

남자: ㉠어제 갔던 식당말이죠? 나쁘진 않은데, 늘 모이던 곳이 아니고 장소가 바뀌면 좀 혼란스럽지 않을까요? 다들 학교를 둘러보고 싶어하기도 하고요. 가격은 어때요? ㉡그동안 학교에서 저렴하게 동문회를 할 수 있었잖아요.

여자: 생각보다 비싸지 않아요. ㉢단체 손님에게는 10% 할인도 해 준대요.

남자: 그래도 저는 늘 하던 곳이 더 좋은 것 같은데 좀 더 고민해 봅시다.

1. ③

남자는 동문회를 늘 하던 곳에서 하는 것이 더 좋다고 말합니다. 따라서 동문회 장소를 바꾸는 것은 좋지 않다는 것이 남자의 생각입니다.

2. ②

① 남자는 새로운 식당에 가본 적이 없다.

➡ ㉠을 보면 두 사람은 어제 그 식당에 다녀왔다는 것을 알 수 있습니다.

② 그동안 동문회는 학교에서 진행되었다.

➡ ㉡에서 남자는 그동안 학교에서 동문회를 했다고 말합니다.

③ 식당은 새로운 손님에게 10% 할인해 준다.

➡ ㉢에서 새로운 식당은 단체 손님에게 10% 할인을 해 준다고 말합니다.

④ 학교에서 동문회를 준비하면 돈이 많이 든다.

➡ ㉡에서 학교에서는 동문회를 저렴하게 할 수 있다고 말합니다.

단어 혼란스럽다 / 저렴하다

[3–4]

남자: 안녕하세요. ㉠제가 다음 주에 인천에서 이탈리아 로마로 가는 표를 예매했는데, 혹시 전화로도 좌석을 지정할 수 있나요?

여자: 네, 인천 출발, 이탈리아 로마 도착 항공권 말씀이시지요? 자리를 미리 지정하시지 않으셨다면 지금 도와드리겠습니다. 고객님 정확히 다음 주 언제 출발하시나요?

남자: ㉡다음 주 수요일 저녁 7시 20분 비행기예요. 제가 비행기만 타면 화장실에 자주 가는 편이라 ㉢화장실과 좀 가까운 자리로 부탁드립니다.

여자: 네, 그럼 말씀하신대로 해 드리겠습니다. 고객님 기내식도 신청하지 않으셨는데요. 식사는 필요하지 않으신가요?

남자: 아, 그래요? ㉣그럼, 식사도 신청할게요.

3. ②

남자는 전화로 좌석을 지정하고 싶다고 말합니다. 따라서 '비행기 좌석을 지정하고 있다.'가 답입니다.

4. ④

① 남자는 비행기에서 식사를 하지 않을 것이다.

➡ ㉣을 보면 남자는 식사를 신청했습니다.

② 남자는 화장실에서 먼 자리에 앉고 싶어한다.

➡ ㉢을 보면 남자는 화장실과 가까운 자리에 앉고 싶어합니다.

③ 남자는 이탈리아에서 인천으로 가는 비행기를 예약했다.

➡ ㉠을 보면 남자는 인천에서 이탈리아로 가는 비행기를 예약했다는 것을 알 수 있습니다.

④ 남자는 다음 주 수요일 저녁에 출발하는 비행기를 탈 것이다.

➡ ㉡에서 남자는 다음 주 수요일 저녁 7시 20분에 출발하는 비행기를 탄다고 말합니다.

단어 지정하다 / 항공권 / 기내식

[5–6]

남자: 우리 식당의 메뉴를 좀 줄입시다. 가장 인기 있는 순두부찌개에 집중해 보면 어떨까요?

여자: 갑자기요? 순두부찌개가 인기가 많긴 한데 그래도 ㉠불고기나 된장찌개를 드시는 손님들도 있는데요?

남자: 그런 손님들은 몇 명 되지 않고 순두부찌개 외에는 ㉡늘 재료가 남아서 고민하잖아요. 버리기도 아깝고요.

여자: 그래도 여러 가지 메뉴가 있으면 골라서 먹을 수도 있고…….

남자: 아무리 생각해도 한 가지를 정말 맛있게 하는 식당이 더 좋은 것 같아요. 재료도 남기지 않고 다 쓰니까 신선하게 조리할 수 있고요. 이럴 게 아니라 ㉢당장 다음 주부터 메뉴를 하나로 줄여 봅시다.

5. ②

대화에서 남자는 식당의 메뉴를 한가지로 줄이자고 이야기합니다. 따라서 남자는 팔고 있는 메뉴를 줄이기 위해 여자와 대화를 하고 있습니다.

6. ③

① 이 가게는 순두부찌개만 판다.

➡ ㉠을 보면 불고기나 된장찌개도 판다는 것을 알 수 있습니다.

② 불고기나 된장찌개는 팔리지 않는다.

➡ ㉠에서 불고기나 된장찌개를 먹는 손님도 있다고 말합니다.

③ 이 식당은 남은 재료 때문에 고민이 있다.

➡ ㉡을 보면 이 식당은 항상 재료가 남아서 고민합니다.

④ 이 식당은 다음 달부터 메뉴를 줄일 것이다.

➡ ㉢에서 다음 주부터 메뉴를 줄인다고 말합니다.

단어 재료 / 신선하다 / 조리하다 / 판매하다 / 줄이다 / 조리법

도전 ❷ p.58

[1–2]

남자: 누나, 나 여자 친구 생겼어. ㉠어제 같은 과 친구가 우리 학교 무용과 여학생을 소개해 줬는데 보자마자 사랑에 빠졌어.

여자: 보자마자 사랑에 빠졌다고? 그래서 바로 사귀기로 한 거야? 서로에 대해서 아는 것이 아무것도 없는데 사귀다니 너무 이상하다.

남자: 왜, 첫인상이 얼마나 중요한데. ㉡내 여자 친구도 나를 보자마자 특별하다고 생각했대. 첫눈에 반하는 것, 이게 운명적인 거라고.

여자: 뭐 그럴 수도 있겠지만 그래도 난 좀 더 서로를 알아본 후에 사귀는 게 더 낫다고 생각해.

1. ④

남자는 첫눈에 반하는 것이 운명적이라고 생각합니다. 따라서 답은 ④번입니다.

2. ④

① 남자는 동네 친구에게 여자 친구를 소개받았다.

➡ ㉠에서 남자는 과 친구가 여자 친구를 소개해 줬다고 말합니다.

② 남자의 여자 친구는 남자와 다른 학교 무용과 학생이다.

➡ ㉠에서 남자는 여자가 같은 학교 무용과 친구라고 말합니다.

③ 남자는 여자 친구를 여러 번 만나면서 좋아하게 되었다.

➡ ㉠에서 보자마자 사랑에 빠졌다고 말합니다.

④ 남자의 여자 친구는 남자의 첫인상이 특별하다고 생각했다.

➡ ㉡을 보면 남자의 여자 친구는 남자를 보자마자 특별하다고 생각했습니다.

단어 (사랑에) 빠지다 / 운명적이다

[3–4]

여자: 안녕하세요? ㉠다음 주부터 문화센터 등록 기간이라는 이야기를 들었는데요. 어떤 프로그램이 있나요?

남자: 네, 맞습니다. 이번 학기에는 ㉡월요일, 화요일에는 수채화 그리기 수업, 수요일에는 에어로빅 수업 그리고 화요일과 목요일에는 영어 수업이 있습니다. 자세한 내용은 저희 사이트에서 확인하실 수 있습니다.

여자: 이번에 에어로빅 수업도 생겼어요? 재미있겠네요.

남자: 네, 지난 연휴에 공사를 하면서 넓은 연습실을 새로 만들었거든요. ㉢처음하는 수업이라 저희도 이것저것 많이 신경쓰고 있어요.

3. ④

여자는 문화센터 프로그램에 대해 질문하고 있습니다. 따라서 '문화센터 프로그램에 대해서 문의하고 있다.'가 답입니다.

4. ③

① 이번 학기 문화센터 등록은 오늘까지 할 수 있다.
➡ ㉠을 보면 등록은 다음 주부터 시작됩니다.
② 이번 학기 문화센터에는 모두 4개의 수업이 있다.
➡ ㉡을 보면 이번 학기 수업은 모두 3개(수채화 그리기, 에어로빅, 영어)임을 알 수 있습니다.
③ 이번 학기 영어 수업은 매주 화요일과 목요일에 있다.
➡ ㉡을 보면 영어 수업이 매주 화요일과 목요일에 있다는 것을 알 수 있습니다.
④ 문화센터에는 에어로빅 수업이 지난 학기에도 있었다.
➡ ㉢에서 에어로빅 수업이 처음 생겼다고 말합니다.

단어 등록기간

[5–6]

남자: 뭘 보고 있어?

여자: 아, ㉠어제 텔레비전에서 봤는데, 이 사이트에서 강아지를 키우고 싶은 사람들에게 버려진 유기견을 분양한대. 마침 ㉡우리도 강아지를 한 마리 키워 볼까 했잖아. 어때? 이 강아지 너무 귀엽지?

남자: ㉢다른 곳에도 예쁜 강아지들이 많은데 왜 굳이 버려진 강아지를 입양해야 해?

여자: 물론 더 예쁜 강아지들도 있겠지만, 이렇게 ㉣버려진 강아지들은 2주 안에 새로운 주인을 만나지 못하면 죽게 된대. 강아지들이 무슨 잘못이 있어? 예쁠 때만 좋아하고 귀찮아지면 쉽게 버리는 사람들이 문제라고 생각해. 그러니까 우리도 여기에서 강아지를 골라보자.

5. ①

대화에서 여자는 남자에게 유기견 사이트를 소개하고 버려진 강아지들에게 주인이 필요하다고 합니다. 그리고 여자는 이 사이트에서 강아지를 고르자고 합니다. 따라서 정답은 ①번입니다.

6. ①

① 남자와 여자는 강아지를 키우고 싶어한다.
➡ ㉡에서 남자와 여자는 강아지를 키워 볼까 했다고 말하므로 두 사람은 강아지를 키우고 싶어한다는 것을 알 수 있습니다.
② 여자는 어제 라디오에서 이 이야기를 들었다.
➡ ㉠을 보면 여자는 어제 텔레비전에서 이 이야기를 들었습니다.
③ 강아지는 유기견 사이트에서만 입양할 수 있다.
➡ ㉢에서 다른 곳에도 강아지들이 많다고 하므로 유기견 사이트에서만 입양한다는 내용은 답이 될 수 없습니다.
④ 강아지들은 7일 안에 주인을 만나지 못하면 죽는다.
➡ ㉣을 보면 강아지들은 2주 안에 주인을 만나야 합니다.

단어 유기견 / 입양 / 심각성 / 기준

Unit 5 인터뷰

STEP 2 정답

1. **1**
Q1. ① Q2. 얼마나 중요한지 몰라요
2
Q1. ① Q2. 다양한 직업 /소통할 수 있
3
Q1. ② Q2. 보통 사람들 / 즐거움
4
Q1. ② Q2. 얼마나 열정이 있는지
5
Q1. ② Q2. 손을 자주 씻는 것 / 균형 잡힌
6
Q1. ① Q2. 많이 읽어야 합니다 / 다독
7
Q1. ② Q2. 환경 보호도 할 수 있
8
Q1. ② Q2. 일과 삶의 균형

2. **1**
Q1. 가. ○ 나. ✕ 다. ✕
2
Q1. 가. ✕ 나. ✕ 다. ○
3
Q1. 가. ✕ 나. ✕ 다. ○ Q2. ③
4
Q1. 가. ✕ 나. ✕ 다. ✕ Q2. ②

STEP 3 정답

도전❶	1. ③	2. ④	3. ③	4. ②
도전❷	1. ③	2. ②	3. ①	4. ④

STEP 2 해설

1. 다음을 듣고 질문에 답하십시오. p.64

1

여자: 올바른 자세가 건강에 매우 중요하다고 하셨지요?
남자: 네, 자세가 곧은 것이 건강에 얼마나 중요한지 몰라요.

Q1. ①
'자세가 곧은 것이 건강에 얼마나 중요한지 몰라요'는 자세가 매우 중요하다는 의미입니다. 대화의 '올바른 자세', '곧은 자세'를 보기에서는 '바른 자세'로 바꾸어 표현하고 있습니다. 답은 ①번입니다.

Q2. 얼마나 중요한지 몰라요

단어 올바르다 / 자세 / 곧다 / 바르다

2

여자: 학생 대표로 이번 걷기 행사에 참여하셨는데요, 어떠셨나요?
남자: 평소 만날 수 없는 다양한 직업의 사람들과 소통할 수 있어서 정말 좋았습니다.

Q1. ①
'평소에 만날 수 없는 다양한 직업의 사람들'을 여러 사람들로 바꿔서 표현한 ①번이 정답입니다.

Q2. 다양한 직업 / 소통할 수 있

단어 대표 / 참여하다 / 소통하다

3

여자: 새로운 사업을 시작하시며 두렵지 않으셨어요?
남자: 보통 사람들은 새로운 일에 도전하는 것을 두려워하지요. 그런데 저는 두려움보다 즐거움이 더 컸던 것 같아요.

Q1. ②
남자는 새로운 일을 하는 것이 두렵기보다 즐거웠다고 말합니다. 따라서 답은 ②번입니다. 새로운 일을 하는 것을 두려워하는 것은 다른 사람들입니다.

Q2. 보통 사람들 / 즐거움

단어 사업 / 두려워하다 / 두려움 / 즐거움

4

여자: 흔치 않은 분야에서 성공하셨는데요. 역시 이 분야는 재능이 중요하겠지요?
남자: 재능이 정말 중요하죠. 하지만 저는 얼마나 열정이 있는지가 성공을 결정한다고 봅니다.

Q1. ②
남자는 재능도 중요하지만 열정이 성공을 결정한다고 말하므로 답은 ②번입니다.

Q2. 얼마나 열정이 있는지

단어 흔하다 / 분야 / 재능 / 열정

5

> 여자: 독감이 유행하고 있습니다. 어떻게 하면 독감을 예방할 수 있을까요?
>
> 남자: 손을 자주 씻는 것뿐만 아니라 균형 잡힌 식사도 매우 중요합니다.

Q1. ②
독감을 예방하려면 손을 자주 씻는 것뿐 아니라 균형 있는 식사도 중요하다고 말합니다. 보기에서는 '손을 자주 씻는 것'을 '개인위생'으로, '균형 있는 식사'를 '충분한 영양 섭취'로 바꿔서 표현하고 있습니다. 답은 ②번입니다.

Q2. 손을 자주 씻는 것 / 균형 잡힌

단어 독감 / 예방 / 균형 / 잡히다 / 개인위생 / 영양 섭취 / 충분하다

6

> 여자: 요즘 선생님의 책을 읽고 자신의 일상을 글로 써 보려는 사람들이 많은데요. 좋은 글을 쓰는 방법이 있나요?
>
> 남자: 좋은 글을 쓰기 위해서는 먼저 좋은 글을 많이 읽어야 합니다. 다독이야말로 좋은 글쓰기의 시작이죠.

Q1. ①
남자는 좋은 글을 쓰기 위해서는 좋은 글을 많이 읽어야 한다고 하므로 답은 ①번입니다.

Q2. 많이 읽어야 합니다 / 다독

단어 일상 / 다독

7

> 남자: 이와 같은 생각은 어떻게 하셨습니까?
>
> 여자: 호텔에서 날마다 많은 비누들이 다 사용되지 못 한 채 버려진다는 이야기를 들었습니다. 이런 비누들을 모아서 새 비누를 만들어 필요한 분들에게 드린다면, 환경도 보호할 수 있고 어려운 분들도 도울 수 있다고 생각했습니다.

Q1. ②
여자는 호텔에 버려진 비누를 모아 새 비누를 만들어 필요한 사람들에게 줍니다. 이러한 활동은 환경 보호에 도움이 된다고 하므로 답은 ②번입니다.

Q2. 환경 보호도 할 수 있

단어 비누 / 환경 / 환경 보호

8

> 여자: 이전에는 직장을 선택할 때 월급을 중요한 기준으로 생각했다면 요즘은 어떻게 달라졌나요?
>
> 남자: 최근에는 일을 하면서 얼마나 자기 시간을 많이 가질 수 있는가가 아주 중요한 기준으로 떠오르고 있습니다. 물론 여전히 월급도 중요한 기준입니다만 일과 삶의 균형이 더 중요해진 것이지요.

Q1. ②
최근에는 사람들이 직장을 선택할 때 월급보다 일과 삶의 균형이 더 중요하다고 생각하므로 답은 ②번입니다.

Q2. 일과 삶의 균형

단어 직장 / 월급 / 균형

2. 다음을 듣고 질문에 답하십시오. p.66

1

> 여자: 최근 한국적인 것에 대한 관심이 커지면서 ㉠한옥에서의 삶을 꿈꾸시는 분들이 많아지고 있는데요. 한옥의 아름다움은 무엇이라고 생각하시나요?
>
> 남자: ㉡한옥의 아름다움이라고 하면 곡선이 주는 부드러움과 자연에서 얻은 재료들이 주는 편안함이 있습니다. 하지만 제가 생각하는 가장 멋진 점은 한옥은 설계할 때부터 주변의 경치를 고려한다는 점입니다. 혼자 있는 건물이 아닌 주변과 어우러지는 하나의 작품인 것이지요.

Q1. 가. ○ 나. × 다. ×
가. 최근 한옥의 인기가 많아지고 있다.
➡ ㉠에서 한옥에서의 삶을 꿈꾸는 사람들이 많아진다고 말하므로 최근 한옥의 인기가 많아지고 있음을 알 수 있습니다.
나. 한옥은 인공적인 재료로 만들어진다.
➡ ㉡에서 자연에서 얻는 재료들이 주는 편안함이 있다고 하므로 인공적인 재료를 사용하지 않는다는 것을 알 수 있습니다.
다. 한옥은 직선의 아름다움을 가지고 있다.
➡ ㉡에서 한옥의 아름다움은 곡선이 주는 부드러움이라고 말합니다.

단어 한옥 / 꿈꾸다 / 곡선 / 부드러움 / 편안함 / 설계 / 고려하다 / 어우러지다

2

> 여자: ㉠인터넷 방송을 하시면서 가장 어려운 부분은 무엇인가요?
>
> 남자: 많은 분들이 생각하시는 것처럼 ㉡새로운 소재를 찾는 것이 가장 어려운 것 같습니다. 사람들이 원하는 것이 무엇인지를 찾고 그것을 어떻게 방송으로 만들지를 생각하는 과정이 정말 쉽지 않아요. 그래서 ㉢새로운 아이디어를 찾기 위해 책도 많이 읽고 다양한 콘텐츠도 많이 찾아 봅니다.

Q1. 가. ✕ 나. ✕ 다. ○

가. 남자는 방송국에서 일을 한다.

➡ ㉠에서 여자는 남자가 인터넷 방송을 한다고 말합니다

나. 새로운 아이디어를 찾는 것은 어렵지 않다.

➡ ㉡에서 남자는 새로운 소재를 찾는 것이 어렵다고 말합니다. 보기에서는 '소재'를 '아이디어'라고 바꾸어 표현하고 있습니다.

다. 남자는 아이디어를 얻기 위해 여러 자료를 본다.

➡ ㉢에서 남자는 아이디어를 얻기 위해 책과 영상을 많이 본다고 말합니다.

단어 소재 / 과정 / 콘텐츠

3

> 여자: 연말을 맞이하여 많은 분들이 이웃 사랑을 실천하고 계십니다. 오늘은 독거노인을 방문하여 봉사하시는 분들을 모셨습니다. 안녕하세요? 언제부터 봉사를 시작하셨나요? 그리고 어떻게 이런 봉사를 시작하셨습니까?
>
> 남자: 네, 안녕하세요. ㉠저는 올해로 3년째 독거노인 방문하기에 참여하고 있습니다. 사실 ㉡처음에는 친구들이 같이 가자고 해서 시작하게 되었는데요. 먼저 간단한 교육을 받고 어르신들을 만났습니다. 어르신과 이야기를 나누며 연말을 홀로 외롭게 보내는 사람들이 많다는 것을 처음 알게 되었습니다. 우리가 이러한 이웃을 돌보고 함께 하려고 노력하지 않는다면 아름다운 세상을 만들 수 없다는 생각을 했습니다. 그래서 틈틈이 봉사하려고 노력하고 있습니다.

Q1. 가. ✕ 나. ✕ 다. ○

가. 남자는 요양원의 노인들을 만난다.

➡ ㉠에서 남자는 독거노인, 즉 혼자 사는 노인을 만난다고 합니다.

나. 남자는 올해 처음 봉사활동을 시작했다.

➡ ㉠에서 남자는 3년 전부터 봉사활동을 하고 있다고 합니다.

다. 남자는 친구들을 통해서 처음 봉사활동을 알게 되었다.

➡ ㉡에서 처음에 친구들이 같이 가자고 해서 봉사활동을 시작했다고 말합니다.

Q2. ③

남자는 아름다운 세상을 위해서 주변의 이웃을 도와야 한다고 말합니다. 따라서 남자의 중심 생각은 ③번입니다.

단어 연말 / 실천 / 독거노인 / 간단하다 / 외롭다 / 틈틈이

4

> 여자: 한국에서도 이탈리아 피자를 먹을 수 있어서 인기가 아주 많은데요. ㉠한국에서 이탈리아의 맛을 그대로 살리는 것이 매우 어려우실 것 같습니다.
>
> 남자: 네, 맞아요. 물론 전보다는 쉬워졌지만, ㉡여전히 외국 요리 재료를 구하는 것이 아주 어려우니까요. 그리고 ㉢처음에는 이탈리아 현지의 맛에 익숙하지 않으신 분들이 많아서 저희 집 피자를 좋아하지 않으시는 분도 많았어요. 하지만 같은 곳에서 꾸준히 노력하니 점점 저희 피자를 좋아해 주시고 찾아 주시는 분들이 많이 생겼어요. 중간에 포기했다면 이런 날은 오지 않았을 거예요.

Q1. 가. ✕ 나. ✕ 다. ✕

가. 남자는 이탈리아에서 피자 가게를 한다.

➡ ㉠에서 여자는 남자가 한국에서 이탈리아 음식을 만든다고 말합니다.

나. 이제 외국 요리 재료를 구하는 것은 쉽다.

➡ ㉡에서 남자는 지금도 외국 요리 재료를 구하는 것이 어렵다고 말합니다.

다. 남자의 피자 가게는 처음부터 인기가 많았다.

➡ ㉢에서 처음에는 남자의 피자를 좋아하지 않는 사람도 많았다고 말합니다.

Q2. ②

남자는 중간에 포기하지 않고 꾸준히 노력한 것이 중요하다고 말합니다. 따라서 남자의 중심 생각은 ②번입니다.

단어 현지 / (맛을) 살리다 / 꾸준히

STEP 3 해설

도전 ❶

p.67

1. ③

> 여자: ㉠많은 분들이 와인에 관심은 있지만 어떤 와인을 살지 선택하는 건 어려운 것 같습니다. 어떤 와인이 좋은 와인인가요?
>
> 남자: ㉡보통 와인은 비쌀수록 더 좋다고 생각하시지요? 또 익숙하지 않다 보니 좋은 와인을 고르는 것도 어렵다고 생각하십니다. 하지만 사실 자신이 맛있다고 느끼는 와인이 가장 좋은 것이지요. ㉢최근에는 다양한 국가에서 저가 와인이 들어오고 있습니다. ㉣너무 어렵게 생각하지 마시고 도전해 보세요.

① 와인은 큰 관심을 받지 못하고 있다.
➡ ㉠에서 많은 사람들이 와인에 관심이 있다고 말합니다.
② 보통 값이 비쌀수록 맛이 좋은 와인이다.
➡ ㉡은 보통 사람들의 생각에 대해 묻는 것입니다.
③ 최근 저렴한 와인이 많이 수입되고 있다.
➡ ㉢에서 최근 저가 와인이 많이 들어온다고 말합니다
④ 맛있는 와인을 고르는 것은 매우 어렵다.
➡ ㉣에서는 어렵게 생각하지 말라고 말합니다.

단어 와인 / 익숙하다 / 다양하다 / 추천 / 저렴하다 / 맞다

2. ④

> 여자: 최근 들어 1인 가구가 많아지며 식품 업계에도 큰 변화가 있을 것 같습니다.
>
> 남자: 네, 최근 저희는 한 사람이 먹을 양으로 판매하는 것에 집중하고 있습니다. 전에는 소비자들이 많은 양을 싸게 사길 원했죠. 하지만 지금은 혼자 사시는 분들이 많아지면서 필요한 만큼만 사서 낭비하지 않는 것을 더 좋아하는 것 같습니다.

남자는 최근 1인 가정이 많아지며 사람들이 생각이 많은 양을 싸게 사는 것에서 필요한 만큼만 사는 것으로 바뀌었다고 합니다. 따라서 답은 ④번입니다.

단어 1인 가구 / 식품 업계 / 집중하다 / 낭비하다 / 선호

[3–4]

> 여자: 선생님의 책 덕분에 역사에 관심을 갖게 된 분들이 많습니다. 다음에 준비하고 계시는 책은 어떤 이야기인가요?
>
> 남자: 이번에는 ㉠그동안 많이 알려진 조선 시대가 아닌, 삼국 시대의 이야기를 준비하고 있습니다. 저도 이 시대의 이야기는 처음이라 많은 것을 공부하고 있는데요. 늘 부족하지만 많은 분들이 사랑해 주셔서 감사할 따름입니다. 다만 ㉡저는 역사학자가 아니라는 것을 기억해 주십시오. 물론 ㉢준비를 하며 여러 전문가들을 만나고 다양한 자료를 참고하여 제 작품에 역사를 제대로 담고자 합니다. 하지만 그래도 역사책이 될 수는 없지요. 가끔 제 책을 읽고 역사를 오해하는 분들이 계시는데 어디까지나 제 책은 소설입니다.

3. ③

㉡에서 남자는 자신이 역사학자가 아니고, 자신의 책은 역사책이 아니라고 합니다. 또 마지막 부분에서는 자신의 책을 읽고 역사를 오해하지 말라고 말하므로 답은 ③번입니다.

4. ②

① 인터뷰를 하는 남자는 역사 학자이다.
➡ ㉡에서 남자는 자신이 역사 학자가 아니라고 말합니다.
② 조선 시대의 이야기는 잘 알려져 있다.
➡ ㉠에서 조선 시대는 많이 알려졌다고 말합니다.
③ 남자는 책을 쓰기 위해 혼자서 공부한다.
➡ ㉢에서 남자는 전문가들을 만난다고 말합니다.
④ 남자의 책은 역사책으로 사용된 적이 있다.
➡ 이와 같은 내용은 나오지 않습니다.

단어 조선 시대 / 삼국 시대 / 역사학자 / 자료 / 오해하다 / 소설

도전 ❷

p.68

1. ③

> 여자: 가구를 만드시면서 가장 중요하게 생각하시는 건 뭔가요?
>
> 남자: 가구 만들기는 ㉠재료 선택하기부터 중요하지 않은 부분이 없죠. 또한 ㉡쓸 사람을 생각해야 합니다. 만드는 사람은 저이지만, 가구와 함께 살 사람은 제가 아니죠. 따라서 ㉢저는 가구를 사용할 사람을 미리 만나 이야기를 많이 합니다.

① 가구를 만들 때 재료는 중요하지 않다.
➡ ㉠에서 재료 선택부터 모두 중요하다고 말합니다.

② 이 사람은 가구를 사용할 사람을 모른다.
➡ ⓒ에서 이 사람은 가구를 사용할 사람을 미리 만난다고 말합니다.
③ 가구는 사용자를 고려해서 만들어야 한다.
➡ ⓛ에서 쓸 사람(사용자)을 생각해야 한다고 말합니다.
④ 가구는 만드는 사람의 생각이 가장 중요하다.
➡ ⓛ에서 쓸 사람의 생각이 중요하다고 말합니다.

단어 가구 / 재료 / 선택하다 / 사용하다 / 고려하다

2. ②

여자: 선생님, 그런데 기술은 더 발전했지만, 이상하게도 많은 사람들이 이전보다 더 우울함을 느끼는 것 같습니다.

남자: 네, 맞습니다. 생각해 보면 휴대폰이 없고, 노트북이 없을 때에도 우리는 가족이나 이웃과 함께 행복하고 즐거운 시간을 보냈습니다. 사실 우리를 행복하게 하는 것은 기술이 아니라 사람들인 것이지요. 이것을 잊고 기술에만 의존하면 오히려 관계에 문제가 생겨 우울함을 느끼게 됩니다.

남자는 사람들을 행복하게 하는 것은 기술이 아닌 사람이라고 말합니다. 따라서 답은 ②입니다. 보기에서는 이것을 '인간관계'라는 말로 표현하고 있습니다.

단어 우울함 / 기술 / 의존하다 / 관계 / 발달하다 / 불행하다

[3–4]

여자: 이번에 신촌에 ㉠5호점 카페를 개점하셨는데요. 어르신들이 일하는 카페를 어떻게 기획하게 되셨나요?

남자: 네, ⓛ건물의 지하에서 시작한 카페 사업이 커져서 이제 5호점까지 냈습니다. 사실 대단한 생각으로 시작한 것은 아니었습니다. 저희 할아버지가 정말 멋진 분이신데 늘 저에게 좋은 조언을 많이 해 주셨거든요. ⓒ사실 요즘 젊은 사람들이 진짜 고민이 많잖아요. 이런 어르신들의 조언을 저뿐 아니라 우리 모두가 들을 수 있으면 좋겠다고 생각했습니다. 그래서 어르신들과 편하게 소통할 수 있는 공간을 생각하다 지금의 카페를 시작하게 되었습니다. ㉣많은 분들이 어르신들의 조언을 들으러 와 주셔서 정말 보람을 느낍니다.

3. ①
남자는 젊은 사람들이 고민이 많은데, 어르신(= 노인)의 조언을 많은 사람이 들을 수 있으면 좋겠다고 했으므로 답은 ①번입니다.

4. ④
① 남자는 곧 5호점 카페를 낼 계획이다.
➡ ㉠에서 남자는 5호점을 개점했다고(=냈다고) 말합니다.
② 남자는 처음 2층에서 카페를 시작했다.
➡ ⓛ에서 남자는 처음 지하에서 카페를 시작했다고 말합니다.
③ 요즘 나이가 많은 사람들은 고민이 많다.
➡ ⓒ에서 젊은 사람들이 고민이 많다고 말합니다.
④ 이 카페에서는 노인들의 조언을 들을 수 있다.
➡ ㉣에서 어르신들의 조언을 들으러 온다고 말합니다.

단어 (N)호점 / 어르신 / 조언 / 소통 / 보람

Unit 6 안내 및 뉴스

STEP 2 정답

1. 1
Q1. ② Q2. 재입장이 불가능합니다
2
Q1. ① Q2. 자료실뿐만 아니라 4층 전 구역
3
Q1. ① Q2. 갑작스러운 한파로 기계가 얼
4
Q1. ① Q2. 더 이상 물이 새 나오지 않습니다

2. 1
Q1. 언제: 두 시
어디에서: 일 층 전시실
무엇을: 김치 만들기 행사
Q2. ③
2
Q1. 언제: (새벽) 다섯 시
어디에서: 인주시 가구 공장
무슨 일이 생겼나?: 화재가 발생했다(불이 났다).
Q2. ①

STEP 3 정답

도전❶ 1. ④ 2. ③
도전❷ 1. ② 2. ③

STEP 2 해설

1. 다음을 듣고 질문에 답하십시오. p.72

1

남자: 1부 공연이 끝났습니다. 지금부터 15분간 휴식 시간을 갖겠습니다. 공연장 밖으로 나가실 분들께서는 ㉠ 입장권을 꼭 가지고 나가시기 바랍니다. 입장권이 없으면 재입장이 불가능합니다.

Q1. ②

① 밖에 나갈 때 입장권을 직원에게 내야 한다.

➡ ㉠을 보면 입장권을 가지고 나가야 하고 직원에게 내지 않는다는 것을 알 수 있습니다.

② 밖에 나갔다 들어올 때 직원이 표를 다시 확인한다.

➡ 입장권이 없으면 공연장에 들어올 수 없다는 것을 보면 다시 입장할 때 표를 확인한다는 것을 알 수 있습니다.

Q2. 재입장이 불가능합니다

단어 입장권 / 재입장

2

여자: 안내 말씀 드립니다. 내일부터 2주간 4층 자료실 내부 벽 수리 공사를 실시할 예정입니다. 공사로 인한 소음이 예상되오니 이 점 양해 부탁드립니다. 그리고 공사 기간 동안에는 자료실뿐만 아니라 4층 전 구역의 출입이 불가능합니다.

Q1. ①

① 공사를 하는 동안에는 4층에 들어갈 수 없다.

➡ 마지막 문장에서 4층 전 구역에 들어갈 수 없다고 했으므로 정답입니다.

② 공사 중에는 자료실을 제외한 다른 곳은 들어갈 수 있다.

➡ 마지막 문장을 보면 자료실과 4층의 모든 곳에 들어갈 수 없습니다.

Q2. 자료실뿐만 아니라 4층 전 구역

단어 자료실 / 수리 공사 / 소음 / 전 / 출입 / 불가능

3

남자: 오늘 아침 서울에서 부산으로 가던 무궁화호 열차가 멈춰 서는 사고가 있었습니다. 조사 결과 온도 조절 장치에 이상이 있었는데요. 관계자는 갑작스러운 한파로 기계가 얼어서 문제가 생긴 것으로 보인다며 사전 점검을 더욱 철저히 하겠다고 말했습니다.

Q1. ①

① 날씨가 갑자기 추워져서 문제가 생겼다.

➡ '한파'라는 말과 '기계가 얼어서'라는 말로 추운 날씨가 원인이라는 것을 알 수 있습니다.

② 더운 날씨 때문에 기계가 고장 나서 문제가 생겼다.

➡ 추운 날씨 때문입니다.

Q2. 갑작스러운 한파로 기계가 얼

단어 조절 / 장치 / 한파 / 얼다 / 사전 점검 / 철저히

4

여자: 오전에 인주초등학교 사거리에서 수도관이 터졌습니다. 이 사고로 해당 지역에 세 시간째 수도 공급이 되지 않아서 주민들이 불편을 겪고 있습니다. 현재 터진 부분을 막아서 더 이상 물이 새 나오지 않습니다.

Q1. ①

① 터진 수도관을 보수해서 현재는 이상이 없다.

➡ 터진 부분을 막았다고 했으므로 현재는 물이 새지 않는다는 것을 알 수 있습니다.

② 터진 부분의 위치를 찾지 못해 물이 계속 새고 있다.

➡ 마지막 문장을 보면 지금은 물이 새지 않는다는 것을 알 수 있습니다.

Q2. 더 이상 물이 새 나오지 않습니다

단어 수도관 / 터지다 / 공급 / 새다

2. 다음을 듣고 질문에 답하십시오. p.73

1

여자: 오늘도 저희 '김치 박물관'을 찾아 주신 여러분께 감사드립니다. 저희 '김치 박물관'에서는 잠시 후 두 시, ㉠두 시부터 김치 만들기 행사를 시작합니다. 김치를 직접 만들어 보고 싶은 분들께서는 지금 바로 일 층 전시실로 오시기 바랍니다. ㉡김치를 만들고 난 후에는 직접 만든 김치를 가지고 가실 수 있습니다. 많은 참여 부탁드립니다.

Q1.

언제: 두 시부터

어디에서: 일 층 전시실에서

무엇을: 김치 만들기 행사를 한다.

Q2. ③

① 이 행사는 두 시간 동안 진행된다.

➡ 몇 시간 동안 진행되는지는 알 수 없습니다.

② 김치를 만드는 것을 구경할 수 있다.
➡ ㉠에서 구경하는 것이 아니라 김치를 만들어 보는 행사라고 말합니다.
③ 김치를 만들어서 집에 가지고 갈 수 있다.
➡ ㉡을 보면 김치를 만든 후에 집에 가지고 갈 수 있다는 것을 알 수 있습니다.

단어 전시실

2

남자: 오늘 새벽 5시경 경기도 인주시의 한 가구 공장에서 불이 났습니다. ㉠소방차 다섯 대가 출동했으나 강풍이 불어 화재를 진압하는데 어려움을 겪었습니다. ㉡직원들이 출근 전이라 인명 피해는 발생하지 않았으나 ㉢공장 옆에 직원 기숙사가 있어 하마터면 큰 사고로 이어질 수 있는 상황이었습니다. 이 불로 공장 창고가 불에 타고 약 칠천만 원의 재산 피해가 발생했습니다.

Q1.

언제: (저녁, 새벽) 다섯 시에
어디에서: 인주시 가구 공장에서
무슨 일이 생겼나?: 화재가 발생했다(불이 났다).

Q2. ①

① 화재 때문에 다친 사람은 한 명도 없었다.
➡ ㉡에서 인명 피해가 발생하지 않았다고 했으므로 다친 사람이 없다는 것을 알 수 있습니다.
② 소방차가 일찍 도착해서 불은 금방 꺼졌다.
➡ ㉠을 보면 강한 바람 때문에 불을 끄는 것이 어려웠다는 것을 알 수 있습니다.
③ 기숙사까지 불이 퍼져서 직원들이 대피했다.
➡ ㉢을 보면 기숙사가 옆에 있었지만 불이 퍼지지는 않았다는 것을 알 수 있습니다.

단어 강풍 / 화재 / 진압하다 / 인명 피해 / 발생하다

STEP 3 해설

도전 ❶ p.74

1. ④

남자: 안내 말씀 드리겠습니다. ㉠그동안 인주공원의 주차장을 무료로 개방하였으나 ㉡다음 달 1일부터 공원 내 주차가 유료로 전환됩니다. 단 ㉢주차 후 3시간까지는 무료이고 그 이후부터는 삼십 분당 천 원의 요금이 발생합니다. ㉣유료로 운영되는 시간은 평일 오전 8시부터 밤 12시까지이며 그 외의 시간에는 기존과 똑같이 무료로 이용이 가능합니다. 공원 이용객들의 협조 부탁드립니다. 감사합니다.

① 두 시간 동안 주차를 하면 주차비는 천 원이다.
➡ ㉢을 보면 주차를 하고 3시간까지는 무료입니다.
② 주말에도 평일과 똑같은 주차 요금을 내야 한다.
➡ ㉣에서 평일에만 유료이고 주말에는 무료로 이용이 가능하다고 말합니다.
③ 다음 달부터 주차 요금이 기존 요금보다 비싸진다.
➡ ㉠을 보면 전에는 주차할 때 돈을 내지 않았다는 것을 알 수 있습니다.
④ 이번 달에는 주차를 할 때 돈을 내지 않아도 된다.
➡ ㉡을 보면 다음 달 부터 유료로 바뀌므로 이번 달에는 돈을 내지 않아도 됩니다.

단어 개방하다 / 전환되다 / (요금이) 발생하다 / 운영되다

2. ③

여자: 날씨입니다. 현재 제주도에는 폭설이 내리고 있는데요. 갑자기 내리는 많은 눈으로 인해 ㉠차량이 눈길에 고립되는 사고까지 발생했습니다. 오늘 저녁 8시부터는 제주도를 오고가는 항공기의 운항도 중단되고 ㉡도로 곳곳이 전면 통제되었습니다. 기온이 0도 이하로 떨어지면서 많은 눈이 쌓이고 있는데요. ㉢내일 오전에는 눈이 그치고 기온도 올라 항공기 운항도 재개될 것으로 예상됩니다.

① 눈 때문에 자동차가 미끄러져서 사고가 났다.
➡ ㉠을 보면 사고가 난 것이 아니라 눈 때문에 이동하지 못하게 된 것이므로 오답입니다.
② 내일도 제주도로 가는 비행기가 없을 것이다.
➡ ㉢을 보면 내일 오전에는 비행기를 이용할 수 있습니다.
③ 제주도 일부 지역은 현재 통행이 금지되어 있다.
➡ ㉡을 보면 도로가 통제된 곳이 있으므로 이동할 수 없는 지역이 있다는 것을 알 수 있습니다.
④ 내일은 기온이 올라 눈이 비로 바뀌어 내릴 것이다.
➡ ㉢에서 오전에 눈이 그친다고 말하므로 비도 내리지

않을 거라는 것을 알 수 있습니다.

단어 고립되다 / 운항 / 숭지되다 / 통제되다 / 재개되다

도전 ❷

p.74

1. ②

> 남자: 주민 여러분, 안녕하십니까? 다음 주 월요일부터 우리 아파트 내 어린이 수영장을 개장합니다. 수영장은 ㉠다음 주 월요일부터 한 달 동안 이용하실 수 있습니다. 평일과 주말 모두 오전 11시부터 저녁 7시까지 개장하고 ㉡둘째 주와 넷째 주 일요일은 수영장 소독을 위해 오후 5시까지만 이용 가능합니다. ㉢작년과 마찬가지로 ㉣8살 비반의 아이의 경우 보호자 없이는 출입이 불가능하오니 이점 유의해 주시기 바랍니다.

① 올해 처음으로 수영장이 개장한다.
➡ ㉢을 보면 작년에도 수영장을 개장했습니다.
② 수영장은 쉬는 날이 없이 운영된다.
➡ ㉡을 보면 소독을 위해 일찍 문을 닫는 날은 있지만 쉬는 날은 없습니다.
③ 8살 아이는 부모님과 같이 들어가야 한다.
➡ ㉣의 8살 미만은 7살까지를 의미하므로 8살은 보호자가 없어도 됩니다.
④ 수영장은 내일부터 한 달간 이용할 수 있다.
➡ ㉠에서 다음 주 월요일부터 이용할 수 있다고 말합니다.

단어 개장하다 / 보호자 / 불가능하다 / 유의하다 / 소독

2. ③

> 여자: 어제 오후 두 시경, 인천공항에서 아이돌 그룹을 보러 온 ㉠팬들이 한꺼번에 입국장으로 몰리면서 수십 명이 크게 다치는 사고가 발생했습니다. 이 사고로 ㉡부상을 입은 팬들은 가까운 병원으로 옮겨져 치료를 받고 있으며 공항 시설물 일부가 파손되어 ㉢현재 공항 관계자가 정확한 피해 규모를 조사 중입니다. 이 사고로 ㉣그룹 멤버 한 명이 넘어져 부상을 입었지만 다행히 크게 다치지는 않았습니다.

① 다친 팬들은 치료를 받고 모두 귀가했다.
➡ ㉡을 보면 아직 병원에서 치료를 받고 있습니다.
② 공항 내 시설물 피해에 대한 조사는 끝났다.
➡ ㉢을 보면 지금도 조사를 하고 있습니다.
③ 많은 팬들이 한꺼번에 이동하면서 사고가 났다.
➡ ㉠을 보면 팬들이 한꺼번에 입국장에 몰리면서 사고가 났다고 했으므로 팬들의 이동 중에 사고가 난 것임을 알 수 있습니다.
④ 다친 그룹의 멤버는 병원에서 치료를 받고 있다.
➡ ㉣을 보면 넘어지기는 했지만 병원에서 지료를 받는다는 말은 없습니다.

단어 몰리다 / 발생하다 / 부상을 입다 / 시설물 / 파손되다 / 규모

CHAPTER. 2

Unit 1 토론

STEP 2 정답

1. **1**
   Q1. ② Q2. 열정적인 취재 활동
   2
   Q1. ① Q2. 실적이 좋 / 불합리하다
   3
   Q1. ② Q2. 그 조사 결과의 일부 / ■ 반박
   4
   Q1. ① Q2. 사례 / 고민해 / ■ 설득하고 있다

2. **1**
   Q1. 남자 – 나 – ㉠, 여자 – 가 – ㉡ Q2. ②
   2
   Q1. 남자 – 나 – ㉡, 여자 – 가 – ㉠ Q2. ③

STEP 3 정답

도전❶ 1. ③ 2. ①
도전❷ 1. ② 2. ③

STEP 2 해설

1. 다음을 듣고 질문에 답하십시오. p.79

1

> 여자: 파파라치는 정상적인 기자의 취재 활동이라고 보기 어렵습니다. 그동안 많은 유명인들이 사생활 침해 문제로 고통 받지 않았습니까?
>
> 남자: 사생활 침해 문제가 있긴 하지만 때로는 파파라치를 통해 사람들이 꼭 알아야 할 중요한 사건이 알려지기도 합니다. 열정적인 취재 활동이라고 볼 수 있지 않을까요?

Q1. ②
여자는 사생활 침해 문제를 근거로 들어 파파라치에 반대하고 있습니다. 반면 남자는 여자의 의견에 일부 동의하기는 하지만 사람들이 알아야 할 중요한 사건이 알려지기도 한다고 말하고 있으므로 ②번이 정답입니다.

Q2. 열정적인 취재 활동

단어 파파라치 / 취재 / 사생활 침해

2

> 남자: 부서 전체의 실적을 직원 수로 나누어서 모두 똑같이 평가한다니요? 저는 받아들일 수 없습니다.
>
> 여자: '한 사람의 열 걸음보다 열 사람의 한 걸음'이라는 말도 있지 않습니까? 경쟁보다 협동을 중시하는 회사의 이념에 따른 올바른 결정이라고 생각합니다.
>
> 남자: 하지만 그래도 열심히 일해서 실적이 좋은 사람에게는 불합리한 것 같습니다.

Q1. ①
남자는 실적이 좋은 사람이 좋은 평가를 받아야 하는데 회사의 결정이 그렇지 않아서 '불합리하다'라고 했습니다. 그러므로 ①번이 정답입니다.

Q2. 실적이 좋 / 불합리하다

단어 실적 / 불합리하다 / 이념 / 올바르다 / 부추기다

3

> 여자: 안락사에 대해 반대하는 의견이 많은데, ㉠여기 이 자료를 보면 생각이 달라지실 겁니다. 얼마 전 한 방송사에서 난치병 환자들을 대상으로 조사했는데, 59%가 안락사에 적극적으로 찬성한다고 대답했습니다.
>
> 남자: 말씀하신 것은 그 조사 결과의 일부일 뿐입니다. 법조계 전문가와 의사들은 같은 질문에 대해 78%가 반대한다고 했습니다.

Q1. ②
여자는 ㉠처럼 난치병 환자 다수가 안락사에 찬성한다는 한 방송사의 자료를 근거로 안락사에 찬성하고 있습니다. 그러므로 ②번이 정답입니다.

Q2. 그 조사 결과의 일부 / ■ 반박
남자는 상대가 근거로 제시한 자료의 문제점을 이야기했습니다. 그러므로 근거를 반박한 것입니다.

단어 안락사 / 난치병 / 법조계

4

> 여사: 논을 내면 대학교에 입학시켜 준다는 게 말이 됩니까? ㉠우리 학교가 기여 입학제를 받아들이게 되면 형편이 좋지 못한 사람들에게 박탈감만 주게 될 거예요.
>
> 남자: 물론 부작용도 있지만 여기 인주대학교의 작년 사례를 한 번 보십시오. 기여 입학제를 통해서 입학한 학생 수가 한 명인데, 그 덕분에 장학금을 받은 학생은 열 명이나 됩니다. 실제로 장학금을 받은 학생 모두가 고맙다는 뜻을 전했고요. 우리 학교도 진지하게 고민을 해 보는 게 어떨까요?

Q1. ①
여자는 기여 입학제에 반대하고 있습니다. ㉠처럼 기여 입학제를 도입했을 때 생길 수 있는 문제에 대해 걱정하고 의심하고 있으므로 ①번이 정답입니다.

Q2. 사례 / 고민해 / ■ 설득하고 있다
남자는 실제 다른 대학교에서 있었던 일을 예로 들어 이야기하고 있습니다. 또한 상대에게 생각을 바꿔 보는 것을 부드럽게 제안하고 있으므로 '설득하고 있다'가 정답입니다.

단어 기여 입학제 / 형편 / 박탈감

2. 다음을 듣고 질문에 답하십시오.

p.80

1

> 여자: 요즘 범죄자 신상 공개 문제 때문에 시끄러운데요, 저는 정부가 ㉠더 적극적으로 많은 정보를 공개해야 한다고 생각합니다.
>
> 남자: ㉡범죄자에 대한 정보를 안다고 무슨 도움이 됩니까? ㉢오히려 범죄자 가족에게 악영향만 끼치게 되는 건 아닐까요?
>
> 여자: 내 이웃 중에 범죄자가 있다고 생각해 보세요. 저처럼 혼자 사는 사람은 ㉣그런 정보를 참고하면 평소에 더 조심할 수 있어요.
>
> 남자: 모든 범죄자가 계속해서 범죄를 저지르는 건 아니에요. 5년 전 '김민수 사건' 아시죠? 감옥에서 나온 뒤에 그 사람은 오히려 봉사활동을 열심히 하면서 모범적으로 살고 있어요.

Q1. 남자 – 나 – ㉠, 여자 – 가 – ㉡
요즘 범죄자 신상 공개 문제에 찬반 여론이 있는데, ㉠에서 여자는 찬성하는 입장이고 ㉣에서 더 조심할 수 있다면서 안전에 대해 말했습니다. 남자는 ㉡처럼 범죄자의 정보를 알아도 도움이 될 것이 없다고 말하며 반대하고 있습니다. 범죄자의 신상이 공개되면 ㉢처럼 악영향, 즉 의도하지 않은 또 다른 문제가 생길 것이라고 걱정하고 있습니다.

Q2. ②
남자는 ㉡처럼 범죄자의 신상을 공개하는 것에 반대하고 있습니다. 5년 전에 실제로 있었던 사건을 말하면서 여자의 의견에 정면으로 맞서고 있으므로 ②번이 정답입니다. 여자는 남자의 의견을 전혀 인정하지 않고 있으므로 ①번은 오답입니다.

단어 신상 공개 / 범죄자 / 감옥 / 부작용

2

> 남자: 정부가 마트에서의 비닐봉지 사용을 금지했는데요, ㉠법으로까지 제한하는 건 너무 과하다고 생각합니다.
>
> 여자: 비닐봉지 때문에 오염된 이 바다 사진을 보십시오. 보시다시피 환경오염 문제가 심각합니다. ㉡환경을 우선시하는 법이라고 생각하고 불편해도 참아야죠.
>
> 남자: 물론 환경을 생각해서 비닐봉지 사용을 줄여야 하는 것은 맞지만 그건 ㉢개인의 선택에 맡겨야 할 문제라고 생각해요.
>
> 여자: 개인의 선택에 맡기기에는 이미 늦었어요. 많은 전문가들이 이미 정부 차원에서 환경오염을 해결하기 위해 나서지 않으면 안 된다고 경고했습니다.

Q1. 남자 – 나 – ㉢, 여자 – 가 – ㉠
㉠에서 남자는 정부의 규제가 너무 과하다고 했으므로 반대하는 입장입니다. 물론 그 배경을 인정하기는 하지만 ㉢처럼 '개인이 더 중요하다'고 생각합니다. 반면 여자는 ㉡에서 환경오염 문제를 이야기하며 정부 규제에 찬성하고 있습니다.

Q2. ③
여자는 오염된 바다 사진과 전문가들의 의견을 근거로 들며 자신의 의견을 뒷받침하고 있습니다. 그러므로 ③번이 정답입니다.

단어 제한하다 / 과하다 / 우선시하다 / 차원

STEP 3 해설

도전 ❶

p.81

[1–2]

여자: 편의점에서 판매하는 약 종류를 지금보다 더 늘려야 한다고 생각합니다.

남자: ㉠약을 너무 쉽게 살 수 있게 되면 남용하거나 오용할 가능성이 높아지지 않을까요? 약물 중독이 생길 수도 있고요.

여자: 그건 개인이 자제할 수 있는 문제라고 생각해요. 병원과 약국이 문을 닫은 시간에 갑자기 아플 수도 있잖아요.

남자: ㉡전문가의 처방 없이 약을 잘못 복용하는 것은 생각보다 위험합니다. 약이란 것은 일반 식품과 달라서 그렇게 쉽게 사 먹도록 허용하면 안 돼요.

1. ③

㉡에서 남자의 생각을 알 수 있으므로 ③번이 정답입니다. ①번은 여자의 생각이고, ②번은 전문가의 처방이 중요하다고 주장하고 있는 남자의 생각과 반대되므로 오답입니다.

2. ①

㉠에서 남자는 편의점에서 더 많은 약을 판매하게 된다면 생길 수 있는 문제를 언급하며 걱정하고 있으므로 ①번이 정답입니다. ④번은 약을 복용할 때 전문가의 의견을 따라야 한다고 했지, 전문 지식을 활용했다고 보기는 어려우므로 오답입니다.

단어 남용 / 오용 / 자제하다 / 처방하다 / 뒷받침하다

도전 ❷

p.82

[1–2]

여자: 인주시의 주민 창업 지원금 제도 말인데요, 40대 이상은 신청할 수도 없다니, 불공평한 것 같아요.

남자: 음…… 이제 막 사회생활을 시작한 청년들을 돕자는 취지로 시작됐으니까 그렇게 정한 것인데요. ㉠그럼 40대까지 지원 가능하도록 조건을 완화하는 것에 대해서는 어떻게 생각하십니까?

여자: 꼭 청년들만 창업을 하는 건 아니잖아요. 요즘은 평균 수명이 늘어났고, 평생 한 가지 직업만 갖고 사는 시대도 아니에요. 30대든 40대든 나이를 제한하는 것 자체가 문제라고 생각합니다.

남자: 하지만 요즘은 청년들이 창업하기가 힘든 시대이기도 하지요. 우리 인주시는 특히 청년 인구 비율이 높은 도시입니다. ㉡청년들을 우선시하는 제도가 꼭 필요하다는 사실을 고려해 주셨으면 합니다.

1. ②

남자가 ㉡에서 말한 청년들을 우선시하는 제도란 청년들에게 먼저 혜택을 주는 제도라는 뜻이므로 ②번이 정답입니다. ①번은 3~40대를 위한 제도가 필요하다고 한 것은 맞지만, 40대 이상 이상이 지원금을 받을 필요가 없다고까지 말하지는 않았으므로 오답입니다. ③번과 ④번은 여자의 의견에 가깝습니다.

2. ③

㉠에서 남자는 서로 차이를 보이는 부분에 대해 모두가 만족할 수 있는 해결점을 찾고 있으므로 ③번이 정답입니다. 남자는 자신과 다른 의견을 어느 정도 수용하면서 상대를 부드럽게 설득하고 있으므로 나머지는 모두 오답입니다.

단어 창업 / 지원금 / 취지 / 완화 / 혜택을 주다 / 타협점

Unit 2 전문가 인터뷰

STEP 2 정답

1. **1**
   Q1. ② Q2. 1. 집에서(도) 2. 배달 서비스
   2
   Q1. ② Q2. 1. 건강, 교육 2. 반려동물의 종류
   3
   Q1. ① Q2. ②
   4
   Q1. ③ Q2. ②

2. **1**
   Q1. ② Q2. ①
   2
   Q1. ② Q2. ①

STEP 3 정답

도전❶ 1. ② 2. ① 3. ④ 4. ②

도전❷ 1. ③ 2. ② 3. ① 4. ③

STEP 2 해설

1. 다음을 듣고 질문에 답하십시오.

p.86

1

여자: 요즘 배달 음식 안 먹어 본 사람이 없을 텐데요, 그 중 절반 이상이 사장님께서 만든 배달 전문 업체를 통해 전달되는 것 같아요.

남자: 네, 이렇게 저희 사업이 성공하게 된 이유는 두 가지입니다. 첫 번째는 훌륭한 식당의 음식을 집에서도 맛보고 싶다는 분들이 많이 계셔서 그런 것 같아요. 식당이 집에서 먼 경우도 있고, 외출이 힘든 분들도 계시잖아요. 두 번째는 식당을 운영하는 분들 입장에서도 배달 서비스까지 제공하려면 힘든 경우가 많더라고요. 그래서 식당에서는 음식에만 신경을 쓰고, 나머지 배달에 대한 것은 저희 회사가 맡아서 하면 좋겠다고 생각했죠.

Q1. ②
남자는 식당의 음식을 사람들의 집으로 배달해주는 회사를 운영하고 있습니다. 그러므로 ②번이 정답입니다.

Q2. 1. 집에서(도) 2. 배달 서비스

단어 업체 / 맛보다 / 외출 / 운영하다 / 맡다

2

남자: 반려동물 천만 시대가 열렸다고 하지 않습니까, 반려동물과 관련된 식품, 건강, 교육 등 여러 사업이 주목을 받고 있는데, 사장님, 미용 분야는 어떤가요?

여자: 네, 저는 10년 전에 처음으로 저희 집 앞에 작은 강아지 미용실을 열었어요. 그런데 점점 찾는 분들이 많아지면서 지금은 서울에만 10개가 넘는 점포를 운영하게 됐어요. 사람들이 머리 모양으로 개성을 드러내고, 계절에 따라 피부 관리를 하는 것처럼 동물들도 털 관리가 필요합니다. 요즘은 작은 강아지뿐만 아니라 대형견, 고양이, 토끼 등등 미용실을 찾는 반려동물의 종류도 다양해져서 저도 부지런히 공부하고 있어요. 반려동물 화장품도 조만간 선보일 예정입니다.

Q1. ②
여자는 강아지 미용실을 열었다고 했으므로 반려동물의 털을 관리하는 미용사임을 알 수 있습니다. ②번이 정답입니다.

Q2. 1. 건강, 교육 2. 반려동물의 종류

단어 반려동물 / 점포 / 개성을 드러내다 / 대형견

3

여자: 어떻게 ㉠꽃 모양으로 케이크를 만들 생각을 하셨어요?

남자: 파티에 빠질 수 없는 게 뭘까요? 아마 케이크와 꽃이라고 답하시는 분이 많지 않을까요? 그런데 모두를 준비하려면 돈이 정말 많이 들죠. 저는 아주 단순하게 그 둘을 합치면 고민이 좀 줄지 않을까 생각했습니다. 그래서 이렇게 꽃 모양의 케이크가 탄생하게 된 거죠. ㉡저는 제빵 공부만 한 사람이라 처음엔 쉽지 않았어요. 하지만 꽃 사진을 많이 찾아보고 적당한 사진을 찾으면 그 모양대로 크림을 짜는 연습을 많이 했답니다.

Q1. ①
㉠과 ㉡을 보면 남자는 꽃처럼 생긴 케이크를 만드는 사람임을 알 수 있습니다. 그러므로 ①번이 정답입니다.

Q2. ②
남자는 케이크와 꽃 두 가지 모두를 준비하려면 돈이 많이 든다고 했습니다. 그러므로 ②번이 정답입니다. 두 가지 중에 무엇이 더 중요하다는 내용은 나오지 않으므로 ①번은 오답입니다.

단어 돈이 들다 / 합치다 / 제빵 / 크림을 짜다

4

남자: 운전을 하고 싶지만 겁이 나서 못 하겠다는 분들에게 한 말씀 해 주시겠어요?

여자: 운전은 작은 실수가 큰 사고로 이어질 수도 있으니까 많은 분들이 못 하겠다고들 하십니다. 하지만 전 이런 두려움이 운전하는 데 도움이 된다고 생각해요. ㉠저에게 운전을 배우러 온 학생들을 보면, 겁이 나니까 오히려 안전에 신경을 쓰면서 더 조심해서 운전을 하더라고요. 모든 강사들이 도로에 나가기 전에 안전 교육부터 확실하게 하니까 믿고 따라 주세요. 운전은 사실 정해진 규칙만 잘 지키면 위험하지 않거든요.

Q1. ③

여자는 ㉠처럼 이야기하는 것으로 보아 운전을 가르치는 운전 강사임을 알 수 있습니다. 그러므로 ③번이 정답입니다.

Q2. ②

여자는 교통사고를 무서워하는 사람이 오히려 안전에 신경을 쓴다고 생각하고 있습니다. 그러므로 ②번이 정답입니다.

단어 겁이 나다 / 두려움 / 극복하다

2. 다음을 듣고 질문에 답하십시오.

p.87

1

여자: 날마다 김민수 씨의 방송을 들으면서 퇴근하는 분들이 정말 많은데요. 저도 그렇고요. 벌써 20년이 넘으셨죠?

남자: 네, ㉠올해로 정확히 22년 됐습니다. 매일 같은 시간에 방송국에 출근해서 두 시간 동안 프로그램을 진행하고 있지요. 청취자들이 보내주시는 사연을 읽고 거기에 맞는 음악을 골라서 들려드리는 단순한 일이에요. 재미있는 게, 20년 넘게 날마다 제 목소리를 듣고, 저에게 사연도 보내시지만 ㉡정작 제 얼굴을 모르는 분들이 많이 계세요. 하하하, 신비감 있는 진행자, 그게 바로 접니다.

여자: 하긴 텔레비전 출연을 잘 안 하시니까 그럴 수 있겠네요.

남자: 네, 라디오는 텔레비전과 다른 매력이 있죠. 얼굴은 잘 몰라도 ㉢청취자와 저는 가까운 친구처럼 많은 이야기를 나누고 있답니다.

Q1. ②

매일 프로그램을 진행한다는 내용과 청취자, 라디오와 같은 단어를 보면 남자는 라디오 프로그램을 진행하는 사람이라는 것을 알 수 있습니다. 정답은 ②번입니다.

Q2. ①

① 남자는 22년 동안 같은 시간에 일을 시작하고 있다.

➡ ㉠에서 22년 동안 같은 시간에 라디오 방송 진행을 시작하고 있다고 말합니다.

② 남자는 방송을 진행하면서 많은 친구를 사귀게 되었다.

➡ ㉢은 청취자와 마치 친구처럼 많은 이야기를 나눈다고 한 것이지 실제로 친구를 사귀었다는 의미는 아닙니다.

③ 남자는 인기가 많아서 누구나 이 남자의 얼굴을 알아본다.

➡ ㉡에서 텔레비전에 출연을 잘 하지 않아서 남자의 얼굴을 모르는 사람이 많다고 말합니다.

단어 진행하다 / 진행자 / 청취자 / 사연 / 정작 / 신비감 / 출연

2

남자: 요즘 혼자서 보고 따라할 수 있는 요가 동영상도 많고 집에서 사용할 수 있는 기구도 많은데 ㉠선생님의 요가 학원은 여전히 수강생이 많다고 들었습니다. 비결이 뭐라고 생각하세요?

여자: 많은 사람들이 건강을 위해 운동을 열심히 하겠다고 결심하지만 금방 그 결심이 무너지는 경우를 많이 보셨죠? 저는 무슨 일을 하든지 첫 삼일이 아주 중요하다고 생각해요. 처음부터 너무 큰 목표를 갖기 보다는 작은 도전을 하나씩 해 나가는 게 중요해요. 그래서 제 수업에서는 ㉡처음부터 강하게 요가를 시키지 않고 수강생들이 자연스럽게 운동하는 습관을 들일 수 있도록 돕습니다. 물론 단기간 내에 근육을 단련해서 효과를 보는 것도 좋지만, 저는 요가를 하루일과처럼 생각하며 꾸준히 하는 것이 더 중요하다고 생각합니다. 이런 저와 같은 생각을 갖고 계신 분들이 제 수업을 들으러 학원에 오시는 게 아닐까요?

Q1. ②

여자는 자신의 요가 수업이 인기가 있는 이유에 대해 이야기하면서 무엇보다도 중간에 그만두거나 포기하지 않고 계속해서 요가를 하는 것을 중요하게 생각하고 있습니다. 그러므로 정답은 ②번입니다.

Q2. ①

① 꾸준히 요가를 하기 위해 처음에 무리하지 않는 것이 좋다.

➡ 여자는 요가를 꾸준히 하는 것이 중요하다고 생각하기 때문에 ㉡처럼 처음부터 강하게 운동을 하지 않는 것이 좋다고 생각합니다.

② 혼자 보고 따라할 수 있는 동영상 때문에 여자의 수강생이 줄었다.
➡ ㉠에서 요가 동영상이 많지만 여자의 학원에서 요가를 배우는 사람이 많다고 말합니다.
③ 여자의 수업에서 요가를 삼일만 배워도 근육이 강화되기 때문에 인기가 많다.
➡ 이와 같은 내용은 나오지 않습니다.

단어 기구 / 결심 / 습관을 들이다 / 단기간 / 하루일과

STEP 3 해설

도전 ❶

p.88

[1–2]

여자: 저도 이번 경기를 옆에서 함께 지켜봤는데요, 정말 힘드시겠어요.

남자: 네, 테니스 경기는 보통 세 시간, 길게는 다섯 시간까지 하는데 경기 중에 ㉠지정된 자리를 벗어나면 안 되기 때문에 화장실조차 갈 수 없습니다. 그래서 ㉡경기 전에 아무 것도 먹지 않아요.

여자: ㉢인내심이 필요한 일이군요. 공이 선 바깥에 떨어지는지 안에 떨어지는지 보셔야 하니까 순간적인 판단도 중요할 것 같아요.

남자: 물론입니다. 요즘은 카메라 기술이 발달해서 녹화된 영상을 다시 찾아보며 도움을 받을 수 있습니다. 하지만 원활한 경기 운영을 위해 주로 제 판단에 의존하지요. 그만큼 부담감도 크지만, 선수들의 멋진 경기를 가장 가까운 위치에서 볼 수 있다는 점에서 매력적인 일이라고도 할 수 있습니다.

1. ②

남자는 경기가 잘 진행되도록 공이 떨어지는 것을 보고 판단하는 일을 한다는 것을 알 수 있습니다. 그러므로 ②번이 정답입니다.

2. ①

① 남자는 경기 중에 정해진 자리에서 공이 떨어지는 위치를 본다.
➡ ㉠에서 말한 '지정된 자리'란 정해진 자리와 같은 의미입니다.
② 남자의 일은 인내심보다는 남보다 뛰어난 체력을 필요로 한다.
➡ ㉢을 보면 인내심이 필요한 일이라고 할 수 있지만, 체력이 필요하다는 내용은 나오지 않습니다.
③ 남자는 경기가 끝난 후에 너무 힘들어서 아무 것도 먹지 않는다.
➡ ㉡에서 경기 중에 움직일 수 없기 때문에 경기 전에 먹지 않는다고 말합니다.
④ 남자는 멋진 경기를 위해서 길게는 다섯 시간쯤 열심히 뛰어야 한다.
➡ 이와 같은 내용은 나오지 않습니다.

단어 지정되다 / 벗어나다 / 인내심 / 원활하다 / 심판 / 중계자

[3–4]

여자: 올해 초에 인주전자에서 출시한 ㉠주방 가전 매출이 사상 최대치를 기록했다는 기사를 봤습니다. 사장님, 인기 비결이 뭔가요?

남자: 인주전자 건물을 보셨습니까? 우리 회사 냉장고의 외형을 본떠서 만들었습니다. ㉡주방 가전이 인주전자의 주력 상품이라는 뜻이지요. 사실 기술력은 어느 회사나 다 뛰어납니다. 우리는 '내가 소비자라면 어떨까'라는 마음으로 꾸준히 연구해 왔는데, 그것이 다른 회사와 좀 다릅니다. 요즘 소비자들은 집에서 어떤 음식을 즐겨 먹는지, 어떻게 만들면 음식이 더 맛있어 지는지, 간편하게 만들 수 있는 방법은 없는지 조사했습니다. 실제로 ㉢우리 직원들은 제품을 개발할 때 모두 직접 요리를 하면서 연구했습니다. 사무실 또한 우리가 일반적으로 생각하는 모습이 아니라 가정집의 주방 같은 모습이고요. 그 덕분에 우리 직원들은 ㉣요리사 못지않은 실력과 감각을 갖추고 있습니다. 심지어 물맛까지 감별하는 직원도 있다니까요!

3. ④

남자는 소비자의 입장이 되어 연구했다고 말합니다. 앞서 여자가 인기 비결을 질문했는데, 남자는 바로 이런 점이 다른 회사와 다른 인주전자만의 특징이라고 하고 있으므로 ④번이 정답입니다.

4. ②

① 제품 개발을 위해 물맛을 잘 구별해내는 직원을 뽑았다.
➡ ㉣은 물맛까지 감별해 낼 정도로 뛰어난 요리 감각을 지닌 직원이 있다는 뜻입니다.
② 인주전자는 올해만큼 주방 가전 판매로 많은 돈을 번 적이 없다.
➡ ㉠에서 말한 사상 최대치의 의미와 같습니다.
③ 많은 소비자들이 제품 개발 부서 사무실에 와서 직접 요리를 했다.
➡ ㉢에서 직원들이 요리를 한다고 했지 많은 사람들이 온다고 하지는 않았습니다.
④ 인주전자는 최초로 냉장고를 만들었기 때문에 건물도 냉장고 모양이다.
➡ ㉡은 주방 가전을 중요하게 생각한다는 것이지 최초

라는 의미는 아닙니다.

단어 출시하다 / 주방 가전 / 매출 / 사상 최대치 / 본뜨다 / 주력 상품 / 감별하다

도전 ❷

p.89

[1–2]

남자: 수상을 축하드립니다. 올해 '아름다운 노래 가사' 부문이 특히 경쟁이 치열했는데 소감이 어떠십니까?

여자: 정말 감사합니다. ㉠저 말고도 좋은 가사를 쓰신 분들이 많았는데 제가 가장 선배라는 이유로 받은 것 같아 쑥스럽기도 하네요. 제가 쓴 500여 곡의 노랫말 중에 개인적으로 제일 좋아하는 곡으로 상을 타게 되어 정말 기쁩니다. ㉡함께 상을 받은 '아름다운 광고' 부문의 김민수 씨에게도 축하를 전하고 싶습니다.

남자: 너무 겸손하시네요. 긴 세월 동안 순수 한국어로 된 아름다운 곡들을 많이 만드셨으니 이번 수상은 당연한 결과로 보입니다.

여자: 그렇게 말씀해주시니 감사합니다. 사실 ㉢매년 한글날, 수상자가 발표 될 때마다 기대하지 않았다면 거짓말이겠지요. 하지만 저보다 더 한글을 사랑하는 분들이 많이 계셔서 섭섭하지 않았습니다. 사실 중요한 것은 상이 아니라 ㉣한글날을 기념해서 한글의 아름다움을 널리 알리는 것이니까요.

1. ③

여자는 500여 곡 넘는 많은 노래 가사를 썼다고 했으므로 ③번이 정답입니다. 또한 외래어를 쓰지 않고 순수 한국어로만 가사를 썼음을 알 수 있습니다.

2. ②

① 올해 이 대회에서 여자만 상을 받았다.

➡ ㉡을 보면 이 대회에는 여러 부문이 있으며, '김민수'라는 수상자가 있음을 알 수 있습니다.

② 이 대회는 매년 한글날을 기념하기 위해 열린다.

➡ ㉣의 내용과 같습니다. 또한 ㉢에서 '매년'이라고 한 내용과도 같습니다.

③ 여자는 상을 받기 전에는 이 대회에 대해 전혀 몰랐다.

➡ ㉢에서 매년 발표되는 수상자들을 관심 있게 보고 있었다고 말합니다.

④ 올해 '아름다운 노래 가사' 부문은 좋은 작품이 별로 없었다.

➡ ㉠의 내용과 다릅니다.

단어 수상 / 부문 / 치열하다 / 상을 타다 / 노랫말 / 외래어 / 한글날 / 개최되다

[3–4]

여자: 저는 대표님 회사의 이야기를 듣고 나서야 사람마다 자기한테 어울리는 색깔이 있다는 사실을 알았습니다.

남자: 네, 상담 받으러 오시는 분들도 ㉠이런 게 있는 줄 몰랐다는 얘기를 많이 하세요. 모든 사람의 외모가 다 다른 것처럼 자신에게 어울리는 색깔도 다 달라요. 피부나 머리카락 색깔, 표정이나 체형에 따라서 차이가 있습니다. 저희는 여러 방식으로 진단을 해서 고객님께 적합한 색깔을 찾아 드리는 일을 하고 있어요. 처음에는 연예인분들이 상담을 받으러 많이 오셨어요. 아무래도 외적인 아름다움이 강조된 분야니까 ㉡자신을 최대한 잘 꾸미기 위해서 그렇겠지요. 하지만 요즘에는 취업을 앞둔 학생들이 상담을 많이 받습니다. ㉢취업을 준비하며 자신의 매력을 잘 보여 줄 수 있는 옷의 색이나 증명사진 배경색에 대해서 많이 물어보십니다.

3. ①

여자가 남자의 말을 듣고 사람마다 자기한테 어울리는 색깔이 있다는 것을 알았다는 내용과 같고, 남자는 여러 사람들에게 어울리는 색깔을 찾아주는 일을 하므로 ①번이 정답입니다.

4. ③

① 대부분의 사람은 자신에게 어울리는 색깔을 잘 알고 있다.

➡ ㉠을 보면 아직 모르는 사람이 많다는 것을 알 수 있습니다.

② 연예인들은 외모가 뛰어나기 때문에 모든 색깔이 잘 어울린다.

➡ ㉡에서 연예인들도 본인에게 잘 어울리는 색깔을 찾기 위해 방문한다고 말합니다.

③ 취업을 위해서 자신의 매력을 잘 드러낼 수 있는 방법을 찾는 학생이 많다.

➡ ㉢에서 자신의 매력을 잘 보여줄 수 있는 색깔을 찾기 위해 남자에게 상담을 받는다고 말합니다.

④ 어울리는 색깔을 찾는 방법은 아주 간단해서 누구나 집에서 진단할 수 있다.

➡ 이와 같은 내용은 나오지 않습니다.

단어 어울리다 / 상담을 받다 / 진단하다 / 꾸미다 / 드러내다

Unit 3 연설

STEP 2 정답

1. **1**
   Q1. ②
   Q2. 다시 시도를 하면서 정답을 찾아 나아가
   2
   Q1. ②
   Q2. 그 인물을 이해하고 마음으로 받아들일
   3
   Q1. ①　　Q2. 꿈은 끊임없이 진화합니다
   4
   Q1. ①　　Q2. 지속적으로 고객과 소통하고

2. **1**
   Q1. 가, ㉡　　Q2. ③
   2
   Q1. 나, ㉡　　Q2. ①

STEP 3 정답

도전❶ 1. ③　　2. ①
도전❷ 1. ④　　2. ④

STEP 2 해설

1. **다음을 듣고 질문에 답하십시오.** p.92

1

남자: 여러분, 실수를 통해 성장할 수 있다면 그것은 실패가 아닙니다. 중요한 것은 실수나 실패를 바탕으로 다시 시도를 하면서 정답을 찾아 나아가는 것입니다.

Q1. ②
실수를 한 것이 실패는 아니며 실수를 한 후에 다시 시도하는 것이 중요하다고 했으므로 ②번이 정답입니다.

Q2. 다시 시도를 하면서 정답을 찾아 나아가

단어 성장하다 / 바탕 / 시도하다

2

남자: 저는 항상 좋은 연기자가 되려고 끊임없이 노력하고 있습니다. 특히 영화 속 인물에 대한 애정을 가지기 위해 애를 씁니다. 그 인물을 이해하고 마음으로 받아들일 때 진정한 연기를 할 수 있다고 생각합니다.

Q1. ②
영화 속 인물을 이해할 때 진정한 연기를 할 수 있다고 했으므로 ②번이 정답입니다.

Q2. 그 인물을 이해하고 마음으로 받아들일

단어 끊임없이 / 노력하다 / 애정 / 애를 쓰다 / 받아들이다

3

남자: 여러분이 20살에 정한 진로 계획은 30살이나 40살에도 똑같지는 않을 것입니다. 우리의 꿈은 끊임없이 진화합니다. 하지만 이것을 두려워하지는 마세요.

Q1. ①
끊임없이 진화하는 꿈을 두려워하지 않아도 된다고 했으므로 ①번이 정답입니다.

Q2. 꿈은 끊임없이 진화합니다

단어 진로 / 진화하다

4

남자: 요즘의 소비자들은 기업과의 소통을 통해 자신이 필요로 하는 제품과 서비스를 제안하는 능동적인 모습을 보이고 있습니다. 그러므로 앞으로 기업들은 지속적으로 고객과 소통하고 우리 사회가 원하는 것을 빠르게 읽어낼 수 있어야 합니다.

Q1. ①
능동적인 소비자와의 지속적인 소통이 중요하다고 했으므로 ①번이 정답입니다.

Q2. 지속적으로 고객과 소통하고

단어 소통 / 능동적이다 / 지속적으로

2. 다음을 듣고 질문에 답하십시오.

p.93

1

> 남자: 자랑스러운 신입생 여러분, 그동안의 힘든 수험 생활을 마치고 대학생이 된 것을 진심으로 축하드립니다. 저의 대학 시절을 돌이켜보면 후회되는 일이 참 많습니다. 저는 그때 운동만 하느라 그 나이에 할 수 있는 많은 것들을 하지 못했습니다. ㉠졸업 후에는 미국에서 선수 생활을 했지만 그때도 운동 이외에는 해보지 않은 것들이 너무 많았죠. 요즘의 대학생들은 학교 밖의 세상보다는 학교 안의 도서관에서 더 많은 시간을 보내는 것 같습니다. 취업과 학업 등으로 힘든 세상이지만 1, 2학년 때만이라도 ㉡세상 구석구석을 돌아다니며 사회가 어떻게 돌아가는지 세상이 어떻게 돌아가는지 직접 체험해 보시기 바랍니다. 그런 과정 속에서 내가 진정으로 무엇을 원하는지 무엇에 열정이 있는지를 확인해보시기 바랍니다.

Q1. 가, ㉡

남자의 말 처음에 '신입생'이라는 말이 나옵니다. 즉 입학식에서 신입생에게 하는 말이라는 것을 알 수 있습니다.

Q2. ③

① 이 사람은 미국에서 대학을 다녔다.
➡ ㉠을 보면 미국에서는 선수 생활을 했다고 말합니다.
② 취업을 위해서는 미리미리 준비해야 한다.
➡ 이와 같은 내용은 나오지 않습니다.
③ 꿈을 찾기 위해서는 다양한 경험이 필요하다.
➡ ㉡을 보면 내가 원하는 것, 즉 꿈을 위해서 여러 가지를 체험해보라고 말합니다.

단어 수험 생활 / 후회되다 / 취업 / 구석구석 / 체험하다 / 열정

2

> 남자: 오늘 이렇게 작가와의 만남에 참석해 주신 여러분들께 감사의 말씀을 드립니다. 오늘 작가와의 만남에서는 얼마 전에 출판된 '다시 시작하는 인생'의 저자 김미영 씨를 초대해 책과 관련된 여러 가지 이야기를 할까 합니다. 여러분도 아시다시피 김미영 씨는 간호사 시절의 이야기를 담은 ㉠첫 번째 책이 호평을 받으며 많은 사람들에게 알려졌는데요. 이 책은 원래 매주 신문에 연재하던 칼럼이었습니다. 환자들과 소통하고 공감하는 간호사의 삶을 글로 풀어내고 싶어서 시작한 일이었지요. ㉡현재 김미영 씨는 퇴직 후 제2의 인생을 살고 계신데요. ㉢병원에서 자원봉사를 하며 틈틈이 쓰신 글들을 모아 이번에 출판하게 되었습니다. 그럼 이번 책은 어떤 내용일지 작가님을 모시고 한번 들어 볼까요?

Q1. 나, ㉡

이 사람은 이번에 새로 출판된 책의 쓴 사람과 그 책의 내용을 간단히 소개하고 있습니다. 마지막에 작가를 자리로 초대하는 말을 하고 있으므로 말하는 사람은 행사를 진행하는 사회자입니다.

Q2. ①

① 김미영 씨의 이번 책은 두 번째 작품이다.
➡ ㉠과 ㉢을 보면 김미영 씨는 첫 번째 책으로 사람들에게 알려졌고 이번에 출판하는 책은 두 번째 작품임을 알 수 있습니다.
② 김미영 씨는 현재도 간호사로 일하고 있다.
➡ ㉡을 보면 현재는 퇴직 후이므로 일은 하지 않습니다.
③ 이 책은 자원봉사자들의 경험으로 이루어진 이야기이다.
➡ ㉢을 보면 이 책은 자원봉사자가 아닌 김미영 씨의 이야기를 모은 책입니다.

단어 출판 / 시절 / 호평 / 연재하다 / 칼럼 / 퇴직 / 틈틈이

STEP 3 해설

도전 ❶

p.94

[1–2]

> 남자: 오늘 이렇게 우리 도서관의 개관을 축하하기 위해 오신 여러분들께 감사의 말씀을 드립니다. 우리 도서관은 국내 최초 ㉠미술 서적 전문 도서관으로 공공도서관 서비스는 물론 작품의 전시나 예술가와의 만남 등 미술관으로서의 역할도 하게 될 것입니다. 각 층별 소개를 하자면 지상 1층은 전시실로 여러 작가의 작품들이 전시되어 있습니다. 2층의 자료 열람실에서는 어린이 · 청소년 자료와 일반 자료가 하나의 공간에 배치되어 연령별, 주제별 자료 열람이 가능합니다. 마지막 ㉡3층에는 예비 작가를 위한 창작 공간과 함께 문화 프로그램을 운영할 수 있는 다목적 강당이 있습니다. 앞으로 우리 도서관은 미술 전문가와 지역 주민들을 연결하는 새로운 공간으로 자리 잡아 시민들의 삶을 변화시킬 수 있는 새로운 문화 공간으로서의 역할을 해 나갈 것입니다.

1. ③

남자는 도서관의 개관식에 참석한 사람들을 위한 인사말을 하면서 도서관을 각 층별로 자세히 소개하고 있으므로 정답은 ③번입니다.

2. ①

① 작품 제작을 위한 공간이 마련되어 있다.
➡ ㉡을 보면 3층에 예비 작가를 위한 창작 공간이 있다고 말합니다.

② 이 도서관은 보수를 마치고 다시 문을 열었다.
➡ 이와 같은 내용은 나오지 않습니다.
③ 이 도서관에서는 다양한 분야의 책을 볼 수 있다.
➡ ㉠을 보면 이 도서관은 미술 서적 전문 도서관이므로 다른 분야의 책은 볼 수 없습니다.
④ 이 도서관에서 미술과 관련된 책을 구매할 수 있다.
➡ 도서관이기 때문에 책을 사는 것은 불가능합니다.

단어 개관 / 배치 / 열람 / 예비 / 창작 / 마련되다 / 보수

도전 ❷ p.94

[1–2]

남자: 여러분, 안녕하십니까? 인수식품 회장 김민수입니다. 먼저 저희 기업이 착한기업 상을 수상하게 되어 영광입니다. 특히 이 상은 ㉠소비자들의 투표로 정해진다고 들었기 때문에 더욱 더 그 의미가 큰 것 같습니다. 저희 기업에서 가장 중요하게 생각하는 것은 기업의 사회적 역할입니다. 저희 기업은 20년 전부터 ㉡심장병 어린이의 수술 비용을 후원하고 있습니다. 매달 5명으로 시작했지만 인원을 점차 늘려 현재는 ㉢매달 23명을 후원하고 있습니다. 그리고 10년 전 저의 사비로 설립한 재단에서는 ㉣형편이 어려운 대학생들에게 장학금도 지원하고 있습니다. 앞으로는 기업의 사회적 책임이 무엇보다 중요하다고 생각합니다. 기업의 사회적 기여에 더 관심을 가지고 소비자에게 신뢰와 존경을 받는 기업으로 남을 수 있도록 힘쓰겠습니다.

1. ④

이 사람은 기업의 사회적 역할과 사회적 책임이 중요하다고 이야기하면서 실제로 실천한 사례들을 이야기하고 있으므로 ④번이 정답입니다.

2. ④

① 착한기업 상은 정부에서 선정하여 주는 것이다.
➡ ㉠을 보면 상을 받는 기업은 소비자의 투표로 정해진다는 것을 알 수 있습니다.
② 매달 20명 이상이 이 기업으로부터 장학금을 받고 있다.
➡ ㉡과 ㉢을 보면 매달 20명 이상이 받는 것은 수술 비용입니다.
③ 장학금은 성적이 좋은 학생들이 우선적으로 받을 수 있다.
➡ ㉣을 보면 장학금은 형편이 어려운 즉 가난한 학생들이 받을 수 있습니다.
④ 이 기업은 아픈 아이들을 위해 금전적인 도움을 주고 있다.
➡ ㉡에서 심장병에 걸린 아이들을 위해 후원한다고 말합니다.

단어 수상하다 / 투표 / 사회적 / 심장병 / 수술 비용 / 후원하다 / 인원 / 사비 / 설립하다 / 재단 / 형편이 어렵다 / 지원하다 / 공헌 / 금전적

Unit 4 강연

STEP 2 정답

1.
1 Q1. ① Q2. 후각적인 인상
2 Q1. ① Q2. 납세 제도, 세금 제도
3 Q1. ① Q2. 다양하게 나뉘었지요
4 Q1. ① Q2. 운동하게 하기
5 Q1. ① Q2. 유익한 균입니다
6 Q1. ② Q2. 방해할 수 있기
7 Q1. ① Q2. 견해는 다양합니다
8 Q1. ① Q2. 고서의 발견 / 전산화되

2.
1 Q1. 가. ✕ 나. ○ 다. ○ Q2. ①
2 Q1. 가. ✕ 나. ○ 다. ○ Q2. ③
3 Q1. 가. ✕ 나. ✕ 다. ✕ Q2. ③
4 Q1. 가. ○ 나. ✕ 다. ○ Q2. ②

STEP 3 정답

도전 ❶	1. ③	2. ③	3. ①	4. ③
	5. ①	6. ③	7. ②	8. ④
도전 ❷	1. ④	2. ③	3. ②	4. ③
	5. ③	6. ③	7. ①	8. ②

STEP 2 해설

1. 다음을 듣고 질문에 답하십시오. p.101

1

> 여자: 향수의 노트는 한가지 원료나 여러 가지 배합에서 나타나는 하나의 향에 대한 후각적인 인상을 의미합니다. 일반적인 향수는 향이 나는 단계에 따라 베이스 노트, 미들 노트, 그리고 탑 노트 세 가지로 분류됩니다. 베이스 노트, 미들 노트 마지막으로 탑 노트 순으로 그 인상이 오래갑니다.

Q1. ①
여자는 향수의 노트는 향의 후각적 인상이라고 설명하고 있습니다.

Q2. 후각적인 인상

단어 원료 / 배합 / 후각 / 인상

2

> 남자: 조선 시대에는 대부분의 사람들이 토지를 기반으로 농업에 종사했습니다. 따라서 세금으로 특산물을 바치던 납세 제도인 공물 제도는 부담스러운 것이었습니다. 이러한 어려움을 덜어주고자 시작된 것이 '대동법'입니다. 대동법은 조선 시대의 공물을 모두 쌀로 통일해 내게 한 세금 제도이지요.

Q1. ①
강의의 마지막에 대동법은 세금 제도라고 설명하고 있습니다. 따라서 답은 ①번입니다.

Q2. 납세 제도, 세금 제도

단어 토지 / 기반 / 농업 / 종사하다 / 특산물 / 납세 제도 / 부담스럽다 / 공물

3

> 여자: 19세기 동양과 서양의 충돌은 동양에 큰 변화를 야기했습니다. 이에 따른 동양의 지식인들의 견해도 다양하게 나뉘었지요. 어떤 사람들은 서양을 배척해야 한다고 주장했는가 하면 어떤 사람들은 서양의 발전한 문물을 받아드려야 한다고 주장했습니다. 또 그 중간적 입장으로 동양의 정신과 서양의 기술을 합치해야 한다고 한 사람도 있었죠.

Q1. ①
동양과 서양의 충돌에 대한 동양 지식인들의 견해(= 생각)가 다양하게 나뉘었다고 하고 그 예를 들고 있으므로 답은 ①번입니다.

Q2. 다양하게 나뉘었지요

단어 충돌 / 야기하다 / 견해 / 배척하다 / 문물 / 합치하다

4

> 남자: 지면에 멈춰 있는 물체를 운동하게 하기 위해서는 특별히 더 큰 힘이 요구됩니다. 멈춰 있는 물체가 움직이는 순간의 마찰력을 우리는 최대정지마찰력이라고 부릅니다. 물체를 움직이게 하려는 힘이 이 최대정지마찰력보다 커질 때 비로소 물체는 운동하기 시작합니다.

Q1. ①
멈춰 있는 물체를 운동하기 위해서 최대정지마찰력보다 큰 힘을 줘야 한다고 설명하므로 답은 ①번입니다.

Q2. 운동하게 하기

단어 멈추다 / 순간 / 마찰력 / 비로소

5

> 여자: 유산균은 여러 부분에서 유익한 균입니다. 유산균은 우리 몸의 장 속에 서식하는데 소화를 비롯한 생체 순환에 좋은 영향을 줍니다. 이뿐만 아니라 많은 분들이 알고 계신 바와 같이 면역 기능 향상에 큰 도움이 됩니다.

Q1. ①
여자는 유산균의 유익함을 예를 들어 소개하고 있습니다.

Q2. 유익한 균입니다

단어 유산균 / 유익하다 / 서식하다 / 생체 순환 / 면역 기능 / 향상

6

> 남자: 문학작품을 잘 이해하기 위해서는 어떻게 글을 읽어야 할까요? 평론가들의 글을 참고해야 합니까? 아니면 글의 작가가 쓴 해설을 찾아봐야 할까요? 저는 여러분이 다른 사람들의 의견보다는 자신의 해석을 믿으시길 바랍니다. 그저 전문가의 의견을 따라가는 것은 작품과 독자의 직접적인 소통을 방해할 수 있기 때문이죠.

Q1. ②
강연의 마지막에서 여자는 전문가의 따라가는 것이 작품과 독자의 소통을 방해할 수 있다며 우려합니다.

Q2. 방해할 수 있기

단어 평론가 / 해설 / 해석 / 직접적 / 방해하다

7

> 여자: 삼국의 언어생활에 대한 견해는 다양합니다. 먼저 삼국이 서로 의사소통이 가능한 방언 수준의 차이를 보였다는 주장이 있습니다. 그리고 그 근거로 삼국이 통역을 두었다는 기록이 없다는 것을 듭니다. 하지만 삼국에서 실제로 사용한 단어들만 비교해 보아도 큰 차이를 찾을 수 있기 때문에 삼국의 언어는 상당히 달랐다는 주장도 있습니다.

Q1. ①
여자는 자신에 의견을 말하지 않고 삼국의 언어생활에 대해 다양한 견해가 있다고 말하며 두 가지 이견을 제시하고 분석합니다.

Q2. 견해는 다양합니다

단어 견해 / 방언 / 근거 / 기록

8

> 여자: 조선 시대 왕과 양반이 아닌 일반 사람들에 대한 연구는 비교적 최근에야 이루어졌습니다. 이는 관련된 자료가 매우 부족했기 때문이죠. 하지만 최근 여러 고서의 발견으로 일차 자료가 풍성해졌으며 더불어 자료들이 모두 전산화되며 연구자들의 접근성도 좋아졌습니다. 이러한 결과로 기존의 여러 이론들이 검증되고 새롭게 정리될 수 있었습니다.

Q1. ①
여자는 조선 시대에 대한 연구가 발전할 수 있었던 요인으로 고서의 발견과 전산화를 들어 설명하고 있습니다.

Q2. 고서의 발견 / 전산화되

단어 양반 / 고서 / 전산화되다 / 접근성 / 검증되다

2. 다음을 듣고 질문에 답하십시오.
p.103

1

> 여자: ㉠사람들은 흔히 동양의 사상이 서양의 사상에 비하여 시대에 뒤떨어져 있다고 오해하곤 합니다. 하지만 이러한 생각은 우리가 동양의 사상을 깊게 고찰해 보지 않았기 때문에 생긴 오해입니다. ㉡맹자는 자신의 책에서 지도자의 두 가지 역할로 백성들의 생계를 보장하는 것과 도덕적, 교육적 기준을 마련하는 것을 들었습니다. 생계 보장을 위하여 세금을 줄이고 노약자를 위한 대책을 세워 공평하게 부를 나눌 것을 주장했습니다. 이는 현대 사회의 복지의 개념에 대응되며 ㉢서양의 복지의 개념이 등장하기 전에 이미 동양에도 이와 같은 개념이 있었음을 보여 줍니다.

Q1. 가. ✕ 나. ○ 다. ○
가. 보통 사람들은 동양과 서양의 사상이 모두 뛰어나다고 생각한다.
➡ ㉠에서 사람들은 동양의 사상이 뒤떨어진다고 생각한다고 말합니다.
나. 맹자는 자신의 책에 지도자의 역할에 관하여 서술하였다.
➡ ㉡에서 맹자가 지도자의 역할에 대해 이야기했다고 말합니다.
다. 동양에서도 현대의 복지와 유사한 개념이 존재하였다.
➡ ㉢에서 동양에도 복지와 같은 개념이 존재한다고 말합니다.

Q2. ①
이 강연의 동양의 사상이 서양에 비하여 시대에 뒤떨어지지 않았음을 예를 들어 설명하고 있습니다. 따라서 답은 ①번입니다.

단어 사상 / 오해 / 고찰하다 / 지도자 / 생계 / 보장하다 / 대책 / 공평하다 / 개념

2

> 여자: 치매란 여러 원인으로 성숙한 뇌가 일상생활을 유지할 수 있는 수준의 인지 활동을 하지 못하는 것을 의미합니다. ㉠보통 노년기에 나타나는데, 고령화가 가속되고 있는 우리 사회에서 ㉡치매로 인하여 고통을 받는 환자와 가족의 수는 계속해서 증가하고 있습니다. 치매 증상의 대표적인 예로는 기억력 감퇴와 공간지각 장애 그리고 계산장애가 있습니다. 어느날 ㉢갑자기 집으로 가는 길이 기억나지 않는다거나 시계를 그릴 수 없고, 간단한 덧셈, 뺄셈을 하는 것에 어려움을 느끼신다면 치매를 의심해 볼 수 있습니다. 이외에도 방금 식사를 한 것을 잊고 다시 허기를 느끼는 것도 대표적인 치매의 증상입니다.

Q1. 가. ✕ 나. ○ 다. ○
가. 치매는 보통 성장하는 청소년의 뇌에서 발생한다.
➡ ㉠에서 치매는 보통 노년에 나타난다고 말합니다.
나. 치매로 인해 공간을 잘 인식하지 못할 수 있다.
➡ ㉢과 같이 공간을 인식하지 못하는 것도 치매의 증상입니다.
다. 치매 환자의 수는 지속적으로 증가하고 있다.
➡ ㉡에서 치매 환자의 수는 계속해서 증가한다고 말합니다.

Q2. ③
강연에서 여자는 치매가 무엇인지를 먼저 정의하고 치매의 여러 증상을 이야기하므로 답은 ③번입니다.

단어 치매 / 인지 활동 / 노년기 / 고령화 / 가속되다 / 기억력 감퇴 / 공간지각 장애 / 계산 장애 / 허기

3

여자: 우리가 서 있는 ㉠땅은 매우 단단하고 움직이지 않는 것 같지만 사실은 그렇지 않습니다. 지구 표면은 ㉡딱딱하지만 깨어지기 쉬운 판으로 이루어져 있으며 이 판들이 이동하며 화산 및 지진이 발생합니다. 그리고 이것을 정리한 것이 바로 판구조론입니다. 1910년 대륙들이 이동한다는 대륙이동설에서 바다가 확장된다는 해저확장설을 거쳐 1960년 초에 드디어 판구조론이 정립되었습니다. 물론 ㉢현재에도 새로운 발견과 연구를 통하여 수정과 보완이 되고 있습니다. 이처럼 보편적으로 인정되는 위대한 과학 법칙들은 한 번에 정립되는 경우가 거의 없습니다. 오랜 시간에 걸쳐 여러 사람들의 끊임없는 연구와 보완으로 만들어집니다.

Q1. 가. ✕ 나. ✕ 다. ✕

가. 땅은 움직이지 않는다.

➡ ㉠에서 땅이 움직이지 않는 것 같지만 그렇지 않다고 말합니다.

나. 판이란 지구 표면이며 딱딱하고 부서지지 않는다.

➡ ㉡에서 판은 딱딱하나 잘 부서진다고 말합니다.

다. 한 번 완성된 판구조론은 현재에는 수정되지 않는다.

➡ ㉢에서 현재에도 수정되고 있다고 말합니다.

Q2. ③

여자는 과학 법칙들이 어떻게 정립되는가를 판구조론을 예를 들어 설명하고 있습니다. 따라서 답은 ③번입니다.

단어 화산 / 지진 / 대륙 / 확장되다 / 정립되다 / 수정 / 보완 / 보편적이다

4

여자: ㉠모두들 교육이 매우 중요하다고 생각합니다. 더 좋은 교육 방법과 제도를 위해서 정부를 비롯한 많은 교육기관이 투자를 하고 있습니다. 그런데 저는 오늘 좀 다른 이야기를 하고 싶습니다. 교육이 정말 그렇게 중요하다면 교육이 진행되는 장소도 중요하지 않을까요? ㉡학교 건물을 보면 교도소와 그 구조가 아주 유사합니다. 그러니 같은 규격으로 만들어진 교실에서 아이들이 갇혀 있는 듯 느끼는 것은 당연한 일이겠지요. 더욱이 정서적으로 안정감을 갖기 위해서 사람은 땅과 가까이 있어야 하는데, 비용을 줄이고자 높이 지은 학교는 이런 점을 전혀 고려하지 않습니다. 심지어 저층은 교장실과 행정실로 사용하니 ㉢우리 아이들의 정서 발달이 정말 걱정됩니다.

Q1. 가. ○ 나. ✕ 다. ○

가. 보통 사람들은 교육을 중요하다고 생각한다.

➡ ㉠을 보면 모두 교육을 중요하다고 생각합니다.

나. 교도소는 학교 건물과는 구조가 매우 다르다.

➡ ㉡에서 학교 건물과 교도소 건물이 매우 비슷하다고 말합니다.

다. 건물의 구조는 사람들의 정서에 영향을 준다.

➡ 여자는 저층에 교실이 없는 학교 건물의 구조를 이야기하며 ㉢과 같이 아이들의 정서를 걱정합니다.

Q2. ②

여자는 사람들이 교육을 중요하게 생각하면서도 학교의 구조에 대해서는 생각하지 않는 다는 것을(= 맹점) 이야기하며 아이들의 정서를 걱정하므로 답은 ②번입니다.

단어 제도 / 투자(를) 하다 / 교도소 / 유사하다 / 갇히다 / 안정감 / 정서 발달 / 맹점

STEP 3 해설

도전 ❶

p.105

[1–2]

여자: 드론이 개발되며 ㉠많은 사람들은 우리의 생활이 얼마나 달라질까 기대하게 되었습니다. 일부 사람들은 지금 이용하고 있는 ㉡택배와 배달 시스템에서도 곧 드론을 이용하게 될 것이라는 전망을 내놓았죠. 하지만 드론을 이렇게 이용하기에는 치명적인 약점이 있습니다. 드론을 상용화하는 것의 가장 큰 두 가지 문제는 다음과 같습니다. 첫째로, 많은 ㉢드론이 움직이게 되면 하늘로 이동하는 여러 동물들의 생태계에 혼란을 줄 수 있다는 것입니다. 둘째로, 드론을 이용해 보신 분들은 아실텐데요. ㉣드론이 매우 시끄럽습니다. 따라서 드론을 기반으로 하는 배송 서비스의 상용화는 생각만큼 쉬운 일이 아닙니다.

1. ③

이 강연은 드론 기술이 가지고 있는 문제점을 통하여 상용화가 되기 어려운 이유를 설명합니다. 따라서 답은 ③번입니다.

2. ③

① 드론으로 일상 생활이 많이 변화하였다.
➡ ㉠을 보면 이것은 기대임을 알 수 있습니다.
② 드론을 이용한 택배 시스템이 개발되었다.
➡ ㉡을 보면 이것은 전망임을 알 수 있습니다.
③ 드론은 생태계에 좋지 않은 영향을 줄 수 있다.
➡ ㉢에서 드론이 생태계에 혼란을 준다고 말합니다.
④ 드론을 사용하면 소음이 없이 배송이 가능하다.
➡ ㉣에서 드론은 시끄럽다고 말하므로 답이 될 수 없습니다.

단어 드론 / 전망을 내놓다 / 치명적이다 / 상용화하다 / 생태계 / 기반으로 하다

[3–4]

여자: 영화를 살펴보면 영화가 만들어진 당시의 사람들이 걱정하고 두려워하는 것이 무엇인지를 알 수 있습니다. 1960년대 큰 인기를 끌었던 ㉠'하녀'라는 영화에서는 시골에서 유입된 젊은 여성 노동력이 가정을 무너뜨릴 수 있음을 두려워하고 있습니다. ㉡더불어 증가하는 여성의 사회 진출에 대한 여러 우려들이 많은 영화에서 잘 나타납니다. 그렇다면 최근에는 영화에서 어떤 두려움을 살펴볼 수 있을까요? 가장 많이 발견되는 것은 영화 '성실한 나라의 엘리스'와 '기생충'에서 나타나는 ㉢노력해도 극복할 수 없는 사회 양분화입니다. ㉣한때는 노력으로 극복할 수 있을 것 같았던 가난이, 더 이상 개인의 힘으로 이겨낼 수 있는 것이 아니라는 사람들의 걱정과 두려움이 반영되고 있는 것이지요.

3. ①

이 강연은 영화가 시대에 따라 당시의 사회적 문제를 담고 있음을 이야기합니다. 따라서 답은 ①번입니다. ②번의 흥행에 대한 내용은 나오지 않습니다.

4. ③

① 1960년대에는 여성들의 사회 진출이 줄어들었다.
➡ ㉡를 보면 여성의 사회진출은 증가했음을 알 수 있습니다.
② 영화 '하녀'는 남성 노동력에 대한 두려움이 담겨있다.
➡ ㉠을 보면 '하녀'는 남성이 아닌 여성 노동력에 대한 이야기입니다.
③ 최근에는 개인이 극복하기 어려운 사회 양분화가 문제이다.
➡ ㉢에서 최근에는 사회 양분화에 대해 이야기한다고 말합니다.
④ 최근 영화는 걱정과 두려움보다는 노력의 중요성을 강조한다.
➡ ㉣에서는 최근 영화에서도 걱정과 두려움이 반영된다고 말합니다.

단어 유입되다 / 노동력 / 무너뜨리다 / 우려 / 양분화 / 극복하다 / 반영되다 / 흥행하다

[5-6]

> 여자: 가정에서 ㉠도마뱀을 사육하는 사람들이 많아지면서 최근 저에게도 많은 분들이 관련 질문을 많이 하십니다. ㉡도마뱀은 개나 고양이와 달리 넓은 장소를 필요로 하지 않는다는 점에서 좁은 집에서도 키울 수 있다는 장점이 있습니다. 햄스터나 고슴도치와 같은 설치류도 물론 넓은 장소를 필요로 하지는 않지만, 그런 동물들은 악취가 심하다는 단점이 있지요. 하지만 ㉢도마뱀은 탈피를 하기 때문에 따로 목욕을 시킬 필요도 없을뿐더러 냄새도 전혀 나지 않습니다. 사람으로 비유하자면 자주 옷을 갈아입는다고 할 수도 있겠군요. 더욱이 탈피 후 껍질도 스스로 모두 먹어치우기 때문에 좁은 주거 환경에서 키우기 좋은 동물이지요.

5. ①

① 최근 도마뱀을 키우는 사람이 늘고 있다.
➡ ㉠에서 도마뱀을 키우는 사람들이 많아졌다고 말합니다.
② 도마뱀을 키우려면 넓은 장소가 필요하다.
➡ ㉡에서 도마뱀은 넓은 장소가 필요하지 않다고 말합니다.
③ 햄스터와 고슴도치도 도마뱀처럼 탈피한다.
➡ 이와 같은 내용은 나오지 않습니다.
④ 도마뱀은 자주 씻기 때문에 냄새가 나지 않는다.
➡ ㉢을 보면 도마뱀이 냄새가 나지 않는 이유는 탈피를 하기 때문입니다.

6. ③

강연에서 도마뱀과 다른 동물의 생활을 비교하며 좁은 주거 환경에서 도마뱀 사육의 장점을 평가하고 있습니다.

단어 도마뱀 / 설치류 / 악취 / 탈피 / 껍질 / 주거 환경

[7-8]

> 여자: 인류 최초의 어머니는 누구일까요? 우리의 세포 속에 이 질문에 대한 답이 담겨 있습니다. 흔히 아버지와 어머니가 동일하게 자녀에게 유전자를 물려준다고 생각하지만, 사실은 그렇지 않습니다. ㉠세포 핵 속의 유전자는 아버지와 어머니가 같은 양을 물려주지만, ㉡세포질 속 미토콘드리아의 유전물질은 그렇지 않습니다. 세포를 채우고 있는 ㉢세포질과 세포질 속의 물질은 오직 어머니에게서만 물려받기 때문이지요. 따라서 ㉣세포질 속 유전물질의 기원을 따라 올라가면 최초의 어머니를 찾을 수 있게 됩니다. 우리는 이 최초의 어머니를 '미토콘드리아 이브'라고 부르는데 연구자들은 최초의 어머니가 20만 년 전 칼라하리에 살았다는 것을 밝혀냈습니다.

7. ②

① 세포의 핵 속에는 유전자가 없다.
➡ ㉠에서 유전자가 핵 속에 있다고 말합니다.
② 세포질 속에는 유전물질이 들어있다.
➡ ㉡에서 유전물질이 있는 미토콘드리아가 세포질 속에 있다고 말합니다.
③ 미토콘드리아는 아버지에게 물려받는다.
➡ ㉢을 보면 세포질 속의 물질은 어머니에게 물려받는데 미토콘드리아는 세포질 속 물질입니다.
④ 최초의 어머니는 유전물질로 찾을 수 없다.
➡ ㉣에서 유전물질로 최초의 어머니를 찾았다고 말합니다.

8. ④

여자는 세포질 속의 유전물질을 통하여 인류 최초의 어머니를 찾은 사례를 소개하고 있습니다. 따라서 답은 ④번입니다.

단어 세포 / 유전자 / 핵 / 유전물질 / 세포질 / 물려받다 / 기원 / 최초

도전 ❷ p.107

[1–2]

여자: 보통 좋은 뜻을 담기 위해 한자로 이름을 많이 짓지만, ㉠ 고민을 해보면 좋은 뜻을 가진 한글 이름도 충분히 지을 수 있습니다. 좋은 의미가 담긴 한글 이름을 짓는 방법은 여러 가지가 있습니다. 먼저 이미 있는 한글 단어를 사용하는 방법이지요. ㉡'용'을 뜻하는 '미르'나 '보람차다'는 뜻의 '보람'이 이런 이름입니다. 전문가가 아니어도 도전해 볼 만한 방법이지요. 물론 좀 더 창의적으로 ㉢한글로 된 여러 단어를 모아서 이름을 만들 수도 있습니다. 예를 들어 '슬옹'이라는 이름은 '슬기롭다'와 '옹골차다'를 합쳐서 만든 이름입니다. '슬옹'은 ㉣흔하지도 않고 좋은 뜻도 있으니 아주 잘 지어진 한글 이름이라고 볼 수 있지요.

1. ④

이 강의에서는 좋은 뜻을 담은 한글 이름을 만드는 법에 대해서 설명하고 있습니다. 따라서 답은 ④번입니다.

2. ③

① 한글 이름은 뜻을 가질 수 없다.
➡ ㉠에서 한글 이름도 뜻을 가질 수 있다고 말합니다.
② '미르'는 두 단어를 합친 이름이다.
➡ ㉡의 미르는 '용'을 뜻하는 것으로 두 단어를 합친 이름이 아닙니다.
③ 여러 단어를 합쳐서 이름을 지을 수 있다.
➡ ㉢에서 여러 단어를 모아 이름을 만드는 방법을 소개합니다.
④ 많은 사람들이 사용하는 이름이 좋은 이름이다.
➡ ㉣에서 흔하지 않고 좋은 뜻을 가진 이름이 좋은 이름이라고 평가합니다.

단어 의미 / 창의적 / 보람차다 / 슬기롭다 / 옹골차다

[3–4]

여자: 우리는 같은 음식이 시대와 상황에 따라, 이전과는 달라지는 것을 쉽게 볼 수 있습니다. 예를 한번 들어 볼까요? 떡볶이는 대표적인 한국의 길거리 음식입니다. 그런데 이 떡볶이가 처음부터 지금과 같은 모습은 아니었습니다. ㉠ 초기의 떡볶이는 궁중에서 간장 양념에 재운 쇠고기와 떡을 같이 볶아서 만든 음식이었죠. 현재와 같은 ㉡고추장으로 맛을 낸 떡볶이는 한국전쟁 이후 등장합니다. 그리고 최근에는 짜장으로 양념을 하는 짜장 떡볶이뿐만 아니라 다양한 재료를 넣은 떡볶이도 유행하고 있고요. 다른 음식에서도 이러한 예를 쉽게 찾아볼 수 있습니다. 시대가 지나며 입맛도 바뀌고 음식을 즐기는 문화도 변화합니다.

3. ②

시대에 따라 떡볶이의 맛이 어떻게 바뀌는가를 이야기하며, 시간이 지나며 음식이 변화한다는 것을 이야기하므로 답은 ②번입니다.

4. ③

① 초기의 떡볶이에는 고기를 넣지 않았다.
➡ ㉠을 보면 초기 떡볶이에는 고기를 넣었습니다.
② 떡볶이는 원래 궁중에서는 먹지 않았다.
➡ ㉠에서 궁중에서 떡볶이를 만들어 먹었다고 말합니다.
③ 한국전쟁 후 떡볶이에 고추장을 넣었다.
➡ ㉡에서 고추장을 넣은 떡볶이는 한국전쟁 이후 등장했다고 말합니다.
④ 최근에는 간장으로 만드는 떡볶이가 나왔다.
➡ ㉠을 보면 간장으로 만드는 떡볶이는 예전부터 있었습니다.

단어 시대 / 초기 / 궁중 / 재우다 / 맛을 내다 / 한국전쟁

[5–6]

여자: ㉠1970년대 말부터 학습자들의 지능을 측정하고자 하는 노력이 있었습니다. 흔히 생각하는 아이큐 검사도 그중에 한 가지지요. ㉡초기에 등장한 대부분의 검사는 언어 지능, 논리 수학 지능만을 중심으로 이루어졌습니다. 하지만 우리가 주변을 조금만 둘러보아도 각 사람마다 강점이 다르다는 것을 쉽게 알 수 있죠. 이처럼 사실 각 사람의 지능을 한, 두 가지 영역으로만 측정하는 것은 문제가 있습니다. 이 관점에서 다양한 분야의 지능을 고려해야 한다는 주장과 함께 등장한 것이 바로 가드너의 다중 지능 이론입니다. ㉢다중 지능 이론에서는 각 사람의 지능을 최소 7가지의 영역에서 측정하고 그 중 ㉣강점이 무엇인지를 고려하여 교육에 반영해야 한다고 말합니다.

5. ③

① 1970년대에는 지능을 측정하지 않았다.
➡ ㉠에서 1970년대 말부터 지능을 측정하고자 했다고 말합니다.
② 초기에는 언어 지능을 검사하지 않았다.
➡ ㉡을 보면 초기부터 언어 지능을 중요하게 생각하고 검사했습니다.
③ 인간 지능은 다양한 영역으로 측정해야 한다.
➡ ㉢에서 최소 7가지의 영역에서 인간의 지능을 측정한다고 말합니다.
④ 교육에서는 다중 지능을 고려하지 않아도 된다.
➡ ㉣에서 강점을 고려하여 교육에 반영해야 한다고 말합니다.

6. ③

여자는 다중 지능 이론이 등장한 이유를 소개하고 있으므로 답은 ③번입니다.

단어 지능 / 아이큐 검사 / 논리 / 측정하다 / 고려하다 / 다중 지능 / 반영하다

[7–8]

여자: ㉠최근 세계적인 전염병 발병으로 사람들의 신체 정보를 빠르게 수집할 수 있는 기술의 필요성이 많이 언급되고 있습니다. ㉡손목시계처럼 차면 바로바로 혈압과 체온을 재고, 그것을 보건기관으로 송신하는 기계가 당장이라도 나올 것 같습니다. 이러한 기술은 병이 퍼지기 전 먼저 환자를 찾아내고 대처할 수 있다는 점에서 공중보건의 미래가 될 수 있겠지요. ㉢하지만 우리의 체온을 감지하고, 또 우리가 작은 기침을 하는 것까지 기록할 수 있는 기술이라면 우리의 감정과 생각을 잡아내는 것도 가능함을 의미합니다. 이것은 곧 ㉣24시간 우리의 생각과 행동이 감시 당할 수 있다는 것을 말합니다.

7. ①

① 얼마 전 세계적으로 전염병이 퍼졌다.
➡ ㉠을 보면 최근 세계적으로 전염병이 유행한 것을 알 수 있습니다.
② 바로 신체정보를 송신하는 기계가 개발됐다.
➡ ㉡을 보면 기계는 아직 개발된 것이 아닙니다.
③ 기술로 우리의 감정과 생각을 알아낼 수 없다.
➡ ㉢에서 기술로 우리의 감정과 생각을 알 수 있다고 말합니다.
④ 전염병으로 우리는 24시간 감시 당하고 있다.
➡ ㉣을 보면 우리가 감시 당할 수 있다는 것을 우려합니다.

8. ②

여자는 사람들의 신체 정보를 수집하는 기술이 사람들을 감시하는 것에 사용될 것을 걱정하고 있으므로 답은 ②번입니다.

단어 전염병 / 발병 / 수집하다 / 보건기관 / 송신하다 / 대처하다 / 감시(를) 당하다

Unit 5 다큐멘터리

STEP 2 정답

1. 1 ①　2 ②　3 ①　4 ②

2. 1
Q1. 가. ○ 나. × 다. ×　Q2. ②
2
Q1. 가. × 나. ○ 다. ○　Q2. ②

STEP 3 정답

도전❶ 1. ③　2. ①
도전❷ 1. ④　2. ②

STEP 2 해설

1. 다음을 듣고 질문에 답하십시오. p.111

1 ①

여자: 조선 시대 여성들의 삶은 여전히 드러나지 않은 부분이 많다. 기록들 속에서 여성들은 남성이 없이는 생활을 유지하기 어려운 존재로 묘사되어 왔다. 하지만 최근 복원된 이 기록을 살펴보자. 이 여성은 오빠들과 동일하게 부모의 재산을 상속받았고 남편과는 독립적으로 자신의 재산을 관리하였다. 결혼을 한 후에도 남편과 별도로 자신의 재산을 관리한 여성의 기록은 이것뿐만이 아니다.

최근 발견된 여러 기록에서 여성들이 남자 형제와 똑같이 유산을 받고 남편과도 따로 재산을 관리하고 있다고 했으므로 여성들이 독립적으로 경제 활동을 했음을 알 수 있습니다. 따라서 정답은 ①번입니다.

단어 묘사되다 / 복원되다 / 상속받다 / 별도로

2 ②

남자: 우울증. 흔히 마음의 감기라 불리는 우울증은 그저 일상에서 우울감을 느끼는 것만을 의미하지 않는다. 우울증 환자의 뇌를 관찰하면 뇌의 다양한 영역에서 여러 가지 변화를 볼 수 있다. 이는 우울증이 여러 가지 모양으로 나타남을 의미하기도 한다. 우울증은 식욕 감퇴와 수면 장애와 같은 우리에게 익숙한 증상 외에도 기억력 감퇴를 비롯한 여러 인지능력의 감퇴로 나타난다.

우울증이 증상이 우울감 외에도 여러 가지로 나타남을

설명하고 있습니다. 따라서 우울증의 증세가 다양하다고 말하는 ②번이 정답입니다. 보기에서는 '증상'을 '증세'라는 단어로 표현했습니다.

단어 우울감 / 영역 / 식욕 / 감퇴 / 기억력 / 인지능력 / 수면 장애

3 ①

여자: 1348년 말부터 시작되어 1349년 여름을 지나면서 잦아들었던 흑사병. 유럽 인구의 60%가 사망했는데, 이는 날마다 200명을 매장했다는 것을 의미한다. 당시의 사람들은 많은 시신을 처리하기 위해서 땅을 파서 시신을 놓고 그 위에 진흙을 덮은 후 다시 그 위에 시신을 놓았다. 그 자리를 조사해보면 매우 혼란한 상황에서도 시신들은 가지런히 처리된 것을 볼 수 있는데 이는 종교적인 이유 때문이었다.

당시의 사람들이 많은 시신을 처리하기 위해서 시신을 여러 겹으로 쌓았다고 합니다. 따라서 정답은 ①번입니다. 사람들이 종교적인 관습을 지키기 위해서 한 일은 시신을 가지런히 처리한 것입니다.

단어 잦아들다 / 흑사병 / 사망하다 / 매장하다 / 시신 / 가지런하다

4 ②

남자: 이곳은 대학의 도서관이다. 대학의 시험 기간이면 밤을 새워 공부하는 학생들을 쉽게 찾아볼 수 있다. 짧은 시간 안에 많은 것을 공부하고자 잠을 포기한 것이다. 하지만 이는 뇌과학의 관점에서 좋지 않은 선택이다. 잠은 마치 우리의 뇌가 아무것도 하지 않고 쉬는 것처럼 보인다. 하지만 뇌는 우리가 잠을 자는 동안 입력된 정보를 정리한다. 잠이 부족하면 우리의 뇌는 계속 입력되는 정보를 효과적으로 처리하지 못하고 정보와 정보를 연결할 수도 없다.

수면 중 뇌는 쉬는 것처럼 보이나 입력된 정보를 정리한다고 설명하고 있습니다. 따라서 정답은 ②번입니다.

단어 입력되다 / 수면을 취하다 / 뇌과학

2. 다음을 듣고 질문에 답하십시오. p.112

1

여자: 바이러스는 생명체인가? 과학자들은 이 문제로 오랜 시간 논쟁을 해 왔다. 이는 바이러스가 생물적 특성과 무생물적 특성을 모두 보이기 때문이다. 일반적으로 생명체를 정의하는 데에는 중요한 요건이 몇 가지 있는데, 그중 한 가지는 ㉠생명체라면 자신의 유전물질로 자신과 유사한 생명체를 재생산할 수 있어야 한다는 것이다. 그런데 문제는 바이러스가 이 조건을 완벽히 충족시킨다고 보기 어려운 것이다. ㉡바이러스는 자신의 유전물질을 가지고 있으나 오직 숙주에 감염이 된 후에만 재생산할 수 있다. 따라서 숙주가 없다면 바이러스는 공중에 떠다니는 단백질에 불과하다. 하지만 ㉢숙주 안으로 들어가는 순간, 바이러스는 매우 공격적으로 자신을 복제하기 시작한다.

Q1. 가. ○ 나. ✕ 다. ✕

가. 생명체들은 유전물질을 가지고 있다.

➡ ㉠의 생명체들은 자신의 유전물질로 유사한 생명체를 생산할 수 있다는 문장에서 유전물질을 가지고 있음을 추측할 수 있습니다.

나. 바이러스 안에는 유전물질이 없다.

➡ ㉡에서 바이러스는 유전물질을 가지고 있다고 말합니다.

다. 숙주 안에서의 바이러스는 무생물의 상태이다.

➡ ㉢에서 바이러스는 숙주 안에서 자신을 복제하기 시작한다고 했고 이는 생물의 특성입니다.

Q2. ②

바이러스가 숙주 밖에서는 무생물의 특성을, 그리고 숙주 안에서는 생물을 특성을 보인다는 것을 설명하고 있습니다. 따라서 정답은 바이러스가 생물과 무생물의 특성을 모두 지닌다는 ②번입니다.

단어 생명체 / 유전물질 / 복제하다 / 충족하다 / 숙주 / 생물 / 무생물

2

> 남자: 근대화는 시각의 시대를 열었다. 다채로운 ㉠시각 자극은 시각 외 다른 감각들의 자리를 빼앗았다. 특히 여러 감각 중 후각은 원초적이고 동물적인 것으로 평가되었다. ㉡하지만 공중위생과 보건의 분야에서 후각은 큰 역할을 담당하였다. 근대의 악취는 곧바로 질병과 연관이 되어, 악취를 없애는 것은 공중 보건의 중요한 역할이었다. ㉢전에는 인식하지 못했던 타인의 냄새를 불쾌하게 여기기 시작한 것도 바로 이 시기부터이다. 근대로 진입하며 사회는 질병으로부터 자신을 보호하기 위하여 냄새와의 전쟁을 선포한 것이다. 과학자들이 여러 물질을 통하여 악취를 제거하고자 노력하였고 환기를 강조하기 시작한 것도 바로 이 시기였다.

Q1. 가. ✕ 나. ○ 다. ○

가. 근대에는 후각이 중요한 위치를 담당한다.

➡ ㉠은 시각 외의 다른 감각들을 중요한 위치를 담당하지 못했다고 말합니다.

나. 근대의 후각은 공중위생과 관련하여 매우 중요하였다.

➡ ㉡에서 후각이 공중위생과 보건에서 중요한 역할을 했다고 말합니다.

다. 근대 이전에는 다른 사람의 냄새를 크게 신경 쓰지 않았다.

➡ ㉢에서 근대에 와서 다른 사람의 냄새를 신경 쓰기 시작했다고 말하고 있으므로 이전에는 다른 사람의 냄새를 신경쓰지 않았다고 추측할 수 있습니다.

Q2. ②

후각이 근대화 이후 공중위생과 보건에서 중요한 역할을 담당했음을 설명하고 있습니다. 따라서 정답은 ②번입니다.

단어 근대화 / 다채롭다 / 자극 / 원초적이다 / 공중 보건 / 공중위생 / 악취 / 타인 / 불쾌하다 / 환기 / 선포하다

STEP 3 해설

도전 ❶

p.113

[1–2]

> 남자: 지네와 같은 작은 동물에게 독이 있다는 것은 생존에 아주 유리함을 의미한다. 지네의 독은 염증을 유발하는 히스타민과 심한 통증을 일으키는 세로토닌으로 이루어져 있다. 지네의 독은 작은 곤충은 물론 강한 것은 도마뱀과 쥐도 마비시킬 수 있다. 지네가 가지고 있는 독이빨은 많은 다리 중 첫 번째 앞다리가 변형된 것이다. 독이 있는 많은 동물 중 지네는 유일하게 다리를 독이빨로 변형시킨 동물이다. 많은 다리 중 한 쌍을 독이빨로 진화시켜 치열한 생존경쟁에서 살아남은 것이다. ㉠지네에게는 살아남기 위한 선택이었지만, 이 독 때문에 지네는 해충으로 분류된다.

1. ③

지네가 살아남기 위해서 독을 어떻게 사용하며 지네의 독이빨이 어떻게 생겨났는가를 설명하고 있으므로 답은 ③번입니다.

2. ①

㉠에서 지네는 살아남기 위해 가지고 있는 독 때문에 해충으로 분류된다고 하므로 답은 ①번입니다.

단어 지네 / 생존 / 유발하다 / 유리하다 / 염증 / 통증 / 진화 / 해충

도전 ❷

p.113

[1–2]

> 남자: 동물과 같이 식물도 위험을 감지하고 주변 식물들과 의사소통을 한다. 식물은 ㉠재스민이라는 향기가 나는 물질을 통해 주변에 벌레의 공격을 알린다. 재스민은 벌레의 공격으로 손상된 부위에서 생산되어 주변으로 쉽게 날아간다. 주변의 식물은 이 신호를 인식하고 곤충에게 해가 되는 물질들을 축적하여 공격에 대비한다. 재스민 외에도 식물은 방향성 아스피린을 방출하여 주변 식물에 신호를 전한다. 한 식물이 병균에 감염되면 주변에 아스피린으로 신호를 보내 대비하게 하는 것이다. 재스민이나 아스피린 이외에도 식물은 다양한 향기로 서로 신호를 주고받는다. 따라서 숲의 다양한 향기들은 식물 간의 대화인 것이다.

1. ④

식물들이 향기가 나는 물질로 대화를 한다는 것이 이 글의 중심 내용입니다. 따라서 답은 ④번입니다.

2. ②

㉠에서 말하는 것과 같이 재스민은 벌레의 공격을 알리기 위하여 만들어집니다. 따라서 벌레를 곤충으로 바꿔서 말하고 있는 ②번이 답입니다.

단어 위험 / 공격 / 손상되다 / 부위 / 생산되다 / 인식하다 / 축적하다 / 방향성 / 방출하다 / 감염되다 / 대비하다

Unit 6 대담

STEP 2 정답

1\. **1**

Q1. ② **Q2.** 자연 보호를 이유로 반대하는

2

Q1. ① **Q2.** 이점이 많다

3

Q1. ② **Q2.** 다시 한 번 생각해보는 것

4

Q1. ② **Q2.** 의구심이 들

2\. **1**

Q1. 가. ○ 나. × 다. × 라. ○ **Q2.** ①

2

Q1. 가. × 나. ○ 다. × 라. ○ **Q2.** ③

STEP 3 정답

도전 ❶ 1. ③ 2. ③ 3. ② 4. ③

도전 ❷ 1. ③ 2. ② 3. ③ 4. ②

STEP 2 해설

1. 다음을 듣고 질문에 답하십시오. p.118

1

여자: 자연보호를 이유로 반대하는 시민 단체들의 의견도 일리가 있어 보이는데요. 이러한 지속적인 반대 의견에도 불구하고 인주시에서 나무를 베어내며 도로 확장 공사를 진행하려는 이유는 뭔가요?

남자: 최근 관광객의 증가로 교통 체증이 심각해졌습니다. 또한 도로의 폭이 좁고 차선도 1개뿐이어서 눈이나 비가 오는 날에는 교통사고가 자주 발생하기 때문이죠.

Q1. ②

여자의 말을 보면 도로를 확장하는 공사에 대해 시민 단체가 자연보호를 이유로 들면서 반대한다는 것을 알 수 있습니다. 그러므로 정답은 ②번입니다.

Q2. 자연 보호를 이유로 반대하는

단어 일리가 있다 / 베다 / 확장 / 보장하다 / 집회

2

여자: 단지 코로 숨을 쉬는 것이 이렇게 이점이 많다고요? 정말 신기하네요. 그럼 이렇게 코로 숨 쉬지 않고 입으로 숨을 쉬게 되면 어떤 안 좋은 점이 있나요?

남자: 입 안이 무척 건조해지겠죠. 그리고 이렇게 입 안이 건조해지면 세균이 번식하기가 쉽고 결국 이것은 면역력 저하로 이어지게 됩니다. 이것은 치아 건강에도 악영향을 끼칠 수 있으므로 주의해야 합니다.

Q1. ①

여자는 코로 숨을 쉬는 것이 이점 (도움이 되거나 이익이 되는 점)이 많다고 말합니다. 그러므로 정답은 ①번입니다.

Q2. 이점이 많다

단어 이점 / 세균 / 번식하다 / 면역력 / 저하

3

남자: 예전에야 영양이 부족한 경우가 많아서 우유 급식이 건강에 도움이 됐지만 요즘은 우유를 대체할 식품도 많아졌고 우유가 그렇게 완전하지 않다는 것도 밝혀졌거든요. 유당 불내증이나 알레르기 때문에 우유를 못 마시는 사람들이 있다는 것도 알려졌죠. 80년대부터 시작된 우유 급식, 인식이 달라진 만큼 다시 한 번 생각해보는 것도 나쁘지 않을 것 같습니다.

Q1. ②

어떤 것에 대해 다시 생각해 보라고 이야기하는 것은 보통 그것이 올바른 선택이 아니라고 생각하기 때문에 말하는 경우가 많습니다. 남자는 우유 급식이 필요 없는 이유를 앞에서 이야기하고 있으므로 ②번이 정답입니다.

Q2. 다시 한 번 생각해보는 것

단어 급식 / 대체하다 / 완전식품 / 유당 불내증 / 인식

4

> 남자: 한복 교복 사업은 중 · 고등학생들이 한복에 대한 친밀감을 높이고 긍정적인 인식을 심어 주기 위해 추진되었습니다. 특히 한복 교복의 보급으로 전통문화를 계승한다는 점과 실용성을 강조한 디자인을 장점으로 내세우고 있죠. 그러나 한복 교복이 과연 학생들에게 긍정적인 반응을 얻을 수 있을지는 조금 의구심이 들기도 합니다.

Q1. ②

'의구심'이란 어떤 것을 믿지 못해서 확신하지 못하고 두려워하는 마음을 말합니다. 남자는 한복 교복이 학생들에게 긍정적인 반응을 얻을 수 있을지 의심하고 있으므로 ②번이 정답입니다. 믿지 못하는 것이지 긍정적인 효과가 없다고 말하는 것은 아니므로 '부정하다'는 답이 될 수 없습니다.

Q2. 의구심이 들

단어 친밀감 / 추진되다 / 계승하다 / 의구심 / 부정하다

2. 다음을 듣고 질문에 답하십시오.

p.119

1

> 여자: 그래서 정부는 이렇게 경제적인 이유로 평소 문화생활이 어려운 사람들에게 문화비를 지원하는 문화누리카드를 발급하고 있는데요. ㉠2020년부터는 금액이 상향 조정된다고 하죠?
>
> 남자: 네 그렇습니다. 앞에서도 이야기 한 것처럼 보통 경제적으로 어려워지면 사람들은 제일 먼저 여가 생활에 쓰이는 돈을 줄이게 됩니다. 그래서 정부에서는 이러한 ㉡저소득층의 문화생활을 위해 카드에 일정 금액을 넣어 주고 그 카드를 문화생활에 사용할 수 있도록 하는 문화누리카드라는 것을 발급하고 있습니다. 하지만 투입된 예산에 비해 ㉢사용률이 저조했는데요, 정부에서는 그 이유를 금액 부족이라고 보고 있습니다. 그래서 2020년부터는 9만원으로 지원금이 확대됩니다. 그리고 지원금 확대와 더불어 ㉣이용할 수 있는 시설을 늘리고 홍보와 안내를 강화하는 노력도 하고 있습니다.

Q1. 가. ○ 나. ✕ 다. ✕ 라. ○

가. 2020년부터는 문화누리카드의 금액이 늘어난다.

➡ ㉠의 2020년부터 금액이 '상향 조정'된다는 말로 금액이 늘어난다는 것을 추측할 수 있습니다.

나. 문화누리카드를 사용하는 사람의 비율이 높은 편이다.

➡ ㉢에서 카드를 사용하는 비율, 즉 사용률이 저조하다고 했으므로 사용하는 사람이 적습니다.

다. 문화누리카드는 문화생활을 원하는 사람에게 발급해 준다.

➡ ㉡에서 문화누리카드는 저소득층, 즉 소득이 적은 사람들에게만 발급해준다고 말합니다.

라. 정부에서는 문화누리카드 이용 장소를 더 많이 만들 계획이다.

➡ ㉣에서 정부가 이용할 수 있는 시설을 늘리겠다고 말합니다.

Q2. ①

남자가 처음 한 말에서 앞 내용을 직접 언급하고 있는데 경제적으로 어려운 사람들은 가장 먼저 여가 생활에 쓰이는 돈을 줄인다고 했으므로 ①번이 정답입니다.

단어 발급하다 / 상향조정 / 저소득층 / 투입되다 / 예산 / 사용률 / 저조하다 / 강화하다

2

> 여자: 요즘 대체고기 즉 대체육 시장이 주목을 받고 있는데요. 콩과 밀 같은 식물성 재료를 사용해서 만들었지만 고기와 똑같은 맛을 내기 때문에 인기가 많다고 하죠?
>
> 남자: 네, 그렇습니다. 특히 건강이나 ㉠환경보호 등의 이유로 고기를 섭취하지 않거나, 특정 질환으로 인해 고기를 먹을 수 없는 일반 소비자들에게 인기가 많습니다. 현재 우리가 접할 수 있는 대체육들은 예전과 달리 ㉡실제 고기와 똑같은 맛과 질감으로 소비자들의 마음을 사로잡고 있습니다. 또한 대체육과 같은 식물성 고기는 비타민과 섬유질이 풍부하고 ㉢지방은 적어서 더 건강하게 고기를 즐길 수 있습니다. 하지만 ㉣성장기 어린이나 근육 손실이 많이 일어나는 60대 이상의 여성의 경우 동물성 단백질 섭취도 중요하므로 식물성 고기 위주로 식사하는 것은 위험할 수 있습니다.

Q1. 가. ✕ 나. ○ 다. ✕ 라. ○

가. 대체육은 실제 고기처럼 지방이 풍부하다.

➡ ㉢에서 실제 고기보다 지방이 적다고 말합니다.

나. 환경을 위해 대체육을 먹는 사람들이 있다.

➡ ㉠을 보면 환경보호를 이유로 실제 고기를 섭취하지 않는 사람도 대체육을 먹는다는 것을 알 수 있습니다.

다. 대체육은 실제 고기와는 질감이 많이 다르다.

➡ ㉡에서 실제 고기와 질감이 비슷하다고 말합니다.

라. 어린 아이들은 진짜 고기를 먹는 것이 더 좋다.

➡ ㉣에서 어린이들은 성장을 위해 동물성 단백질을 섭취하는 것이 중요하다고 했으므로 진짜 고기를 먹는 것이 좋다는 것을 추측할 수 있습니다.

Q2. ③

남자의 마지막 말에서 동물성 섭취가 필요한 사람들의 이야기를 하면서 식물성 고기 위주 식사의 위험성을 이야기하고 있습니다. 그러므로 ③번이 정답입니다.

단어 주목을 받다 / 섭취하다 / 특정 / 질환 / 질감 / 성장기 / 근육 손실 / 단백질

STEP 3 해설

도전 ❶

p.122

[1–2]

여자: 고기와 계란을 많이 먹어서 콜레스테롤이 높아졌다는 것은 오해였군요.

남자: 네 그렇습니다. 보통 사람들이 건강검진에서 콜레스테롤이 높다고 진단받으면 무작정 ㉠육류 섭취를 줄이고 채식 위주로 식단을 짜는데요. 이런 방법이 오히려 건강을 더 해칠 수도 있습니다. 앞에서도 이야기한 것처럼 고기나 계란을 먹는 것이 콜레스테롤을 높이는 원인이 된다는 확실한 근거는 없습니다. 실제로 ㉡고기를 규칙적으로 조금씩 먹으면 콜레스테롤 수치가 감소한다는 연구 결과도 있습니다. 오히려 ㉢열량이 높은 음식을 한 끼에 폭식하는 식습관이 더 위험합니다. 물론 식사를 거르는 습관도 좋지 않고요. 따라서 콜레스테롤이 높을 때에는 끼니를 거르지 않고 ㉣규칙적으로 일정량을 자주 먹으려고 노력하는 것이 좋습니다.

1. ③

여자가 한 말로 추측해보면 고기와 계란이 콜레스테롤을 높이는 원인이 아니었다는 것을 알 수 있으므로 관계가 없다고 한 ③번이 정답입니다.

2. ③

① 건강을 위해서 육식을 자제하는 것이 좋다.

➡ ㉡에서 오히려 적절한 양의 육식이 더 건강에 도움이 된다고 말합니다.

② 고칼로리의 음식을 많이 섭취하는 것이 좋다.

➡ ㉢에서 열량이 높은 즉 고칼로리 음식을 폭식하는 것이 좋지 않다고 말합니다.

③ 식사는 적당량을 일정한 시간에 먹는 것이 좋다.

➡ ㉣에서 규칙적으로 일정량을 자주 먹는 것이 좋다고 말합니다. 보기에서는 '규칙적으로 먹는 것'을 '일정한 시간에 먹는 것'으로 바꾸어 말했습니다.

④ 채소 위주의 식사가 콜레스테롤 감소에 도움이 된다.

➡ ㉠에서 고기를 먹지 않고 채소 위주로 먹는 것이 더 위험하다고 말합니다.

단어 진단받다 / 근거 / 수치 / 열량 / 폭식 / 식사를 거르다 / 고칼로리

[3–4]

여자: 앞으로는 흡연자가 금연 구역 내에서 흡연으로 적발되어도 금연 교육이나 금연 지원 서비스를 받으면 과태료를 감액 혹은 면제받을 수 있게 된다고 하는데 구체적으로 어떤 내용입니까?

남자: 금연 교육을 받으면 흡연 과태료가 50% 줄어들고 금연 치료와 상담 등 금연 지원 서비스를 받으면 흡연 과태료가 아예 면제되는 제도입니다. ㉠아직 잘 알려지지 않은 흡연자의 금연 교육 및 금연 서비스에 대해 알리고 이용률도 높이기 위해서이지요. 하지만 ㉡2년 동안 같은 제도로 과태료를 감면받은 사람은 3회 이상 적발될 경우 감면받을 수 없고, 현재 과태료를 체납 중인 사람도 감면 대상에서 제외됩니다. 이 제도는 ㉢흡연자가 금연 교육과 금연 지원 서비스를 적극 이용해 실제 금연까지 이어질 수 있도록 지원하기 위해 마련되었는데요. 이러한 과태료 감면제도 시행을 통해 흡연자들의 금연 지원 서비스 인지도나 이용률을 높일 수 있을 것으로 기대가 됩니다.

3. ②

① 이 제도를 통해 실제로 금연에 성공한 사람이 있다.

➡ 여자의 말을 보면 이 제도는 아직 시행 전임을 알 수 있습니다.

② 이 제도는 흡연율을 줄이기 위한 목적으로 만들어졌다.

➡ ㉢에서 흡연자가 금연까지 할 수 있도록 지원하기 위해 만들었다고 했으므로 흡연율을 줄이기 위한 목적이라고 이야기할 수 있습니다.

③ 금연 교육과 금연 지원 서비스는 홍보가 잘 이루어졌다.

➡ ㉠에서 아직 잘 알려지지 않았다고 했으므로 홍보가 잘 이루어지지 않았습니다.

④ 횟수에 제한 없이 교육을 통해 과태료를 감면 받을 수 있다.

➡ ㉡을 보면 두 번째까지만 감면 또는 면제 받을 수 있습니다.

4. ③

여자의 말을 보면 이 제도는 앞으로 곧 시행될 예정이므로 새로운 제도입니다. 남자가 마지막에 이 제도를 통해 금연지원 서비스의 인지도와 이용률을 높일 수 있을 것이라는 긍정적인 효과를 이야기하고 있으므로 ③번이 정답입니다.

단어 과태료 / 감면 / 면제 / 적발되다 / 체납 / 인지도 / 홍보 / 실효성

도전 ❷ p.123

[1–2]

> 여자: 왜 사람들이 도서정가제의 폐지를 요구하게 된 건가요? 원래 이 제도는 동네 서점을 보호하기 위해서 도입됐다고 들었는데요.
>
> 남자: 제도의 취지와는 달리 동네 서점의 수가 감소했고 여러 가지 부작용이 발생했기 때문이죠. 도서정가제란 2014년부터 시행된 제도인데요. 쉽게 말하면 ㉠책을 정해진 가격으로만 사고 팔 수 있게 제한을 둔 제도입니다. 대형 서점에서의 할인 행사 등으로 가격 경쟁에서 밀린 동네서점을 보호하기 위해서 도입되었습니다. 하지만 이 제도의 시행으로 인해 ㉡책을 다양한 방법을 통해 저렴하게 구입할 수 있는 길이 사라져서 도서 판매량이 감소하였습니다. ㉢그 결과 지역 서점들도 많이 사라졌고요. 또한 출판사에서는 책이 안 팔리면 할인과 같은 방법으로 재고를 처리 해야 하는데 그 길이 막히다 보니 ㉣팔지 못한 도서를 폐기하는 비용도 발생하게 되었지요. 이러한 여러 가지 문제를 해결하기 위해서는 도서의 가격만 문제 삼을 것이 아니라 출판사와 서점 그리고 소비자 모두에게 이익이 될 수 있는 방안을 모색해봐야 할 것 같습니다.

1. ③

여자가 한 말의 첫 번째 문장을 보면 사람들은 이 제도를 폐지를 원하고 있습니다. 그러므로 '폐지'란 말을 '없어지다'로 바꾸어 말한 ③번이 정답입니다.

2. ②

① 이 제도의 시행 이후 동네 서점이 활성화되었다.
➡ ㉢을 보면 지역 내 서점 즉 동네의 작은 서점들이 많이 사라졌으므로 오히려 비활성화 되었습니다.
② 팔리지 않은 책들을 처리하려면 돈이 많이 든다.
➡ ㉣에서 팔지 못한 도서를 폐기할 때 비용이 많이 발생한다고 말합니다. 보기에서는 '폐기하다'를 '처리하다'로 바꾸어 말했습니다.
③ 이 제도로 책을 저렴하게 구입하는 것이 가능해졌다.
➡ ㉡을 보면 오히려 더 어려워졌다는 것을 알 수 있습니다.
④ 이 제도로 도서 가격을 자율적으로 정할 수 있게 되었다.
➡ ㉠을 보면 도서 정가제는 원래 정해진 도서 가격을 바꿀 수 없게 하는 제도입니다.

단어 폐지 / 도입되다 / 시행되다 / 제한 / 폐기하다 / 모색하다 / 활성화되다

[3–4]

> 여자: 취업 준비생들의 부담을 덜어주기 위해서 도입된 청년 구직 활동 지원금, 이른바 청년수당이라고 하죠. 이 청년수당이 ㉠본래 취지와는 다르게 쓰인다고 비판을 받는데 왜 이런 이야기가 나오게 된 겁니까?
>
> 남자: 원래 이 정책은 아직 취업을 하지 못한 ㉡미취업 청년층이 돈 걱정 없이 일자리를 찾는데 집중할 수 있도록 구직 활동을 위한 금전적인 지원을 해주고자 만들어졌습니다. ㉢5년 전에 서울시가 발표한 정책이죠. 문제는 수급자들 가운데 일부가 청년수당으로 치아 교정을 하거나 에어컨을 구입하는 등 기존의 취지와 다르게 쓰고 있다는 겁니다. 하지만 이런 것들은 보는 시각에 따라서 구직 활동과 관계가 있다고도 볼 수 있습니다. 이렇게 의견이 분분한 이유는 ㉣어디까지가 구직 활동인지 사람들마다 생각이 달라서 생긴 일인데요. 앞으로 청년수당이 비난을 받지 않고 더 효율적으로 쓰이려면 구체적인 구직 활동의 범위를 정하는 것이 필요할 것 같습니다.

3. ③

① 청년수당은 올해 처음으로 지급되었다.
➡ ㉢을 보면 5년 전부터 정책이 시행되었습니다.
② 구직 활동에 대한 기준은 모든 사람들이 동일하다.
➡ ㉣에서 구직 활동의 범위가 사람들마다 다르다고 했으므로 동일하지 않습니다.
③ 시민들은 청년수당에 대해 부정적인 반응을 보였다.
➡ ㉠을 보면 현재 이 정책은 비판을 받고 있으므로 부정적인 반응이라고 말할 수 있습니다.
④ 청년수당은 미취업 청년들의 생활비를 목적으로 지급되었다.
➡ ㉡을 보면 청년수당은 취업을 준비할 때 필요한 비용 목적으로 지급되었습니다.

4. ②

이 정책은 현재 비판을 받고 있기는 하지만 실제로 구직 활동에 도움이 되기도 합니다. 마지막에 더 효율적으로 쓰이기 위한 방법을 제시하고 있으므로 ②번이 정답입니다.

단어 취지 / 미취업 / 금전적 지원 / 수급자 / 분분하다 / 동일하다 / 지급되다

제1회 실전모의고사

1. ④	2. ②	3. ①	4. ②	5. ③
6. ①	7. ②	8. ④	9. ③	10. ②
11. ③	12. ③	13. ②	14. ③	15. ③
16. ③	17. ②	18. ②	19. ④	20. ①
21. ②	22. ③	23. ④	24. ③	25. ②
26. ④	27. ②	28. ④	29. ②	30. ④
31. ①	32. ③	33. ④	34. ①	35. ②
36. ④	37. ④	38. ③	39. ④	40. ②
41. ①	42. ②	43. ②	44. ④	45. ②
46. ④	47. ③	48. ③	49. ③	50. ④

1-3 다음을 듣고 알맞은 그림을 고르십시오. (각 2점)

1. ④

여자: 자동차는 다 고쳤어요?
남자: 아뇨, 이번 주말에나 찾을 수 있대요.
여자: 그렇군요. 그럼 그동안은 ㉠이렇게 제 차로 같이 가요.

여자는 ㉠에서 남자에게 이렇게 자신의 차로 같이 가자고 말합니다. 즉 두 사람은 여자의 차를 타고 가는 중임을 알 수 있습니다. 그러므로 ④번이 정답입니다.

2. ②

남자: ㉠곧 회의 시작인데 준비는 끝났어요?
여자: 네, 거의 다했어요. 그런데 ㉡이 노트북은 어디에 반납해요?
남자: 그건 이따가 회의 끝나고 제가 전화로 물어볼게요.

㉠에서 남자는 이제 회의가 시작된다고 말하며 여자에게 회의 준비를 다 했는지 묻습니다. 또한 ㉡에서 여자는 '이 노트북'에 대해서 묻고 있습니다. 따라서 여자는 노트북으로 회의 준비를 하고 있습니다. 답은 ②번입니다.

단어 반납하다

3. ①

남자: 최근 가정에서 애완동물을 키우는 사람들이 많이 늘어났다고 합니다. 보건복지부의 조사 결과에 따르면 애완동물을 키우는 국민의 수는 ㉠2017년 이후 지속적으로 증가하였으며, 특히 2019년에는 전년의 두 배가 된 것으로 나타났습니다. ㉡'개'를 가장 많이 키우는 것으로 나타났으며 그 다음으로는 '고양이', 그리고 '햄스터'가 그 뒤를 이었습니다.

㉠에서 애완동물을 키우는 사람의 수는 계속해서 증가한다고 말합니다. 따라서 ①, ②번이 모두 답이 될 수 있으나, 2019년의 수가 2018년의 2배라고 했으므로 답은 ①번입니다. ㉡에서 가장 많이 키우는 동물은 개라고 했으므로 ③번과 ④번은 답이 될 수 없습니다.

단어 애완동물 / 키우다 / 국민 / 지속적 / 증가하다

4-8 다음 대화를 잘 듣고 이어질 수 있는 말을 고르십시오. (각 2점)

4. ②

남자: 여기에 있던 책 못 봤어요?
여자: 책이요? 글쎄요, ㉠무슨 책인데요?
남자: <u>소설책인데 찾을 수가 없네요.</u>

남자는 잃어버린 책을 찾고 있으며 여자는 ㉠에서 찾는 책에 대해 묻고 있습니다. 답은 ②번입니다.

단어 소설

5. ③

여자: 어제 여자 친구랑 데이트는 재밌었어?
남자: 아니, ㉠재미있기는 무슨. 여자 친구와 싸웠어.
여자: <u>싸우다니? 너희 사이좋잖아.</u>

여자는 남자에게 어제 데이트에 대해서 묻고 있습니다. 그리고 남자는 ㉠에서 여자 친구와 싸웠다고 했으므로 답은 ③번입니다.

6. ①

남자: 윤아 씨, 혹시 ㉠우리 회사에 중국어를 잘 하는 사람이 있나요?
여자: 네, ㉡민철 씨가 중국에서 오래 살다 왔다고 들었어요.
남자: <u>그럼 민철 씨 전화번호 좀 가르쳐 줄래요?</u>

남자는 ㉠에서 여자에게 회사 내에 중국어를 잘하는 사람이 있는지 묻고 여자는 ㉡에서 민철 씨를 추천합니다. 따라서 남자의 대답으로는 민철 씨의 전화번호를 묻는 것이 자연스럽습니다. 답은 ①번입니다.

7. ②

> 여자: 다음 학기 문화체험 신청이 내일부터인데, 민수 씨도 신청할 거지요?
>
> 남자: ㉠문화체험이요? 저는 처음 듣는 내용인데요?
>
> 여자: 메일을 한번 확인해 보세요.

문화체험 신청에 대해 묻는 여자에게 남자는 ㉠에서 문화체험 소식에 대해서 다시 묻습니다. 따라서 여자는 정보를 얻는 곳을 말하는 것이 자연스럽습니다. 답은 ②번입니다.

단어 문화체험 / 신청하다

8. ④

> 남자: 요즘에 지영 씨가 계속 기운이 없어 보여요.
>
> 여자: 그러게요. ㉠어제는 화장실에서 혼자 울고 있더라고요.
>
> 남자: 무슨 일이 있는지 한번 물어볼까요?

두 사람은 요즘 지영 씨 기분이 좋지 않다는 이야기를 하고 있습니다. ㉠에서 여자는 지영 씨가 화장실에서 우는 것을 봤다고 말합니다. 어울리는 답은 ④번입니다.

단어 기운이 없다

9-12 다음 대화를 잘 듣고 여자가 이어서 할 행동으로 알맞은 것을 고르십시오. (각 2점)

9. ③

> 남자: 와, 정말 조사할 내용이 너무 많다. 내일까지 할 수 있을까?
>
> 여자: 해야지. 모레가 발표인데, 늦어도 자료 조사는 내일까지 끝내야 해.
>
> 남자: 나도 알아. 그런데 민수는 왜 안 오지? 올 때가 됐는데.
>
> 여자: 그러게. ㉠내가 노트북으로 정리하고 있을게. ㉡한번 전화해 볼래?

두 사람은 발표 준비를 하고 있습니다. 여자는 ㉠에서 노트북으로 자료를 정리하겠다고 말합니다. 따라서 답은 ③번입니다. 민수에게 전화를 하는 것은 ㉡을 보면 여자가 남자에게 부탁했습니다. ④번 '친구에게 전화한다.'는 남자가 할 일입니다.

단어 조사하다 / 정리하다

10. ②

> 여자: 오늘 두 시에 파마 예약을 했는데요.
>
> 남자: 네, 김민지 고객님이시죠? 먼저 오신 손님이 많아서 좀 기다리셔야 합니다.
>
> 여자: 그럼, ㉠이 앞 가게에 좀 다녀와도 될까요?
>
> 남자: 네, 그러세요. 저희가 전화 드리겠습니다.

여자는 두 시에 파마 예약을 했으나 먼저 온 손님이 있어 기다려야 합니다. ㉠에서 여자는 기다리는 동안 앞에 있는 가게에 다녀오겠다고 말합니다. 따라서 답은 ②번입니다.

단어 예약

11. ③

> 여자: 선생님, 전 다음에 뭘 입을까요?
>
> 남자: 그 노란 재킷은 벗고, 저쪽에 있는 원피스로 갈아입으세요.
>
> 여자: ㉠여기 이 파란색 원피스요?
>
> 남자: 그건 다른 모델 옷이에요. ㉡그 옆 좀 살펴볼래요?

여자는 모델이고 다음 입어야 할 옷을 남자에게 묻습니다. 여자가 ㉠에서 파란색 원피스를 입어야 하냐고 묻자 남자는 ㉡에서 그 옆을 더 찾아보라고 말합니다. 따라서 여자는 다음 입을 옷을 찾아야 합니다. 답은 ③번입니다.

단어 재킷 / 살펴보다

12. ③

> 남자: 누나, 내 가방 누나가 가져갔어?
>
> 여자: 아, 미안. 내가 이야기한다는 게 깜빡했다. 여기.
>
> 남자: 진짜 왜 그래? 한두 번도 아니고. ㉠가방에 있는 누나 물건도 다 꺼내.
>
> 여자: 아, 알았어. 지금 할게. 짜증 좀 내지 마.

여자는 남자에게 말하지 않고 남자의 가방을 사용했습니다. 남자는 ㉠에서 화를 내며 여자에게 가방에 있는 물건을 꺼내라고 말합니다. 따라서 답은 ③번입니다.

단어 깜빡하다 / 꺼내다 / 짜증을 내다 / 비우다

13-16 다음을 듣고 내용과 일치하는 것을 고르십시오. (각 2점)

13. ②

> 여자: ㉠과장님은 안 피곤하세요? 주말에 등산하고 푹 쉬지 못해서 전 너무 피곤해요.
>
> 남자: 그러게요, 오늘 출근하는데 힘들더라고요. ㉡뒤풀이는 가지 말 걸 그랬어요.
>
> 여자: ㉢회사 동료들과 친해지는 건 좋은데, 한 달에 한 번은 좀 무리예요.
>
> 남자: 음, 저도 그렇게 생각해요.

① 여자는 주말에 친구들과 등산을 했다.
➡ ㉠에서 여자는 남자를 과장님이라고 부릅니다. 두 사람은 친구가 아닌 회사 동료입니다.
② 여자는 동료들과 친하게 지내고 싶어한다.
➡ ㉢에서 여자는 동료들과 친해지는 것은 좋다고 말합니다.
③ 이 회사에서는 한 달에 두 번씩 등산한다.
➡ ㉢과 같이 등산은 한 달에 한 번입니다.
④ 남자는 등산 후 뒤풀이에 참석하지 않았다.
➡ ㉡과 같이 남자도 뒤풀이에 참석했습니다.

단어 뒤풀이

14. ③

> 여자: 고객 여러분들께 안내 말씀 드립니다. 쇼핑몰 사무실에서 아동을 보호하고 있습니다. ㉠3층 남성복 매장 근처 화장실에서 부모님을 찾고 있던 5세 아동을 보호하고 있습니다. ㉡초록색 티셔츠와 청바지를 입고 있는 5세 남자 아이를 잃어버리신 부모님께서는 지금 즉시 ㉢쇼핑몰 1층 사무실로 와 주시기 바랍니다. 감사합니다.

① 아이는 여성복 매장 근처에서 발견되었다.
➡ ㉠과 같이 아이는 남성복 매장 근처에서 발견되었습니다.
② 아이의 부모는 초록색 티셔츠를 입고 있다.
➡ ㉡을 보면 초록색 티셔츠를 입은 건 아이입니다.
③ 아이는 5살 먹은 남자 아이로 청바지를 입었다.
➡ ㉡을 보면 아이는 5살로 청바지를 입었습니다.
④ 아이의 부모는 3층 쇼핑몰 사무실로 가야 한다.
➡ ㉢을 보면 사무실은 1층에 있습니다.

단어 보호하다

15. ③

> 남자: 다음은 지역 정보입니다. 올해 초 9월로 예정됐던 ㉠시민 도서관의 개관이, 지역 주민들의 적극적인 참여로 8월에 문을 열게 되었습니다. 이번에 개관하는 시민 도서관은 총 5층 건물로, 1층에는 아이들을 위한 어린이 도서관이 있고, ㉡2층과 3층에는 책을 빌려서 볼 수 있는 열람실이 있으며, ㉢4층은 시민들을 위한 여러 강좌가 열릴 강의실로 구성되어 있습니다. 특별히 ㉣5층은 지역 청소년들을 위한 문화공간으로 사용될 예정이라고 합니다.

① 시민 도서관은 9월에 개관할 것이다.
➡ ㉠을 보면 시민 도서관은 8월에 개관합니다.
② 2층부터 4층까지는 열람실로 사용될 것이다.
➡ ㉡과 같이 열람실은 2층부터 3층까지입니다.
③ 시민 도서관에서는 여러 강좌가 열릴 것이다.
➡ ㉢과 같이 도서관은 여러 강좌를 준비하고 있습니다.
④ 도서관에는 청소년들을 위한 공간이 따로 없다.
➡ ㉣을 보면 5층은 청소년들을 위한 공간입니다.

단어 개관 / 적극적이다 / 열람실 / 강좌 / 따로

16. ③

> 남자: 인주시립박물관에서 하는 '차 한 잔 유물 한 점'이 요즘 큰 인기를 얻고 있다고 들었습니다.
>
> 여자: 네, ㉠최근 여러 방송을 통해 역사에 대한 관심이 높아지며 각각의 유물들이 가지고 있는 가치와 의미를 깊게 알고자 하는 분들이 많아졌습니다. ㉡그래서 매주 목요일 미리 신청해 주신 분들과 함께 차를 마시며, 전문가를 초청해 유물에 대해서 듣습니다. 이 시간에는 자유롭게 질문도 하실 수 있습니다. 더불어 많은 분들의 요청에 따라 다음 달부터는 ㉢아이들을 위한 강좌도 준비하고 있습니다.

① 최근에 역사에 대한 관심이 줄고 있다.
➡ ㉠을 보면 최근에 역사에 대한 관심이 증가하고 있습니다.
② 이 박물관의 강좌는 매주 금요일에 열린다.
➡ ㉡을 보면 강좌는 매주 목요일에 열립니다.
③ 강좌에 참여하기 위해서는 미리 신청해야 한다.
➡ ㉡을 보면 강좌는 미리 신청한 사람만 들을 수 있습니다.
④ 박물관에서는 아이들을 위한 강좌도 진행되고 있다.
➡ ㉢을 보면 아이들을 위한 강좌는 준비 중입니다.

단어 유물 / 가치 / 강좌 / 요청

17-20 다음을 듣고 남자의 중심 생각을 고르십시오. (각 2점)

17. ②

> 여자: 여보, 옆집에도 서울에서 젊은 부부가 이사 왔어요.
>
> 남자: 또? 요즘 젊은 사람들이 많이 이사를 오네. ㉠이런 시골에 뭐 할 게 있다고……
>
> 여자: 왜, 어제 뉴스에서도 요즘 젊은 세대 중에는 한가한 교외에서 살고 싶어하는 사람들이 많다잖아요.
>
> 남자: 그래도 ㉡젊을 때는 도시에서 이런저런 도전도 해 봐야지. 벌써부터 그저 편안하고 한가하게 살 생각만 해서 되겠어?

㉠에서 남자는 할 일이 없는 시골에 이사를 온 부부를 이해하지 못합니다. 또한 ㉡에서는 젊은 때에는 이런저런 도전을 해 봐야 한다고 말합니다. 따라서 정답은 ②번입니다.

단어 교외 / 그저

18. ②

> 남자: 선생님, 아까 그 학생은 무슨 일로 그렇게 혼난 거예요? 쉬는 시간 내내 복도에서 혼이 나던데요.
>
> 여자: 아니, 수업 시간 내내 휴대폰만 보고 있어서요. 수업은 하나도 안 듣고 계속 딴짓만 하더라니까요?
>
> 남자: 그래요? 그런 학생이 아니었는데. 혹시 요즘 무슨 일이 있는지 물어보셨어요? 요즘 학생들이 생각보다 이런저런 고민이 많잖아요. 때로는 ㉠다그치는 것보다 대화가 낫더라고요.

㉠에서 남자는 학생을 혼내기보다는 대화를 하는 것이 더 좋다고 말합니다. 답은 ②번입니다. ①번은 여자가 학생을 혼을 낸 이유이므로 답이 될 수 없습니다.

단어 혼(이)나다 / 복도 / 딴짓 / 다그치다 / 교육적(이다) / 훈육

19. ④

> 여자: 오래 기다렸는데, 생각보다 커피가 별로네.
>
> 남자: 그래? 난 사실 커피 맛은 잘 몰라서. 인터넷에 사진도 많이 올라오는 유명한 곳이라고 하던데, 많이 별로야?
>
> 여자: 뭐, 맛이 없는 건 아니지만 이렇게 기다려서 마실 정도는 아닌 것 같아. 그래도 좋다. 사진은 예쁘게 나오잖아.
>
> 남자: 그래. 여기 정말 예쁘다. ㉠꼭 커피 때문이 아니어도 와 볼 만한 곳이야. 이렇게 분위기가 좋은 것도 특별한 장점이니까.

㉠에서 남자는 커피 맛 외에도 분위기가 커피숍의 중요한 장점이 될 수 있다고 말합니다. 답은 ④번입니다.

단어 분위기 / 장점

20. ①

> 여자: 얼마 전 선생님께서 번역하신 작품이 이번 국제 영화제에서 큰 수상을 하게 되었는데요. 정말 축하드립니다. 이번 작업을 하시며 어떤 점에 가장 중점을 두셨나요?
>
> 남자: 외국 관객이 이해하기 어려운 한국의 특수한 상황을 적절하게 옮기는 것에 집중했습니다. 관객이 대사를 보며 그 안에 담긴 상징을 이해할 수 있어야 하니까요. 단순히 ㉠그대로 번역하기보다는 대사에 숨겨진 의미를 전달하기 위해 노력했지요. 사실 감독님께서 저에게 부탁하신 것도 그런 부분이었고요. 그래서 ㉡다른 무엇보다 관객이 영화의 숨은 의미를 알아차릴 수 있도록 번역하는 것에 집중했습니다.

㉠과 ㉡에서 남자는 대사를 그대로 옮기지 않고 숨겨진 의미를 전달하여 관객이 이해할 수 있도록 번역했다고 말합니다. 따라서 답은 ①번 입니다.

단어 수상 / 중점 / 특수하다 / 대사 / 상징 / 특수성 / 드러내다 / 옮기다

21-22 다음을 듣고 물음에 답하십시오. (각 2점)

여자: 이번 특강 때 ㉠요즘 인기 있는 개인 방송 제작자들을 초청하면 어떨까요? 관심 있는 학생들이 많은 것 같은데요.

남자: 글쎄요. 사실 인기가 있다뿐이지 검증되지 않은 사람들이잖아요. 최근에는 이런저런 문제가 있는 사람도 많았고요. ㉡교육적일지 잘 모르겠네요.

여자: 뭐 그렇긴 한데, 그래도 학생들이 재미있어할 주제로 준비하고 싶어서요. ㉢지난번 강의는 다들 지루하다고 했어요. 강의 후에 평가가 아주 나빴다고요.

남자: 좀 더 찾아보죠. 분명 학생들이 흥미를 느끼면서도 교육적인 그런 주제가 있을 거예요. 이전에 강의하셨던 분 중에 평가가 좋았던 분들을 중심으로 찾아봅시다.

21. ②

최근 인기가 있는 사람을 초청하자는 여자의 말에 남자는 교육적이지 않기 때문에 동의하지 않았습니다. 또한 교육적인 주제를 찾아보자고 다시 이야기합니다. 답은 ②번입니다.

22. ③

① 최근에 개인 방송에 대한 관심이 줄고 있다.
➡ ㉠을 보면 최근 개인 방송에 대한 관심이 많습니다.
② 지난 강의는 학생들에게 좋은 평가를 받았다.
➡ ㉢을 보면 지난 강의는 좋지 않은 평가를 받았습니다.
③ 이곳은 강의 후 학생들에게 강의 평가를 받는다.
➡ ㉢을 보면 이곳에서는 강의 후 학생들이 평가를 합니다.
④ 다음 강의에는 개인 방송 제작자가 초대될 것이다.
➡ ㉡을 보면 남자는 개인 방송 제작자 초대에 동의하지 않습니다.

단어 개인 방송 / 제작자 / 검증 / 평가

23-24 다음을 듣고 물음에 답하십시오. (각 2점)

남자: 거기 인주 호텔이지요? 호텔 내에 회의실 때문에 연락을 드렸는데요.

여자: 네, 고객님. 회의실 예약은 저희 사이트에서만 가능하신데요. 확인해 보셨나요?

남자: 네, ㉠인터넷으로 15인실을 예약했는데요. 회의실 내 시설에 대해서 정확히 알고 싶어서요. 아, 그리고 회의실에서 음식을 먹을 수 있는지도 확인하고 싶고요.

여자: 기본적으로 10인실 이상부터는 빔 프로젝터와 마이크가 설치되어 있습니다만, ㉡노트북은 따로 가지고 오셔야 합니다. ㉢회의실 내 식사는 안 되지만 음료를 비롯한 간단한 다과는 드실 수 있습니다.

23. ④

남자는 회의실 시설에 대해서 알고 싶다고 합니다. 답은 ④번입니다. ㉠과 같이 이미 예약을 했으므로 회의 장소를 찾아본다는 ②번은 답이 될 수 없습니다.

24. ③

① 남자는 10인 회의실을 예약했다.
➡ ㉠을 보면 남자는 15인실을 예약했습니다.
② 이 호텔에는 10인 회의실만 있다.
➡ ㉠을 보면 15인실도 있습니다.
③ 노트북을 사용하려면 가져와야 한다.
➡ ㉡을 보면 노트북은 직접 가져와야 합니다.
④ 이 회의실은 식사하면서 회의를 할 수 있다.
➡ ㉢을 보면 회의실에서 식사를 할 수 없습니다.

단어 시설 / 기본적 / 빔 프로젝터 / 설치되다 / 다과

25-26 다음을 듣고 물음에 답하십시오. (각 2점)

여자: '살림하는 남자'라는 선생님의 새 책이 최근 큰 화제가 되고 있습니다. ㉠회사를 그만두고 ㉡주부로서의 자신의 삶과 느낀 점을 진솔하게 담아주셨는데요. 이런 인기의 비결은 무엇이라고 생각하십니까?

남자: 사실 저도 이 책이 이렇게 큰 사랑을 받을지는 몰랐습니다. 그저 전에는 알 수 없었지만 직접 해 보고 깨닫게 된 것들을 함께 나누고 싶었습니다. ㉢원래 저는 집안일과 육아는 여자의 일이고, 회사 일에 비하면 아주 쉽다고 생각했습니다. ㉣하지만 직접 해 보니 얼마나 힘든 일인지 알게 되었습니다. 그리고 그렇기 때문에 부부가 함께 협력하는 것이 얼마나 중요한지를 책을 통하여 이야기하고 싶었습니다.

25. ②

남자는 부부가 함께 협력하는 것이 중요하다고 말합니다. 답은 ②번입니다. ③번은 남자의 옛날 생각이므로 답이 될 수 없습니다.

26. ④

① 지금 남자는 회사에 다니고 있다.
➡ ㉠을 보면 남자는 회사를 그만두었습니다.
② 남자가 쓴 '살림하는 남자'는 소설이다.
➡ ㉡을 보면 이 책은 소설이 아닌 남자의 이야기입니다.
③ 생각보다 집안일과 육아는 어렵지 않다.
➡ ㉣에서 남자는 집안일과 육아가 어렵다고 말합니다.
④ 남자는 집안일을 여자의 일이라고 생각했었다.
➡ ㉢에서 남자는 집안일은 여자의 일이라고 생각했다고 말합니다.

단어 살림하다 / 화제 / 진솔하다 / 비결 / 깨닫다 / 육아 / 협력하다

27-28 다음을 듣고 물음에 답하십시오. (각 2점)

남자: 자 이제 천천히 주차만 하면 돼. 어때? 나 운전 잘하지?

여자: 그러게. 많이 익숙해졌네. ㉠하지만 아직은 면허를 딴지 며칠 안 됐으니까 연습을 더 해야 할 것 같아. 아까 도로에서도 중간중간 조금 위험했잖아.

남자: 다들 그렇게 실수하면서 배우는 거지. ㉡내 친구도 일주일 연습하고 운전면허를 따서 혼자 잘 다녀. 지난주에 경주까지 갔다왔대. 나도 다음 주에 혼자 가 보려고. 운전은 자신감이 중요한 것 같아.

여자: ㉢부모님께 여쭤봤어? 네 차도 아닌데 그래도 돼? 그리고 당분간은 멀리 가지 말고 동네에서 더 연습을 하는 게 좋을 것 같은데. 잘못하면 큰 사고가 날 수도 있다고. 너는 운전을 너무 쉽게 생각하는 것 같아.

27. ②

여자는 남자에게 좀 더 운전 연습을 하는 것이 좋을 것 같다며 연습을 권유합니다. 답은 ②번입니다. ④번은 남자의 생각이므로 답이 될 수 없습니다.

28. ④

① 여자는 운전을 연습하고 있다.
➡ 운전 연습은 남자가 하고 있습니다.
② 남자는 오래전에 면허를 땄다.
➡ ㉠을 보면 남자는 면허를 딴 지 얼마 되지 않았습니다.
③ 남자는 자신의 자동차로 운전을 한다.
➡ ㉢을 보면 이 차는 남자의 차가 아닌 부모님의 차입니다.
④ 남자의 친구는 최근에 경주에 갔다왔다.
➡ ㉡을 보면 남자의 친구는 경주에 갔다왔습니다.

단어 (운전)면허 / 따다 / 당분간

29-30 다음을 듣고 물음에 답하십시오. (각 2점)

여자: 보통 어떤 아이들이 선생님을 많이 찾아오나요?

남자: ㉠예전에는 정신적으로나 심리적으로 큰 문제를 가진 아이들이 주로 치료를 목적으로 찾아왔습니다. 하지만 ㉡요즘에는 심리 상담에 대한 생각이 많이 달라졌습니다. 꼭 심각한 문제가 없어도 다양한 도움을 받고자 저를 만나러 옵니다.

여자: 그렇군요. 그럼 상담은 어떤 활동으로 이루어지나요?

남자: 성인과 달리 아동 상담은 아이들이 좋아하는 활동으로 진행합니다. 함께 그림을 그리기도 하고요. 때로는 요리사가 되어 아이들과 음식을 만들기도 합니다. ㉢각 아동에 맞는 다양한 활동을 하면서 이야기를 나누지요.

29. ②

남자는 심리적인 문제가 있는 아이들을 만나고 아이들을 위한 심리 상담을 한다고 합니다. 따라서 답은 ②번입니다.

30. ④

① 이전에는 남자를 찾는 아이들이 없었다.
➡ ㉠을 보면 이전에도 남자를 찾아오는 아이들이 있었습니다.
② 남자는 취미로 그림을 그리고 요리를 한다.
➡ ㉢을 보면 남자는 아이들에게 맞는 활동을 합니다. 취미가 아닙니다.
③ 남자는 요즘 큰 문제가 있는 아이들만 만난다.
➡ ㉡을 보면 요즘은 큰 문제가 없는 아이들도 만납니다.
④ 남자는 아이들과 다양한 활동을 하며 이야기한다.
➡ ㉢을 보면 남자는 아이들에게 맞는 다양한 활동을 합니다.

단어 정신적 / 심리적 / 심각하다

31-32 다음을 듣고 물음에 답하십시오. (각 2점)

남자: 요즘 몇몇 식당에서 아이들의 입장을 거부하는 노키즈존이 등장하고 있는데요, ㉠이러한 태도는 굉장히 이기적이라고 생각합니다. 우리 모두 아이였을 때가 있지 않았습니까?

여자: 글쎄요. 저는 이해가 되는데요. 모처럼 비싼 식당에서 기분 좋게 식사를 하고 싶은데 옆자리의 시끄러운 아이들 때문에 그럴 수 없다면 어떠시겠어요?

남자: 물론 불편하고 기분이 나쁘겠지만, 그건 부모가 조심해야 할 문제이지 아이들의 입장을 막을 문제는 아니라고 봅니다. 게다가 가장 큰 문제는 ㉡아이들은 이 나라의 미래인데 벌써 차별을 가르치는 게 아닐까 우려됩니다.

31. ①

㉠과 ㉡에서 남자는 이 제도가 이기적이고 아이들에게 차별을 가르치는 것 같다고 말하므로 답은 ①번입니다.

32. ③

남자는 ㉠과 ㉡을 통하여 제도의 문제점에 대해서 이야기합니다. 답은 ③번입니다.

단어 노키즈존 / 이기적이다 / 모처럼 / 차별 / 우려되다

33-34 다음을 듣고 물음에 답하십시오. (각 2점)

여자: 잘 알려진 것과 같이 ㉠조선 초기에는 시장이 지금 같이 많지도, 크지도 않았습니다. 더욱이 ㉡화폐가 보편적으로 사용되지도 않았지요. 그렇다면 조선 시대의 사람들은 필요한 물건을 어떻게 구하며, 어떻게 경제 활동을 했을까요? 당시의 사람들은 상업을 농업에 비하여 뒤떨어지는 것으로 보았습니다. 그래서 돈을 주고 물건을 사는 것이 아니라 주변 사람들과 필요한 물건을 나누는 형태로 경제 활동을 했습니다. 이것을 '선물 경제'라고 부르지요. 이러한 모습은 여러 기록에서 확인할 수 있습니다. 한 양반의 일기에는 1년 동안 약 400번의 선물을 주고, 또 그만큼 선물을 받았다고 나옵니다. ㉢하지만 조선 후기가 되며 이러한 형태가 점차 사라지고 현대와 유사한 시장이 등장하기 시작합니다.

33. ④

여자는 조선 초기의 '선물 경제'에 대한 이야기를 하며 조선 후기에는 이것이 변화하였다고 합니다. 답은 ④번입니다.

34. ①

① 조선 초기에는 시장이 발달하지 않았다.
➡ ㉠에서 조선 초기에는 시장이 많지 않았다고 말합니다.
② 화폐는 조선 초기에도 많이 사용되었다.
➡ ㉡을 보면 화폐는 많이 사용되지 않았습니다.
③ '선물 경제'는 조선 후기에 등장하였다.
➡ ㉢에서 조선 후기에는 이러한 형태(='선물 경제')가 사라진다고 말합니다.
④ 조선 후기에도 시장은 나타나지 않았다.
➡ ㉢에서 조선 후기에는 시장이 나타난다고 말합니다.

단어 초기 / 화폐 / 보편적 / 상업 / 농업 / 뒤떨어지다 / 후기 / 형태 / 유사하다 / 등장하다

35-36 다음을 듣고 물음에 답하십시오. (각 2점)

남자: 먼저 저에게 이 상을 주신 여러분께 감사를 드립니다. ㉠그동안 여러 상을 받았지만, 이 상은 저에게 특히 더 의미가 있습니다. ㉡5년 전 수상 이후, 참 오랜 시간 슬럼프로 고생했습니다. 이 드라마도 사랑을 받지 못한다면 더는 드라마를 쓰지 않을 생각이었습니다. 정말 최선을 다했습니다. 자연스러운 글을 쓰기 위해 길에서 많은 사람을 관찰하며 연구했습니다. 처음 드라마를 시작하던 마음으로 대사 한 줄, 한 줄을 썼습니다. 지금 많은 분들이 떠오르는데요. 함께 고생해 주신 감독님, 대사에 생명을 넣어 연기하신 배우분들과 이 기쁨을 함께 나누고 싶습니다. ㉢그리고 누구보다도 저의 긴 슬럼프를 함께 견디고 응원해 준 아내에게 정말 감사합니다.

35. ②

남자는 상을 받은 것에 감사하고 있습니다. 따라서 답은 ②번입니다.

36. ④

① 남자는 처음 상을 받는다.
➡ ㉠에서 남자는 전에도 상을 많이 받았다고 말합니다.
② 남자의 모든 작품은 성공했다.
➡ ㉡에서 남자는 '이 드라마도 사랑을 받지 못한다면'이라고 말했습니다. 따라서 모든 작품이 성공한 것은 아닙니다.
③ 이 드라마는 남자의 첫 작품이다.
➡ ㉡을 보면 이 드라마는 남자의 첫 작품이 아닙니다.
④ 남자는 가족에게 고마워하고 있다.
➡ ㉢에서 남자는 아내에게 감사하다고 말합니다.

단어 슬럼프 / 관찰하다 / 떠오르다 / 대사 / 생명 / 견디다

37-38 다음은 교양 프로그램입니다. 잘 듣고 물음에 답하십시오. (각 2점)

> 남자: 박사님, ㉠우리나라에서도 최근 배양육에 대한 몇몇 연구가 등장했는데요. 정확히 배양육이 무엇이죠? 그리고 배양육이 갖는 특징은 무엇인가요?
>
> 여자: 배양육이란, 직접 동물을 키우지 않고 동물의 세포만 키워서 만든 고기입니다. 그 맛은 일반 고기와 거의 다르지 않습니다. 하지만 ㉡배양육은 기존에 가축을 기르며 생기는 여러 오염 물질을 생산하지 않기 때문에 매우 환경친화적입니다. 또한 ㉢배양육은 고기를 얻기 위해서 동물을 죽여야 한다는 윤리적인 부담도 없습니다. 더욱이 지구의 인구 중 8억 명 이상은 여전히 배불리 먹지 못한다고 하는데, 배양육 기술이 더 발전한다면 이러한 문제도 해결할 수 있을 것으로 보입니다. ㉣배양육이 낯설게 느껴지실지 모르지만 이러한 이유 때문에 배양육에 대한 연구자들의 관심은 더욱 커질 것으로 보입니다.

37. ④

여자는 연구자들이 배양육에 더욱 관심을 가질 것이라고 합니다. 답은 ④번입니다.

38. ③

① 국내에서는 배양육을 연구하지 않는다.
➡ ㉠을 보면 국내에서도 배양육을 연구했습니다.
② 배양육은 동물을 죽여야 얻을 수 있다.
➡ ㉢을 보면 동물을 죽이지 않아도 배양육을 얻을 수 있습니다.
③ 배양육 기술은 환경 보호에 도움이 된다.
➡ ㉡에서 배양육은 환경친화적이라고 말합니다.
④ 사람들은 배양육 기술에 대해 잘 알고 있다.
➡ ㉣을 보면 사람들은 배양육에 익숙하지 않습니다.

단어 배양육 / 특징 / 세포 / 키우다 / 가축 / 기르다 / 환경친화적 / 윤리적 / 부담 / 낯설다

39-40 다음은 대담입니다. 잘 듣고 물음에 답하십시오. (각 2점)

> 여자: 네, 이야기를 들어보니 한 번의 시험으로 대학이 결정되기 때문에 많은 학생들이 큰 스트레스를 받는 것 같네요. 그렇다면 교수님, 한 번이 아닌 여러 번의 시험으로 대학을 결정하는 것, 현실적으로 가능한 방법입니까?
>
> 남자: 네, 사실 현재와 같은 시험 제도가 정착되기 전인 ㉠1993년에는 8월과 11월 두 차례에 걸쳐 시험을 보기도 했습니다. 이런 경우 학생들은 두 시험 중 성적이 더 좋은 것을 선택할 수 있다는 장점이 있습니다. 하지만 각각의 시험 난이도를 맞추기가 쉽지 않다는 문제점도 있지요. 그렇기 때문에 ㉡대학에서는 학생들을 공평하게 평가하기 위해서 기존에는 없던 대학 자체 시험을 만들 수도 있습니다. 저희 위원회에서는 여러 가지 의견을 종합하여 가장 적절한 방안을 만들고자 노력하고 있습니다. ㉢현재까지는 구체적으로 결정된 것이 아무것도 없습니다.

39. ④

여자의 말을 보면 학생들이 대학 진학 시험을 보며 스트레스를 많이 받는다는 이야기를 했다는 것을 할 수 있습니다. 따라서 답은 ④번입니다.

40. ②

① 1993년에는 시험을 보지 않고 대학을 갔다.
➡ ㉠을 보면 1993년에도 시험을 봤습니다.
② 이전에 대학 진학 시험을 여러 번 본 적이 있다.
➡ ㉠을 보면 1993년에 시험을 여러 번(두 번) 봤습니다.
③ 대학에서는 자체 시험을 더 어렵게 만들고 있다.
➡ ㉡은 남자의 걱정입니다.
④ 위원회에서는 구체적으로 여러 가지를 결정했다.
➡ ㉢에서 위원회는 결정한 것이 없다고 말합니다.

단어 현실적 / 정착되다 / 난이도 / 공평하다 / 평가하다 / 기존 / 자체 / 위원회 / 종합하다 / 구체적 / 공정성

41-42 다음은 강연입니다. 잘 듣고 물음에 답하십시오. (각 2점)

여자: 다른 기상 현상과는 달리 각각의 태풍에는 이름이 있습니다. ㉠이는 태풍은 생애가 길기 때문에 그렇습니다. ㉡여러 개의 태풍이 동시에 나타나게 되면 예보를 하는 것이 혼란스러워지니 각각의 이름을 부르는 것이지요. 한반도를 지나가는 아시아 지역 태풍의 이름은 2000년부터 아시아 태풍위원회에서 결정합니다. ㉢14개 회원국에서 각각 10개의 이름을 제출받아 순서대로 사용하고 있습니다. 대부분은 개미, 장미, 독수리와 같이 동물이나 자연에서 가져온 이름입니다. 1번부터 140번의 이름을 모두 다 사용한 후에는 다시 처음의 이름으로 돌아가게 됩니다. 하지만 ㉣태풍이 심각한 피해를 준 경우에는 심의를 거쳐 이름을 변경할 수 있는데, 대표적으로 2003년에 큰 피해를 준 '매미'는 '무지개'로 변경되었습니다.

41. ①

이 강연은 태풍의 이름에 대한 강연입니다. 특히 후반부에는 태풍의 이름을 짓는 방법에 대해서 이야기합니다. 답은 ①번입니다.

42. ②

① 태풍은 비교적 그 생애가 짧다.
➡ ㉠을 보면 태풍은 비교적 그 생애가 깁니다.
② 한 번에 여러 개의 태풍이 오기도 한다.
➡ ㉡에서 한 번에 여러 태풍이 오기 때문에 이름을 부른다고 말합니다.
③ 태풍의 이름은 위원회 전문가들이 짓는다.
➡ ㉢을 보면 이름은 각 국가에서 제출하였습니다.
④ 회원국이 제출한 이름은 변경되지 않는다.
➡ ㉣을 보면 심각한 피해를 준 이름은 변경됩니다.

단어 기상 현상 / 태풍 / 생애 / 위원회 / 한반도 / 회원국 / 심의 / 거치다 / 변경되다

43-44 다음은 다큐멘터리입니다. 잘 듣고 물음에 답하십시오. (각 2점)

남자: ㉠염색체의 각 부분에는 생명 활동과 관련된 많은 정보들이 응축되어 담겨 있다. 따라서 염색체의 한 부분이라도 손상된다면 세포에는 치명적인 결함이 생길 수도 있다. 하지만 염색체의 끝 부분은 좀 다르다. 이 부분은 특별한 정보가 없이 반복되는 염기 서열로 이루어져 있는데, 동일한 정보를 가진 염색체라도 그 길이가 다를 수 있다. 바로 이 부분이 텔로미어다. 텔로미어는 세포가 분열할 때 염색체를 보호하는 역할을 하는데, 여러 번의 분열이 반복될수록 그 길이가 짧아진다. 일반적으로 나이가 많은 세포는 여러 번의 분열로 인하여 텔로미어의 길이가 짧다. 이 때문에 생물학계에서는 최근 텔로미어와 노화 사이의 관계를 주목하고 있다. 텔로미어의 길이를 연장할 수 있다면 우리는 다시 젊어질 수 있을지 모른다.

43. ②

이 다큐멘터리는 염색체의 텔로미어에 대해서 소개합니다. 이야기에서는 늙은 세포일수록 텔로미어가 짧아지기 때문에, 텔로미어와 노화 사이의 관계가 주목받고 있다고 합니다. 답은 ②번입니다.

44. ④

㉠에서 염색체에는 생명 활동 정보가 담겨 있어서 손상되면 세포에 치명적인 결함(= 큰 문제)이 생긴다고 설명합니다. 따라서 답은 ④번입니다. ③번은 텔로미어에 대한 이야기입니다.

단어 염색체 / 응축되다 / 손상되다 / 치명적 / 결함 / 염기 서열 / 유전학 / 분열 / 주목하다 / 연장하다

45-46 다음은 강연입니다. 잘 듣고 물음에 답하십시오. (각 2점)

여자: 현재는 이 땅에서 호랑이를 찾아볼 수 없으나, ㉠이전에 한반도에서 호랑이는 흔한 동물이었습니다. 조선 시대의 호랑이를 칭하는 여러 이름을 통해서 우리는 사람들이 호랑이를 어떻게 생각했는가를 알 수 있습니다. ㉡당시 사람들은 호랑이와 표범을 모두 아울러 범이라고 불렀는데, 호랑이는 그 무늬 때문에 특별히 칡범이라고 불렀습니다. 하지만 칡범이라는 이름 외에도 호랑이는 산군, 혹은 산신이라고 불리기도 했습니다. 이 산군이라는 이름은 산을 지키고 다스리는 신, 혹은 영물을 의미합니다. 즉 호랑이를 산과 땅을 수호하는 신이라고 생각했던 것이지요. ㉢이처럼 호랑이를 긍정적으로 바라보는 관점은 '호랑이 형님'과 같은 전래 동화에서도 나타납니다.

45. ②

① 한반도에서 사라진 호랑이를 보호하고 있다.
➡ 이와 같은 내용은 나오지 않습니다.
② 옛날 사람들은 호랑이를 긍정적으로 생각했다.
➡ ⓒ에서 호랑이를 긍정적으로 생각했다고 말합니다.
③ 고구려, 조선 시대에는 호랑이가 흔하지 않았다.
➡ ㉠에서 호랑이가 조선 시대에 흔했다고 말합니다.
④ 옛날 사람들은 호랑이와 표범을 구별하지 못했다.
➡ ㉡에서 호랑이와 표범을 구별했다고 말합니다.

46. ④

여자는 호랑이에 대한 생각을 호랑이를 부르는 이름의 뜻과 '호랑이 형님'이라는 이름의 뜻을 사례를 들어 설명하고 있습니다. 답은 ④번입니다.

단어 칭하다 / 표범 / 범 / 산신 / 영물 / 수호하다 / 관점

47-48 다음은 대담입니다. 잘 듣고 물음에 답하십시오. (각 2점)

여자: 전국에 전봇대가 850만 개나 된다니 정말 놀랍네요. 아, 그리고 전봇대 표지를 잘 보면 위치도 알 수 있다던데 사실입니까?

남자: 네, 맞습니다. ㉠전봇대의 기본적인 기능은 전기를 전송하는 전선의 연결이지만, 사실 다른 기능도 가지고 있습니다. 전봇대를 잘 살펴보면 상단에 ㉡한국전력에서 측지계로 정확하게 측정한 위치 정보가 붙어 있는데, 이것을 '전주번호찰'이라고 합니다. 경도와 위도를 포함한 지리 정보 데이터와 전봇대가 설치된 선로명칭 등을 담고 있는 일종의 위치 정보이지요. ㉢상단의 4개의 숫자 중 앞의 2개는 경도를 그리고 마지막 2개는 위도를 나타냅니다. ㉣이 번호를 확인하면 조난을 당하거나 문제가 생겼을 때 정확한 위치를 전달할 수 있습니다. 전봇대가 없는 곳이 없기 때문에 매우 유용하다고 볼 수 있죠.

47. ③

① 전주번호찰의 상단의 4개 숫자는 도로명이다.
➡ ㉢을 보면 가장 상단의 4개 숫자는 경도와 위도입니다.
② 전봇대의 기본적인 기능은 위치 정보 전달이다.
➡ ㉠을 보면 전봇대의 기본적인 기능은 전선 연결입니다.
③ 각 지역 전봇대의 위치는 한국전력에서 측정한다.
➡ ㉡을 보면 전봇대의 위치는 한국전력에서 측정합니다.
④ 전주번호찰은 자신의 위치를 알고 있을 때 유용하다.
➡ ㉣을 보면 전주번호찰은 위치를 모를 때 유용합니다.

48. ③

남자는 전주번호찰을 소개하고 그 장점에 대해서 이야기합니다. 답은 ③번입니다.

단어 전봇대 / 표지 / 전송하다 / 상단 / 측지계 / 경도 / 위도 / 조난

49-50 다음은 강연입니다. 잘 듣고 물음에 답하십시오. (각 2점)

여자: ㉠해수면의 온도 변화는 해양 생물뿐 아니라 인간에게도 큰 영향을 줍니다. 장기적으로는 수온이 오르게 되면 물에 용해되어 있던 ㉡이산화탄소가 공기 중으로 배출되어 지구온난화가 가속화됩니다. 지구가 더 빠른 속도로 뜨거워진다는 의미이지요. 또한 단기적으로도 해수면의 온도 변화는 그 인근 지역의 날씨에 영향을 주게 됩니다. ㉢최근 한반도 근해의 온도가 빠르게 상승하며 폭염이 매년 더 심각해질 가능성이 제기되고 있습니다. 1997년부터 2018년 사이 7월의 한반도 근해의 해수면 온도는 평균 0.14도씩 높아졌습니다. 특히 ㉣2010년부터 2018년 사이에는 무려 0.34도나 상승하며 급격한 변화를 보였습니다. 하지만 그럼에도 여전히 해수면 온도에 대한 국가적인 연구가 소극적이라는 건 큰 문제입니다.

49. ③

① 해수면 온도 변화는 해양 생물만 영향을 받는다.
➡ ㉠을 보면 해양 생물뿐 아니라 인간도 영향을 받습니다.
② 공기 중 이산화탄소가 많아지면 기온이 내려간다.
➡ ㉡을 보면 공기 중 이산화탄소가 많아지면 기온이 올라갑니다.
③ 최근 한반도 근처의 해수면 온도가 높아지고 있다.
➡ ㉢에서 최근 한반도 근해(= 근처 바다)의 온도가 상승했다고 말합니다.
④ 2010년부터 2018년에는 해수면의 온도가 낮아졌다.
➡ ㉣을 보면 2010년부터 2018년에 해수면의 온도는 상승했습니다.

50. ④

여자는 해수면의 온도 변화로 생길 수 있는 문제를 걱정하며 관련된 연구가 필요함을 이야기합니다. 답은 ④번입니다.

단어 해수면 / 장기적 / 수온 / 용해되다 / 이산화탄소 / 배출되다 / 지구온난화 / 가속되다 / 단기적 / 인근 / 근해 / 폭염 / 제기되다 / 소극적

제2회 실전모의고사

1. ①	2. ②	3. ③	4. ③	5. ②
6. ④	7. ③	8. ④	9. ③	10. ①
11. ①	12. ②	13. ①	14. ②	15. ④
16. ③	17. ③	18. ②	19. ③	20. ④
21. ②	22. ④	23. ②	24. ②	25. ④
26. ①	27. ③	28. ②	29. ④	30. ④
31. ③	32. ②	33. ②	34. ④	35. ④
36. ②	37. ④	38. ③	39. ①	40. ③
41. ④	42. ③	43. ②	44. ①	45. ③
46. ②	47. ④	48. ②	49. ①	50. ④

1-3 다음을 듣고 알맞은 그림을 고르십시오. (각 2점)

1. ①

여자: 손님, 무슨 문제 있으세요?

남자: 네, 제가 ㉠주스를 쏟았는데 휴지가 없어서요. 죄송해요.

여자: 아, 금방 가져다 드릴게요.

남자가 ㉠처럼 테이블에 주스를 쏟아서 종업원에게 도움을 요청하고 있으므로 ①번이 정답입니다.

단어 쏟다 / 가져다 주다

2. ②

남자: 어디 멀리 여행 가세요?

여자: 네, 한 달 정도 ㉠제 차로 전국을 돌아다닐 생각이에요.

남자: 그래서 짐이 많군요. 가방 주세요. ㉡제가 실어 드릴게요.

㉠에서 여자는 자신의 차로 여행을 할 것이라고 했으므로 ④번은 오답입니다. 여자의 짐이 많은 것을 보고 남자가 ㉡처럼 차에 싣는 것을 돕겠다고 하므로 정답은 ②번입니다.

단어 전국 / 싣다

3. ③

남자: 최근 동영상 콘텐츠의 인기가 대단합니다. 인주 신문사에서 대학생 천 명을 대상으로 조사한 결과, ㉠스마트폰으로 동영상을 시청한다는 사람이 60% 이상으로 가장 많았고, TV와 컴퓨터가 뒤를 이었습니다. 자주 시청하는 동영상은 ㉡예능, 영화, 음악 관련 콘텐츠 순으로 나타났습니다. ㉢이 세 가지는 근소한 차이를 보였습니다.

①번과 ②번은 ㉠의 순서와 다르므로 오답입니다. ③번과 ④번은 모두 ㉡의 순서와 같지만, ㉢을 보면 응답자의 수가 서로 비슷해야 하므로 ③번이 정답입니다. ④번은 '예능'이라고 답한 응답자의 수가 압도적으로 많으므로 '근소한 차이'라고 할 수 없습니다.

단어 콘텐츠 / 예능 / 근소하다

4-8 다음 대화를 잘 듣고 이어질 수 있는 말을 고르십시오. (각 2점)

4. ③

남자: 여보세요, 김민수 과장님 좀 바꿔주세요.

여자: 지금 회의 중이라 자리에 안 계신데 제가 대신 ㉠메모 남겨 드릴까요?

남자: 아니요, 제가 다시 전화드리겠습니다.

남자가 전화를 건 상황이므로 ④번은 오답입니다. ㉠에 대한 대답으로 '네'라고 대답한다면 '부탁드립니다' 또는 '~라고 전해 주세요' 같은 내용이 이어져야 하므로 ①번과 ②번은 오답입니다. 정답은 ③번입니다.

단어 메모

5. ②

남자: ㉠손님, 이제 한국대학교 정문입니다. 학교 안으로 들어갈까요?

여자: 아니요, 들어가면 복잡하니까 여기에서 ㉡세워 주세요.

남자: 요금은 8,000원입니다.

㉠과 ㉡처럼 말하고 있으므로 택시 기사와 승객의 대화입니다. 요금을 결제하는 상황이 이어지는 것이 자연스러우므로 ②번이 정답입니다.

단어 세우다 / 직진하다

6. ④

> 여자: 저는 요즘 집에서 ㉠아이스크림도 만들어 먹고 과일 넣은 빙수도 만들어 먹어요.
>
> 남자: 그래요? 빙수는 저도 만들어 봤는데 ㉡아이스크림은 생각도 못 해 봤어요.
>
> 여자: 생각보다 어렵지 않으니까 해 보세요.

여자는 ㉠처럼 아이스크림과 빙수 두 가지를 다 만들어 보았으나 남자는 ㉡처럼 아이스크림은 만들어 보지 못했다고 말합니다. 경험이 더 많은 여자가 남자에게 아이스크림도 만들어 보라고 권유하는 ④번이 자연스럽습니다.

단어 빙수

7. ③

> 여자: 비가 와서 그런가 오늘은 ㉠손님이 없네.
>
> 남자: 그럼 ㉡가게 문 일찍 닫고 들어가자.
>
> 여자: 글쎄, 한 명이라도 오면 어떻게 해.

㉠과 ㉡을 보면 두 사람은 가게를 운영하는 사람이라는 것을 알 수 있습니다. 남자는 날씨가 좋지 않아 손님이 없는데 원래 영업시간보다 일찍 가게 문을 닫자고 하고 있습니다. 이에 대한 여자의 반응으로 가장 적절한 것은 ③번입니다. ①번의 경우 계속 비가 올 것 같다는 내용이 이어져야 하므로 오답입니다.

8. ④

> 여자: 안녕하세요, 혹시 휴가철 할인 행사는 끝났나요?
>
> 남자: 네 고객님, ㉠주말 객실은 예약이 다 찼고, ㉡주중은 아직 가능합니다.
>
> 여자: 그럼 이번 수요일에 1박 예약 가능한가요?

여자가 호텔 객실 예약에 대해 문의하는 상황입니다. ㉠처럼 주말 객실은 예약이 불가하고, ㉡처럼 평일은 예약이 가능하므로 ④번이 정답입니다.

단어 휴가철 / 객실 / 차다 / 묵다 / 1박

9-12 다음 대화를 잘 듣고 여자가 이어서 할 행동으로 알맞은 것을 고르십시오. (각 2점)

9. ③

> 남자: 관리실이지요? 어젯밤에도 화재 경보가 또 잘못 울렸어요. 얼마나 놀랐는지 몰라요.
>
> 여자: 죄송합니다. 저희도 알아보고 있습니다. 지난 정기 점검 때는 문제가 없었거든요.
>
> 남자: ㉠일단 아파트에 안내 방송을 하는 게 어때요? 저처럼 궁금해하는 주민들이 많아요.
>
> 여자: 네. ㉡알겠습니다.

아파트에 화재 경보가 잘못 울려서 놀란 남자와 아파트를 관리하는 여자 직원의 대화입니다. 남자는 궁금해하는 사람들이 많으니까 ㉠처럼 안내 방송을 하라고 권했고, 여자는 ㉡처럼 자신이 안내 방송을 하겠다고 대답했습니다. 그러므로 ③번이 정답입니다.

단어 화재 경보 / 울리다 / 정기 점검

10. ①

> 남자: 수미야, 과제는 다 했어? 너무 어렵더라.
>
> 여자: 아직 하고 있어. 그런데 내가 다음 주에 중요한 일이 있어서 수업에 못 갈 것 같아.
>
> 남자: 그래? 다음 주에 과제 제출해야 하잖아. 그럼 내가 대신 제출해 줄까?
>
> 여자: ㉠우선 내가 교수님께 여쭤볼게. 혹시 이메일로 제출해도 되는지.

남자와 여자는 같은 수업을 듣는 친구 사이인데, 여자가 수업 시간에 직접 제출해야 하는 과제를 내지 못하는 상황입니다. 여자는 ㉠에서 혹시 과제를 다른 방식으로 제출해도 되는지 먼저 교수님께 물어본다고 했으므로 ①번이 정답입니다.

11. ①

> 여자: 안녕하세요? 과장님, 잘 지내셨어요?
>
> 남자: 오랜만이에요 수미 씨, 회사 옮기더니 더 좋아 보이네요. 일은 잘 맞아요?
>
> 여자: 네, 그럭저럭이요. 과장님은 뭐 드실래요? ㉠제가 계산할게요. 부탁드릴 일도 있고 해서요.
>
> 남자: 그럼 전 오렌지 주스요. ㉡저는 자리 잡고 있을게요.

여자가 ㉠처럼 말하는 것으로 보아 남자가 자리를 잡고 있으면 여자가 음료를 주문해서 가지고 가겠다는 것을 알 수 있습니다. 그러므로 ①번이 정답입니다. ㉡을 보면

③번은 남자가 할 일이므로 오답입니다.

단어 옮기다 / 그럭저럭 / 자리 잡다 / 음료

12. ②

여자: 여보세요, 인주전자 AS센터지요? 텔레비전이 고장난 것 같아요.

남자: 네 고객님. 텔레비전 구입은 언제 하셨어요? 어떤 이상이 있나요?

여자: 얼마 안 됐어요. 아직 한 달밖에 안 썼는데 ㉠리모컨을 아무리 눌러도 안 켜져요.

남자: 혹시 리모컨은 이상이 없나요? 가끔 ㉡리모컨 건전지가 다 닳았거나 망가진 경우도 있으니까 한 번 확인해 보시겠어요?

여자는 ㉠처럼 텔레비전이 고장 난 것 같아서 AS센터에 전화를 했습니다. AS센터 직원이 ㉡과 같이 텔레비전의 문제가 아니라 리모컨의 문제일 수도 있다고 했으므로 ②번이 정답입니다.

단어 구입 / 리모컨 / 건전지 / 닳다

13-16 다음을 듣고 내용과 일치하는 것을 고르십시오. (각 2점)

13. ①

여자: ㉠오늘이 졸업 여행 마지막 날이라니, 정말 아쉽다.

남자: 그러게, 이제 졸업하면 이렇게 우리가 다 같이 모일 수 있는 날도 얼마 없겠지?

여자: 응, 각자 회사 일로 바빠질 테니까 지금처럼 자주 모이기 힘들거야.

남자: 아쉬운 만큼 오늘 여행 끝날 때까지 사진도 많이 찍고 즐거운 추억 남기자.

① 남자와 여자는 지금 여행 중이다.
➡ ㉠을 보면 오늘은 여행 마지막 날이므로 아직 여행 중인 것을 알 수 있습니다.
② 여자는 여행 가서 찍은 사진을 보고 있다.
➡ 사진을 보며 하는 대화가 아닙니다.
③ 남자는 평소에 회사 동료들과 자주 모인다.
➡ 남자는 아직 학생이며, 졸업 후에 친구들과 자주 만나지 못할 것을 걱정하고 있습니다.
④ 여자는 회사 일로 바빠서 여행을 자주 못 한다.
➡ 졸업 후의 일을 걱정하고 있습니다.

단어 졸업 / 아쉽다 / 추억

14. ②

남자: 관객 여러분, 잠시 후 5시부터 ㉠공연을 다시 시작할 예정입니다. ㉡이렇게 갑자기 소나기가 내려서 당황하셨을텐데요, 야외에서 진행되는 공연인데 일기 예보를 더 주의 깊게 살피지 않은 점 다시 한 번 사과드립니다. 현재 ㉢무대 정리는 다 끝난 상태입니다. 마지막으로 관객석에 이상이 없는지만 확인하고 바로 공연 시작하겠습니다.

① 무대 정리가 5시쯤 끝날 예정이다.
➡ ㉢처럼 무대 정리는 이미 끝났으며 ㉠처럼 5시에는 공연이 다시 시작된 것입니다.
② 비 때문에 야외 공연이 도중에 중단됐다.
➡ ㉠에서 공연을 다시 시작한다고 한 것과 ㉡의 소나기가 갑자기 왔다는 내용으로 추측할 수 있습니다.
③ 관객석에 이상이 생겨서 공연을 할 수 없다.
➡ 비 때문에 공연을 할 수 없었습니다.
④ 공연은 원래 5시에 시작하는데 늦어지고 있다.
➡ 공연은 5시 이전에 이미 시작해서 진행되고 있었으나 중단된 상황입니다.

단어 야외 / 살피다 / 도중 / 중단되다

15. ④

여자: 태풍이 빠른 속도로 북상하고 있습니다. 내일 오전에는 전국이 태풍의 영향권에 들 것으로 보입니다. ㉠현재 제주도를 제외한 전국은 맑은 날씨를 보이고 있지만 오늘 밤부터 차차 흐려져서 내일 오전에는 매우 많은 양의 비가 오겠습니다. 이번 태풍은 강수량도 많지만 ㉡바람 또한 강하게 불 것으로 예상됩니다. ㉢피해가 우려되니 시설물 관리에 주의하시기 바랍니다.

① 현재 전국에 많은 비가 내리고 있다.
➡ ㉠을 보면 현재 제주도를 제외한 전국은 맑은 상태입니다.
② 오늘 제주도는 맑지만 내일은 흐릴 것이다.
➡ ㉠을 보면 현재 제주도 날씨는 맑지 않습니다.
③ 이번 태풍으로 인해 피해를 입은 시설이 많다.
➡ ㉢을 보면 이번 태풍으로 피해가 발생할 것으로 예상이 됩니다.
④ 내일은 전국에 바람이 많이 불 것으로 예상된다.
➡ ㉡에서 태풍 때문에 바람이 불 것이라고 했습니다.

단어 북상 / 영향권 / 들다 / 제외하다 / 차차 / 강수량 / 예상되다 / 우려되다 / 시설물

16. ③

> 여자: 직접 제작하신 영어 강의 동영상이 인기인데요, 어떻게 만드시나요?
>
> 남자: 네, ㉠촬영은 일주일에 한 번 합니다. 집에서 직접 카메라를 설치하고 그 앞에서 ㉡두 시간 정도 영어 문법 강의를 합니다. 촬영한 영상을 ㉢편집하는 데 삼 일 정도 걸리고요. 그리고 이메일로 문법 질문을 하시는 분들에게 답을 하고 다음 강의를 준비하면 일주일이 금방 지나갑니다.

① 남자는 학교에서 영어를 가르친다.
➡ 영어 강의 동영상을 찍는 것이지 학교에서 가르친다는 내용은 나오지 않습니다.
② 동영상 제작에는 총 두 시간이 걸린다.
➡ ㉡을 보면 촬영만 두 시간이 걸리고, 편집, 준비 등 총 제작 시간은 일주일 정도입니다.
③ 동영상은 촬영보다 편집이 오래 걸린다.
➡ ㉡에서 촬영은 두 시간 정도가 걸리지만 ㉢에서 편집은 삼일 걸린다고 했습니다.
④ 남자는 일주일 내내 강의 영상을 찍는다.
➡ ㉠에서 촬영은 일주일에 한 번이라고 했습니다.

단어 제작하다 / 촬영하다 / 설치하다 / 편집하다 / 내내

17-20 다음을 듣고 남자의 중심 생각을 고르십시오. (각 2점)

17. ③

> 남자: 이번 학기 역사학 수업 발표요, 선배님께서 제일 먼저 하시면 안 될까요?
>
> 여자: 내가 선배인 건 맞지만 ㉠난 역사학 전공자도 아닌데? 내 전공이 아니라 나도 첫 번째 발표는 좀 부담스러워.
>
> 남자: 그래도 저희보다 ㉡발표 경험이 많으실 것 같은데 좀 해 주시면 안 될까요?

수업에서 모두 부담스러워하는 첫 번째 발표를 누가 할 것인지를 두고 나누는 대화입니다. ㉠으로 보아 ①번은 여자의 생각이므로 오답입니다. ㉡을 보면 남자는 그동안 발표를 많이 해 본 경험이 있는 선배가 먼저 하는 것이 옳다고 생각하고 있습니다. 그러므로 ③번이 정답입니다.

단어 전공자 / 부담스럽다 / 경험 / 나서다 / 뛰어나다

18. ②

> 남자: 수미야, 장례식장에 간다면서 그렇게 화려한 옷을 입은 거야? 모자는 왜 썼어?
>
> 여자: 오늘 장례식장에 가기 전에 다른 일이 있어서…… ㉠위로하는 마음이 더 중요하니까 이렇게 입어도 될 거라고 생각했어.
>
> 남자: 마음이 중요한 건 맞지만 ㉡옷차림도 마음을 표현하는 중요한 방식 중 하나야. 나라면 다른 일을 미루거나 옷을 갈아입을 것 같아.

장례식장에 갈 때의 옷차림에 대해 대화하고 있는데, ㉠을 보면 ④번은 여자의 생각이므로 오답입니다. ㉡에서 남자가 옷차림은 마음을 표현하는 중요한 방식이라 했으므로 ②번이 정답입니다.

단어 장례식장 / 화려하다 / 위로하다 / 옷차림 / 미루다 / 못지않다

19. ③

> 여자: 내일 민수 집들이 선물 말이야, 그냥 돈으로 주면 어떨까?
>
> 남자: ㉠돈은 너무 성의 없어 보이지 않을까? 아무래도 물건을 준비하는 게 낫지.
>
> 여자: 민수가 뭘 좋아하는지도 잘 모르고, 뭐가 필요한지도 모르는데 ㉡돈으로 주면 본인이 원하는 걸 사지 않을까?
>
> 남자: 그래도 초대받아서 가는 건데 ㉢우리도 신경 써서 선물을 준비해야지. 보통 집들이 선물로 휴지나 세제 많이 주잖아, 우리도 그런 선물을 주자.

집들이 선물에 대해 대화하고 있는데, ㉠과 ㉢을 보면 남자는 선물로 돈을 주는 것은 성의가 없지만 물건을 준비하는 것은 신경을 쓰는 것이라고 생각하고 있으므로 ③번이 정답입니다. ㉡은 여자의 생각이므로 ②번은 오답입니다.

단어 집들이 / 성의 없다 / 신경을 쓰다 / 빈손 / 평범하다

20. ④

> 여자: 가족과 함께 회사를 경영하신다고 들었는데, 어떤 부분에 가장 신경을 쓰시나요?
>
> 남자: 네, 저는 제 형제들과 일하는데, 출근해서 개인적인 이야기를 전혀 하지 않습니다. 일할 때 서로 이름을 부르거나 '형'이라는 호칭을 사용하는 일도 없고요. 또 철저하게 성과에 따라서 소득을 나눕니다. 가족끼리 회사를 잘 경영하려면, ㉠공과 사를 정확하게 구분하는 것이 필요하다고 생각합니다.

남자는 ㉠에서 공과 사를 구분한다고 했는데, 이것은 회사의 일과 개인적인 일을 완전히 따로 생각한다는 의미이므로 정답은 ④번입니다.

단어 경영하다 / 개인적이다 / 호칭 / 철저하다 / 성과 / 소득 / 공과 사를 구분하다

21-22 다음을 듣고 물음에 답하십시오. (각 2점)

> 여자: 부장님, 우수 고객들한테 보내는 추석 선물을 정해야 하는데요, ㉠작년처럼 과일로 할까요?
>
> 남자: 글쎄요, ㉡과일은 먹으면 없어지잖아요. 좀 더 집에 오래 두고 사용할 수 있는 물건이 좋을 것 같은데…… 냄비나 칼 같은 주방 용품은 어떨까요?
>
> 여자: 네, 한 번 알아보겠습니다. 예산은 충분합니다.
>
> 남자: 잘됐네요. 주방 용품에 회사 이름을 새겨서 드리면, 고객들이 사용할 때마다 우리 회사를 떠올릴 수 있으니까 홍보가 될 것 같은데요?

21. ②

남자는 고객들에게 사용할 때마다 회사를 떠올릴 수 있는 홍보 효과가 있는 물건을 보내자고 이야기하고 있으므로 ②번이 정답입니다. ㉡과 같은 이유로 과일 선물을 하는 것에 반대하고 있으므로 ①번은 오답입니다.

22. ④

① 작년 추석에는 예산이 부족해서 과일밖에 주지 못했다.
➡ 이와 같은 내용은 나오지 않습니다.
② 여자는 작년 추석에 보낸 선물과 같은 것을 주고 싶어 한다.
➡ ㉠에서 작년 이야기를 했지만 같은 것을 주고 싶어한다는 의미는 아닙니다.
③ 남자는 과일 선물은 예산에 맞지 않아서 안 좋다고 생각한다.
➡ ㉡과 같은 의미로 안 좋다고 생각하는 것이지 예산과는 관계가 없습니다.
④ 우수 고객에게 추석 선물을 보내는 것은 올해가 처음이 아니다.
➡ ㉠을 보면 작년에도 추석 선물을 보냈음을 알 수 있습니다.

단어 우수 / 추석 / 명절 / 홍보 / 고민하다

23-24 다음을 듣고 물음에 답하십시오. (각 2점)

> 여자: 여보세요, 저는 이번 8월 말 졸업 예정자인데요, 제가 언제까지 도서관을 이용할 수 있는지 궁금해서요.
>
> 남자: 네, 우선 8월 30일 졸업식 당일까지 도서관 출입은 가능해요. 그런데 ㉠도서 대출은 7월 30일까지만 가능합니다. 졸업식 당일까지 반납은 가능하고요.
>
> 여자: 혹시 졸업한 이후에 도서관에서 책을 빌릴 수 있는 방법이 있나요?
>
> 남자: 보통 9월 초에 ㉡졸업생 100명에게 도서관 이용증을 발급해 드리고 있어요. 선착순으로 신청을 받는데, 경쟁이 아주 치열합니다. 아, ㉢무료는 아닙니다.

23. ②

여자는 8월 말에 졸업을 앞둔 학생으로, 앞으로의 도서관 이용에 대해 궁금해 하고 있으므로 ②번이 정답입니다.

24. ②

① 졸업을 한 이후에는 도서관에서 책을 빌릴 방법이 없다.
➡ ㉡에서 그 방법에 대해 설명하고 있으므로 오답입니다.
② 졸업 한 달 전부터 도서 대출은 제한되고 반납만 가능하다.
➡ ㉠에서 이야기한 내용과 같습니다.
③ 모든 학생은 졸업식 당일까지 도서관에서 책을 빌릴 수 있다.
➡ ㉠을 보면 졸업식 한 달 전까지만 책을 빌릴 수 있습니다.
④ 졸업생 선착순 100명까지는 무료로 도서관을 이용할 수 있다.
➡ ㉡에서 도서관 이용증을 발급한다고 했고 ㉢에서 그것은 모두에게 무료가 아님을 알 수 있습니다.

단어 예정자 / 당일 / 대출 / 반납 / 이용증 / 선착순 / 제한되다

25-26 다음을 듣고 물음에 답하십시오. (각 2점)

> 여자: 오늘은 기타 연주자 김민수 씨를 만나러 왔습니다. 멋진 연주로도 유명하시지만, 최근에는 후배들을 위해서 하신 일 몇 가지가 화제가 되었는데요. 어떤 일이었죠?
>
> 남자: 공연을 할 때, 가수의 공연 시간과 출연료 규정은 잘 마련이 되어 있지만 연주자들은 그렇지 않습니다. 일한만큼 충분한 보상을 받지 못하는 경우가 빈번했어요. 친한 가수의 공연에서 무료로 연주한 적도 많았습니다. 그런데 선배인 제가 무료로 연주를 하게 되면, ㉠후배들이 다른 공연에서 돈을 요구하기가 어렵다는 걸 알게 됐습니다. 그래서 나부터 바꿔 나가야겠다고 생각했습니다. 이제는 공연 전에 계약에 대해 자세히 묻고, ㉡조건이 맞지 않으면 거부합니다. 처음에는 돈을 밝힌다는 오해를 받아서 속상했는데, 점점 제 진심을 알아주는 사람들이 많아져서 힘을 얻고 있습니다.

25. ④

가수와 다르게 연주자들의 공연 시간과 출연료 규정이 없어서 생기는 문제에 대해 이야기하므로 ④번이 정답입니다.

26. ①

① 남자는 이제 공연에서 무료로 연주하지 않는다.
➡ 남자는 무료로 연주한 적이 있었으나 ㉠처럼 후배들이 그 일 때문에 부작용을 겪은 일이있기 때문에 ㉡에서 이제는 조건이 맞지 않으면 하지 않는다고 말합니다.
② 남자는 공연을 많이 해서 큰 돈을 벌 수 있었다.
➡ 이와 같은 내용은 나오지 않습니다.
③ 수입이 적어서 힘들어하는 가수와 연주자가 많다.
➡ 가수의 수입에 대한 내용은 나오지 않습니다.
④ 남자 때문에 후배들이 공연에서 연주를 못하고 있다.
➡ ㉠을 보면 남자 때문에 후배들이 돈을 못 받고 연주를 했다고 했지, 연주를 못하고 있는 것은 아닙니다.

단어 연주자 / 출연료 / 마련되다 / 보상을 받다 / 빈번하다 / 계약 / 거부하다 / 돈을 밝히다 / 조건을 따지다

27-28 다음을 듣고 물음에 답하십시오. (각 2점)

> 여자: 1층 직원 휴게실을 없애고 거기에 작은 점포를 만들 거래요. ㉠5층 휴게실에 비해서 이용하는 직원도 적고, 회사 자금 상황도 안 좋다고요.
>
> 남자: 그래요? 그 자리는 넓지도 않아서 작은 카페나 편의점 정도만 열 수 있을 것 같은데, 거기에서 얻는 수익이 회사에 얼마나 도움이 된다고 휴게실을 없앤대요?
>
> 여자: 그러게요. ㉡앞으로 5층 휴게실이 북적일 텐데 그럼 편하게 쉴 수 없을 것 같아요.
>
> 남자: 회사 사정이 안 좋다고 직원들 혜택부터 줄이는 건 좋은 방법이 아닌 것 같네요.

27. ③

남자는 직원들에게 주어지는 혜택을 줄여서 수익 사업을 모색하는 회사의 태도를 비판하고 있습니다. 그러므로 ③번이 정답입니다.

28. ②

① 1층 휴게실은 좁아서 이용자가 적었다.
➡ ㉠을 보면 1층 휴게실은 5층 휴게실에 비해 이용자가 적었다는 내용만 있고 그 이유는 나오지 않습니다.
② 여자는 앞으로 겪을 불편을 걱정하고 있다.
➡ ㉡에서 휴게실이 두 개에서 한 개로 줄어들었을 때 생길 문제를 걱정하고 있습니다.
③ 5층 휴게실 자리에 만든 점포는 장사가 잘 된다.
➡ 5층 휴게실에 점포를 만들었다는 내용은 나오지 않습니다.
④ 직원들은 그동안 휴게실이 없어서 편히 쉴 수 없었다.
➡ 그동안 휴게실이 없었다는 내용은 나오지 않습니다.

단어 휴게실 / 점포 / 자금 / 수익 / 북적이다 / 혜택 / 희생 / 자금난 / 대처하다 / 불편을 겪다

29-30 다음을 듣고 물음에 답하십시오. (각 2점)

남자: 이사철이라 아주 바쁘실 것 같은데요. 어떠세요?

여자: ㉠요즘은 이사철이 따로 없습니다. 사계절 내내 이사하시는 분들이 많아요. 사실 ㉡제가 처음에는 포장이사 전문 업체로 시작했지만 요새 저희 회사는 청소 대행 서비스로 더 큰 수익을 올리고 있습니다.

남자: 그렇군요. 청소 대행 서비스란 어떤 건가요?

여자: 말 그대로 대신 집을 청소해 드리는 건데요. ㉢새로 이사 갈 집을 미리 청소해 드리는 서비스가 가장 인기가 많아요. ㉣이사와 관계없이 살고 있는 집을 청소해 드리는 서비스도 있는데 이 서비스도 점점 이용자가 늘어나고 있습니다.

29. ④

여자는 포장이사와 청소 대행 서비스를 제공하는 업체를 만든 사람입니다. 정답은 ④번입니다.

30. ④

① 여자는 요즘 이사철이어서 아주 바쁘다.
➡ ㉠에서 요즘은 이사철이 따로 없이 사계절 내내 이사를 많이 한다고 했습니다.

② 여자의 회사는 처음부터 청소 서비스를 제공했다.
➡ ㉡을 보면 처음에는 포장이사 서비스만 제공하는 회사였음을 알 수 있습니다.

③ 이사 후에 집을 함께 청소하는 서비스가 제일 인기가 많다.
➡ ㉢에서 이사 전에 하는 청소 서비스가 제일 인기가 많다고 했습니다.

④ 이사 계획이 없어도 이 업체의 청소 서비스를 이용할 수 있다.
➡ ㉣에서 말한 내용과 같습니다.

단어 이사철 / 포장이사 / 대행 / 수익

31-32 다음을 듣고 물음에 답하십시오. (각 2점)

남자: 이번 학기에도 김수미 학생이 장학금을 받았네요. 저는 ㉠한 번 받은 학생은 후보에서 제외했으면 합니다.

여자: 김수미 학생이 성적이 제일 좋았어요. ㉡장학금의 기준은 성적을 최우선으로 삼아야 한다고 생각해요.

남자: 글쎄요. 장학금을 받은 경험이 있는 학생 대부분은 그 이후에 더 열심히 공부하게 됐다고 했어요. 저는 더 많은 학생이 그런 경험을 했으면 해요. 한 사람만 계속 받으면 나머지 학생은 쉽게 좌절할 것 같은데요?

여자: 그런가요? 전 장학금은 가장 열심히 공부한 학생에게 줘야 한다고 생각하는네요.

31. ③

남자가 ㉠에서 말한 내용과 같으므로 ③번이 정답입니다. ④번은 여자가 ㉡에서 말한 내용과 같으므로 오답입니다.

32. ②

남자는 실제로 장학금을 받은 경험이 있는 학생들이 한 이야기를 예로 들어 이야기하고 있으므로 ②번이 정답입니다. 한 명이 계속해서 장학금을 받을 경우에 생길 일을 우려하고 있는 것이지 장학금 제도의 효과 자체를 회의적으로 보는 것은 아니므로 ①번은 오답입니다.

단어 후보 / 제외하다 / (기준으로) 삼다 / 좌절하다

33-34 다음을 듣고 물음에 답하십시오. (각 2점)

여자: 꿀은 단맛 때문에 음식에도 많이 활용되지만 항균성이 있어서 예로부터 민간 치료제로 쓰였습니다. ㉠고대 이집트에서는 기름과 섞어서 외상 치료제로 썼다던가, 충치 치료제로 썼다는 기록이 발견되기도 했습니다. 요즘에도 입안이 헐었을 때 그 부위에 꿀을 바르거나, ㉡혈액순환을 도와 손과 발이 찬 사람에게 도움이 된다고 하여 뜨거운 물에 꿀을 타서 먹는 사람이 많습니다. ㉢꿀은 피부 미백과 탄력 증진에도 효능이 있는 것으로 인정받아 화장품에 첨가물로도 들어가고 있습니다. 특히 꿀과 여러 가지 부가재료를 활용하여 얼굴이나 몸에 바르는 팩으로 많이 만들어지고 있습니다.

33. ②

꿀이 지닌 여러 가지 효능에 대해서 설명하고 있습니다. 음식에 활용될 뿐 아니라 세균 치료에 효과적이어서 민간에서 각종 치료제로 쓰였고, 혈액순환을 돕기도 하며, 피부에도 좋다는 이야기를 하고 있으므로 ②번이 정답입니다.

34. ④

① 꿀을 그대로 피부에 바르면 미백 효과가 더 크다.

➡ ㉢에서 미백 효과가 있다고 했지만 그대로 바른다는 내용은 나오지 않습니다.

② 고대 이집트에서 처음으로 꿀을 음식에 활용했다.

➡ ㉠에서 고대 이집트에서 외상 및 충치 치료제로 썼다는 기록이 발견됐다고 했습니다.

③ 피부 탄력을 위해 꿀을 물에 타서 마시는 게 좋다.

➡ ㉢에서 화장품 첨가물로 들어간다고 했습니다.

④ 꿀을 뜨거운 물에 타서 마시면 손과 발이 따뜻해진다.

➡ ㉡에서 손과 발이 차가운 사람에게 도움이 된다고 했습니다.

단어 꿀 / 항균성 / 민간 / 외상 / 충치 / 헐다 / 혈액순환 / 미백 / 탄력 / 증진 / 첨가물 / 부가재료 / 팩

35-36 다음을 듣고 물음에 답하십시오. (각 2점)

남자: 30년 넘는 세월 동안 한결같이 ㉠최고의 성악가로 활동 중인 김수미 씨는 ㉡아시아 출신으로는 드물게 오페라의 본고장 이탈리아에서 인정을 받았습니다. 이탈리아 명문 음악 학교 유학 시절, ㉢5년 과정을 2년 만에 마치고 졸업한 기록과 이 ㉣2년 동안 무려 7개의 성악 경연대회에서 우승한 기록은 아직까지도 깨지지 않고 있습니다. 김수미 씨 특유의 아름다운 음색과 뛰어난 성량은 지금까지도 변함없이 우리에게 기쁨과 감동을 안겨주고 있는데요. 자 여러분, 올해의 음악인상 수상자, 오페라의 여왕 김수미 씨를 큰 박수로 맞이해 주십시오.

35. ④

남자는 성악가 김수미 씨의 업적을 소개하는데, 마지막 부분에서 김수미 씨가 바로 올해의 음악인상 수상자임을 알 수 있습니다. 그러므로 ④번이 정답입니다.

36. ②

① 김수미는 이제 성악가로 활동하지 않는다.

➡ ㉠을 보면 지금까지도 활동하고 있음을 알 수 있습니다.

② 김수미는 다른 사람보다 교육 과정을 일찍 마쳤다.

➡ ㉢에서 5년 동안 공부해야 마칠 수 있는 과정을 2년 만에 끝냈다고 한 내용과 같습니다.

③ 이탈리아에서 인정받은 아시아 출신 성악가가 많다.

➡ ㉡에서 이탈리아에서 인정받은 아시아 출신 성악가는 드물다고 했습니다.

④ 김수미만큼 성악 경연대회에서 많이 우승한 성악가는 없다.

➡ ㉣의 내용은 단지 2년 동안 7번 우승한 사람이 없다는 것만을 의미합니다.

단어 한결같다 / 출신 / 성악가 / 본고장 / 인정을 받다 / 명문 / 기록이 깨지다 / 음색 / 성량

37-38 다음은 교양 프로그램입니다. 잘 듣고 물음에 답하십시오. (각 2점)

남자: 교수님께서 개발하신 AI 로봇을 독거노인 50분께 선물하셨다고 들었어요.

여자: 네, 돌봄 AI 로봇이라는 건데 겉보기엔 아기처럼 생긴 인형이에요. ㉠이 로봇은 노인분들을 매일 아침 같은 시간에 깨우고, 식사 시간을 알리고 약을 드시라는 말도 합니다. 그런데 일방적인 알림 수준이 아니라 "일어나셨으면 저를 안아주세요.", "약을 드셨으면 제 오른손을 꽉 잡아주세요." 같은 말로 노인들과 상호작용을 한다는 것이 특징입니다. ㉡노인분들의 질문에 답을 하거나 행동에 반응을 하기도 합니다. 저는 인간과 교감하는 이 로봇을 통해서 AI 기술 분야에서 연구해야 할 주제를 제시하고 싶어요.

37. ④

여자는 자신이 개발한 로봇의 특징이 인간과의 상호작용과 교감이라고 강조하면서 앞으로 이런 기술이 더 연구되었으면 한다고 말하고 있으므로 ④번이 정답입니다.

38. ③

① 돌봄 AI 로봇의 주요 기능은 식사 시간 알림이다.

➡ ㉠을 보면 식사 시간 알림 뿐 아니라 다양한 기능이 있음을 알 수 있습니다.

② 돌봄 AI 로봇은 아이와 노인들을 위해 만들어졌다.

➡ 이와 같은 내용은 나오지 않습니다.

③ 노인과 돌봄 AI 로봇은 대화를 주고 받을 수 있다.

➡ ㉡에서 노인들의 질문에 답을 한다고 한 내용과 같습니다.

④ 여자는 기술 개발을 위해 노인들에게 로봇을 선물했다.

➡ 여자가 노인들에게 로봇을 선물한 이유는 나오지 않습니다.

단어 AI 로봇 / 겉보기 / 일방적이다 / 안아주다 / 꽉 / 상호작용 / 교감 / 교류

39-40 다음은 대담입니다. 잘 듣고 물음에 답하십시오. (각 2점)

> 여자: 그러니까 소리로 구성된 상표를 소리 상표라고 하는데, 이제는 이것을 법으로 보호받을 수 있다는 말씀이신거죠?
>
> 남자: 네 그렇습니다. ㉠소리 상표도 지식재산이라고 판단해서 특허권을 부여하는 거죠. 소리 상표는 마케팅의 주요한 수단이기 때문에 그 소리를 출원한 ㉡기업이나 개인이 소유권을 갖게 됩니다. ㉢한 기업이 1990년대 초반부터 사용해오던 광고 음악이나 짧은 로고송의 리듬을 비롯해서 어느 개그맨의 유행어도 소리 상표로 등록되어 있습니다. 심지어는 콜라 광고에 쓰이는 ㉣뚜껑을 따는 효과음도 등록되어 있고요. 소리 역시 창작자의 노력과 아이디어로 만들어진 창작의 결과물이기 때문에 창작자가 독점적으로 사용할 권리를 보장받을 수 있습니다.

39. ①

여자가 말한 법으로 보호받는다는 것은 특허권이 부여된다는 의미이므로 ①번이 정답입니다.

40. ③

① 소리 상표의 소유권은 기업만 가질 수 있다.
➡ ㉡에서 기업과 개인 모두가 소유권을 가질 수 있다고 했습니다.
② 소리 상표는 지식재산으로 인정받지 못 한다.
➡ ㉠의 내용과 반대입니다.
③ 음악뿐만 아니라 효과음도 창작물로 인정된다.
➡ ㉣에서 효과음도 창작물로 인정되어 소리 상표로 등록되어 있다고 했습니다.
④ 광고에 쓰이는 음악만 소리 상표로 등록할 수 있다.
➡ ㉢을 보면 광고 음악, 로고송의 리듬, 유행어 등을 소리 상표로 등록할 수 있습니다.

단어 구성되다 / 상표 / 지식재산 / 판단하다 / 특허권 / 부여하다 / 출원하다 / 소유권 / 로고송 / 효과음 / 창작자 / 독점적 / 보장받다

41-42 다음은 강연입니다. 잘 듣고 물음에 답하십시오. (각 2점)

> 여자: 두 명의 용의자가 경찰 조사를 받고 있습니다. 만약 이 두 사람이 협력해서 범죄 사실을 숨기면 둘 다 형량이 낮아질 수 있습니다. 하지만 두 사람은 상대방의 범죄 사실을 경찰에게 알려주면 자신의 형량이 줄어든다는 말에 상대방의 범죄를 폭로합니다. 결국 두 사람은 모두 무거운 형량을 받게 되는데 이것이 바로 ㉠심리학에서 말하는 '죄수의 딜레마'입니다. ㉡서로 협력하는 것이 가장 좋은 상황에서 서로를 믿지 못하고 배신함으로써 모두에게 나쁜 결과를 초래하는 일은 ㉢우리의 일상에서도 쉽게 찾아볼 수 있습니다. 과도한 할인 경쟁으로 인해 오히려 손해를 보는 가게, 나만 가만히 있을 수 없다는 마음으로 시작하는 사교육이 그 예이지요. 상호 신뢰를 바탕으로 사회의 약속이 잘 지켜질 때 가장 좋은 결과를 가져온다는 점을 잊지 말아야겠습니다.

41. ④

여자는 '죄수의 딜레마' 현상을 설명하고 마지막 부분에서 서로 협력하며 신뢰하는 것이 중요하다고 이야기합니다. 그러므로 ④번이 정답입니다.

42. ③

① '죄수의 딜레마' 현상은 일상에서 그 예를 찾기 힘들다.
➡ ㉢의 내용과 반대입니다.
② '죄수의 딜레마' 현상은 주로 범죄학에서 연구하고 있다.
➡ ㉠을 보면 보통 심리학에서 이야기한다는 것을 알 수 있습니다.
③ 사회에서 정한 약속을 어겨서 모두가 손해를 보는 일이 많다.
➡ ㉡은 사회적인 약속을 어겨서 나쁜 결과가 발생한다는 의미입니다.
④ '죄수의 딜레마'란 모두가 협력해서 좋은 결과를 얻었을 때 쓰는 말이다.
➡ ㉡을 보면 서로 협력하지 않아서 나쁜 결과를 얻었을 때 쓰는 말임을 알 수 있습니다.

단어 용의자 / 형량 / 범죄 / 폭로하다 / 죄수 / 딜레마 / 배신하다 / 초래하다 / 상호 신뢰 / 사교육 / 배려하다

43-44 다음은 다큐멘터리입니다. 잘 듣고 물음에 답하십시오. (각 2점)

> 남자: 황제펭귄은 혹독한 추위로 모든 생명체가 사라진 초겨울, 남극 대륙을 찾아와 번식하는 유일한 생명체이다. 그렇기 때문에 황제펭귄의 새끼들은 영하 40~50도를 넘나드는 혹한 속에 태어나 자라게 된다. 얼음뿐인 서식지에서 황제펭귄 수컷은 두 발 위에 자신의 새끼를 얹고 배로 덮어서 정성껏 키운다. 황제펭귄의 몸은 지방층이 두껍고 보온 효과가 있는 털로 덮여 있기는 하지만 맨몸으로 추위와 매서운 바람을 이겨내기란 쉽지 않다. 그래서 '허들링'이라는 방법을 사용하는 황제펭귄 수컷들. '허들링'이란 둥근 형태로 모여 선 후 한쪽 방향으로 천천히 움직이면서 서로의 위치를 바꾸는 것이다. ㉠바깥쪽에 있는 펭귄들의 몸이 얼어 갈 때, 원 안쪽으로 들어가고, 안쪽에 있던 펭귄이 바깥쪽으로 나오는 것이다. 새끼를 품은 불편한 몸으로 빙빙 돌면서 추위를 이겨내는 자연에서 터득한 생존법이다.

43. ②

이것은 남극 대륙에 서식하는 황제펭귄에 대한 다큐멘터리입니다. 특히 영하의 추위를 다같이 견뎌내는 황제펭귄 수컷들의 '허들링'에 대해 소개하고 있으므로 ②번이 정답입니다.

44. ①

황제펭귄 수컷들이 협동하여 추위를 이겨내는 방법인 '허들링'은 ㉠처럼 바깥쪽에서 추위에 노출된 펭귄이 안쪽으로 가서 체온을 올리고, 따뜻한 안쪽에 있던 펭귄이 바깥쪽으로 가서 대신 추위를 막는 것입니다. 서로 자리를 바꾸기 위해 움직이는 것이므로 ①번이 정답입니다.

단어 황제펭귄 / 혹독하다 / 생명체 / 사라지다 / 남극 / 번식하다 / 혹한 / 서식지 / 수컷 / 얹다 / 덮다 / 정성껏 / 지방층 / 보온 / 매섭다 / 터득하다

45-46 다음은 강연입니다. 잘 듣고 물음에 답하십시오. (각 2점)

> 여자: 습도는 공기 중에 포함된 수분의 비율을 의미하는데, ㉠이 습도가 40에서 60퍼센트 사이일 때 사람들이 가장 편안함을 느낀다고 합니다. 그래서 고온다습한 여름철이 되면 실내 습도 조절을 위해 제습기를 사용하는 분들이 많습니다. ㉡제습기는 습한 공기를 팬을 돌려 빨아들인 뒤 냉각장치를 통해 온도를 낮춥니다. 갑자기 온도가 낮아진 공기는 응축되며 물로 변합니다. 찬물을 담은 컵의 표면에 물방울이 맺히는 것과 같은 원리인 것이지요. 이렇게 ㉢습기가 제거된 건조한 공기를 다시 데워서 밖으로 배출하면 실내 습도가 낮아지게 되는 겁니다. 배출된 뜨거운 공기로 인해 실내 온도가 높아지는 단점이 있지만 물통만 비워주면 되는 ㉣간편한 관리법과 부담 없는 전기 요금으로 제습기의 인기는 나날이 높아지고 있습니다.

45. ③

① 여름철 실내 습도는 낮으면 낮을수록 건강에 좋다.
➡ 여름철 습도와 건강의 관계에 대한 내용은 나오지 않고, ㉠의 내용과도 다릅니다.

② 제습기는 건조한 공기를 빨아들이면서 실내 온도를 높인다.
➡ ㉢을 보면 건조해진 공기가 다시 배출되면서 실내 온도가 높아집니다.

③ 제습기는 공기 중의 습기를 제거하기 위해 냉각장치를 이용한다.
➡ ㉡에서 냉각장치를 이용해서 공기 중의 습기를 물로 바꾼다고 했습니다.

④ 제습기는 관리가 힘들고 전기 요금도 많이 나온다는 단점이 있다.
➡ ㉣의 내용과 반대입니다.

46. ②

여자는 제습기가 어떻게 공기 중의 습도를 낮춰주는지 그 과정을 자세히 설명하고 있으므로 ②번이 정답입니다.

단어 고온다습 / 제습기 / 팬 / 빨아들이다 / 냉각장치 / 응축되다 / 표면 / 물방울 / 맺히다 / 원리 / 제거되다 / 건조하다 / 데우다 / 배출하다 / 작동

47-48 다음은 대담입니다. 잘 듣고 물음에 답하십시오. (각 2점)

> 여자: 가끔 바닷가에서 검정색 잠수복을 입고 작업 중인 해녀를 본 적은 있는데요, 해녀 학교는 처음 듣습니다.
>
> 남자: 네, 해녀 학교는 해녀들의 고령화와 작업 조건의 어려움 등으로 점차 ㉠사라져가는 해녀 문화를 다음 세대에 전수하고자 하는 취지에서 세워졌습니다. ㉡아무런 장치 없이 바닷물에 들어가서 조개나 해조류를 캐는 ㉢해녀는 체내 압력과 호흡을 효과적으로 조절할 줄 알아야 하기 때문에 훈련이 필요합니다. 해녀 학교에서는 이런 전문적인 교육을 하고 있지만 ㉣지역 단체와 시민들의 외면으로 폐교 위기에 처해 있습니다. 인류의 독특한 문화유산인 이 해녀 문화를 지키는 것은 우리 지역 사회의 공통 과제입니다. 학교 유지를 위해 많은 분들의 적극적인 예산 지원과 관심이 필요합니다.

47. ④

① 해녀 학교는 새 일자리 창출을 위해 세워졌다.
➡ ㉠에서 말한 학교를 세운 취지와 다릅니다.
② 해녀는 물에 들어갈 때 여러 장치가 필요하다.
➡ ㉡을 보면 아무 장치 없이 바닷속에 들어간다고 했습니다.
③ 해녀 학교는 학생이 줄어서 폐교 위기에 처했다.
➡ ㉣에서 지역 단체와 시민들의 무관심 때문에 폐교 위기라고 했습니다.
④ 해녀는 물 안에서 압력과 호흡을 잘 조절해야 한다.
➡ ㉢의 내용과 같습니다.

48. ②

해녀 학교는 지역에서 전해 내려오는 해녀 문화를 지키기 위해 세워졌는데, 최근 운영이 어려워졌습니다. 마지막 부분에서 지역 단체와 시민들을 향해 관심과 지원을 바라고 있으므로 ②번이 정답입니다.

단어 잠수복 / 해녀 / 고령화 / 전수하다 / 취지 / 해조류 / 캐다 / 체내 / 압력 / 호흡 / 외면 / 폐교 / 예산

49-50 다음은 강연입니다. 잘 듣고 물음에 답하십시오. (각 2점)

> 여자: 여러분, '짐작하다'라는 말의 유래를 아십니까? 여러 가지 설이 있지만, '짐'은 속이 안 보이는 불투명한 술병을 뜻하고, '작'은 술을 따른다는 뜻입니다. 병 안에 ㉠술이 얼마나 남았는지 모르지만 잘 생각해가며 술을 따르는 상황에서 '짐작하다'라는 말이 만들어진 것이지요. 또 한 가지, '황당하다'는 의미를 지닌 '어처구니가 없다.'라는 말의 '어처구니'는 사실 ㉡콩을 갈 때 쓰는 맷돌의 손잡이를 가리키는 말입니다. 어떤 일을 할 때 꼭 필요한 물건이 없는 상황에서 '어처구니가 없다.'라는 말을 하게 된 것이지요. 이렇게 알고 보면 재미있는 우리말이 많습니다. 하지만 ㉢요즘 학생들은 우리말에 대한 관심이 거의 없고, 심지어는 잘못 사용하는 말도 적지 않습니다. ㉣옛 문화도 엿볼 수 있고 조상들의 깊은 뜻도 헤아릴 수 있는 우리말에 대한 관심이 필요합니다.

49. ①

① 말의 유래를 잘 살펴보면 조상들의 문화와 지혜를 배울 수 있다.
➡ ㉣에서 이야기한 내용과 같습니다.
② '짐작하다'란 말은 예전에 지금의 뜻과 전혀 다른 뜻으로 쓰였다.
➡ ㉠처럼 '짐작하다'라는 말은 예전부터 지금과 비슷한 뜻으로 사용했음을 알 수 있습니다.
③ 요즘 학생들은 '짐작하다'와 같은 우리말의 유래를 잘 알고 있다.
➡ ㉢처럼 요즘 학생들은 관심이 없어서 우리말의 유래를 잘 모릅니다.
④ '어처구니'는 '꼭 필요한 물건'이라는 뜻이었으나 점차 의미가 바뀌었다.
➡ ㉡을 보면 '어처구니'는 꼭 필요한 물건인 '맷돌의 손잡이'를 가리킵니다.

50. ④

강연의 앞부분에서 여자는 우리말의 유래를 설명하며 우리말 공부의 필요성을 이야기했습니다. 하지만 요즘 학생들이 관심이 없어서 안타깝다는 마음을 표시하며 관심이 필요하다고 말하므로 ④번이 정답입니다.

단어 짐작하다 / 어림잡다 / 헤아리다 / 유래 / 설 / 황당하다 / 갈다 / 맷돌 / 엿보다

한국어능력시험

COOL TOPIK II

듣기